Vena vivida
WFF 2

Werkstatt Franziskanische Forschung

Band 2

„Vena vivida – Lebendige Quelle"

Texte zu Klara von Assisi und ihre Bewegung

I
Deutsche und niederländische Zeugnisse zur hl. Klara

Herausgeben von der
Werkstatt Franziskanische Forschung
in Verbindung mit der
Fachstelle Franziskanische Forschung

Bibliografische Information der Deutschen Nationalbibliothek
Die Deutsche Nationalbibliothek verzeichnet diese Publikation in der Deutschen
Nationalbibliografie; detaillierte bibliografische Daten sind im Internet
über http://dnb.ddb.de abrufbar.

Titelblatt: Vollplastische Standfigur der hl. Klara im ehemaligen Klarissenkloster
                Ribnitz, wahrscheinlich Lübeck um 1330 (Foto: Roland Pieper, Münster)

Herausgegeben von der Werkstatt Franziskanische Forschung
in Verbindung mit der Fachstelle Franziskanische Forschung
Redaktion: Fachstelle Franziskanische Forschung (FFF)
             Überwasserkirchplatz 2, 48143 Münster

© 2008 Fachstelle Franziskanische Forschung (Münster)

Satz: FFF (Münster)

Herstellung und Verlag: Books on Demand GmbH, Norderstedt

ISBN 978-3-8370-4189-7

Vorwort

Seit 1997 liegt uns eine gute Ausgabe der franziskanischen Quellen-schriften zu Leben und Schriften der hl. Klara von Assisi in deutscher Sprache vor. Br. Engelbert Grau OFM konnte in dieser Ausgabe erst-mals eine deutsche Übersetzung des Heiligsprechungsprozesses der hl. Klara breit veröffentlichen, so dass die wichtigsten Quellen endlich alle in deutscher Sprache vorlagen.[1] Marianne Schlosser überarbeitete die Texte teilweise noch einmal und veröffentlichte sie 2001 in einer neuen Auflage.[2]

Seit dem Klarajubiläum 1994 ist die Klaraforschung aber wesentlich intensiver geworden als das früher der Fall war. Gerade die wichtigen Untersuchungen und Veröffentlichungen des in Assisi lebenden Br. Giovanni Boccali OFM haben deutlich gemacht, dass es neben den für wichtig gehaltenen Quellenschriften weitere in verschiedene Sprachen übersetzte Quellen gibt, die uns die am Ende des Heiligsprechungspro-zesses leider fehlenden Texte vielleicht überlieferten. Da uns nur eine umbrische (keine lateinische) Übersetzung des Prozesses aus dem 15. Jahrhundert vorliegt, sind die fehlenden Teile von besonderem Interesse. Auch gibt es weitere wichtige Überlieferungen zum Leben Klaras, die bisher nur am Rande der Wissenschaft wahrgenommen wor-den sind.

Deutlich geworden ist den Forschern/-innen und Übersetzern/-innen der Klara-Quellen, dass es letztlich bis ins 15. Jahrhundert hinein drei wichtige Zentren des Interesses für das Leben der hl. Klara nach der ersten Sammelphase nach ihrem Tod gegeben hat: es waren die Klaris-senklöster in Perugia, Prag und Nürnberg. In und im Umfeld dieser Gemeinschaften haben vor allem Schwestern und Brüder versucht, wichtige Quellen zu sammeln und herauszugeben, damit sich die Klaris-sen wieder besser am Charisma der hl. Klara ausrichten konnten und die Franziskaner Klaras wichtige Berufung tiefer kennenlernen konnten. Der vorliegende Band trägt wichtige Quellen aus dem deutschsprachi-gen und niederländischen Raum zusammen, die, in deutscher Über-

---

[1] E. GRAU, *Leben und Schriften der heiligen Klara*, Werl 1997 (Franziskanische Quel-lenschriften, 2).

[2] E. GRAU / M. SCHLOSSER, *Leben und Schriften der heiligen Klara von Assisi*, Keve-laer 2001.

setzung vorgelegt und mit Einleitungen versehen, einen Zugang zu den Quellentexten anbieten. Einige Zeit später soll eine neue und umfassendere Ausgabe der Klara-Quellen vorgelegt werden, die zur Zeit vorbereitet wird.

„Vena vivida – Lebendige Quelle", so nennen wir die Veröffentlichung dieser Texte. Die Heiligsprechungsbulle der hl. Klara (BulKl 11,48) kennt nicht nur die italienische Überlieferung, dass Klara eine neue Frau (mulier nova) *sei, sondern nennt sie in der im Archiv des Franziskanerklosters von Schwaz überlieferten Heiligsprechungsbulle auch die lebendige Quellader des Spoletotales* (vena vivida vallis Spoletanij*). Dieser nördlich der Alpen überlieferte Ausdruck, der möglicherweise die originale Lesart übermittelt,[3] zeigt uns die intensive und historisch wichtige Auseinandersetzung mit Klaras Leben und Charisma nördlich der Alpen. Die Auseinandersetzung mit Klara will eine lebendige Quellader für unser Leben sein. Mögen darum die hier veröffentlichten Quellen Klarissen, Minderbrüder und viele Laien unserer Zeit ansprechen, damit Klara von Assisi für sie heute wieder neu eine lebendige Quelle der Glaubensfreude werden kann und ihre Berufung für uns wieder ganz neu fruchtbar zu werden vermag.*

Br. Paul Zahner OFM, Werkstatt Franziskanische Forschung

---

[3] Vgl. dazu G. M. BOCCALI, *Bolla di canonizzazione di santa Chiara. Nuovi codici e redazione*, in: Frate Francesco 69 (2003) 313-332, hier 321.

Inhalt

Abkürzungsverzeichnis

Namen und Abkürzungen der biblischen Bücher sind entnommen aus: *Die Bibel*. Vollständige Ausgabe des Alten und des Neuen Testaments in der Einheitsübersetzung, Stuttgart 1980 (^{2}1998).

A) Sammlungen Franziskanischer Quellen

AF	*Analecta Franciscana (sive Chronica aliaque varia documenta ad historiam Fratrum Minorum spectantia)* I-XII, Quaracchi seit 1885.
FF ^{2}2004	*Fonti Francescane*, Padova 2004.
Fontes	*Fontes Franciscani*, a cura di E. MENESTÒ e S. BRUFANI e di G. CREMASCHI, E. PAOLI, L. PELLEGRINI, S. DA CAMPAGNOLA. Apparati di G. M. BOCCALI, S. Maria degli Angeli – Assisi 1995.
FQS	Franziskanische Quellenschriften I-X, Werl 1952-1997
FQS II	E. GRAU / M. SCHLOSSER, *Leben und Schriften der heiligen Klara von Assisi*, Kevelaer 2001.

Die Verszählung, sofern sie in den bisherigen deutschen Franziskanischen Quellenschriften fehlt, entspricht jener in den *Fontes*.

B) Franziskus-Quellen

1) Franziskus-Schriften

L. LEHMANN, *Das Erbe eines Armen. Franziskus-Schriften,* Kevelaer 2003.

Bol	Brief an die Bürger von Bologna
BR	Bullierte Regel
Erm	Ermahnungen
FormKl	Lebensform für Klara und ihre Schwestern
GebKr	Gebet vor dem Kreuzbild von San Damiano

9

1 / 2 Gl	Erster / Zweiter Brief an die Gläubigen
GrMar	Gruß an die selige Jungfrau Maria
Kler	Brief an die Kleriker
MarAnt	Antiphon „Heilige Jungfrau Maria"
MahnKl	Mahnlied für Klara und ihre Schwestern
NbR	Nicht-bullierte Regel
Off	Offizium vom Leiden des Herrn
Ord	Brief an alle Brüder oder an den gesamten Orden
REins	Regel für Einsiedeleien
SegKl	Segen für Klara und ihre Schwestern
Sonn	Sonnengesang
Test	Das große Testament
Vat	Meditation zum Vaterunser
VermKl	Vermächtnis für Klara und ihre Schwestern

2) Biographische Quellen

Actus	*Actus beati Francisci et sociorum eius.* Nuova edizione postuma di J. CAMBELL con testo dei Fioretti a fronte a cura di M. BIGARONI e G. BOCCALI, Assisi 1988; *Fontes*, 2085-2219.
1-3 C	THOMAS VON CELANO, *Erste / Zweite Lebensbeschreibung / Mirakelbuch*, in: DERS., *Leben und Wunder des heiligen Franziskus von Assisi*, Einführung, Übersetzung, Anmerkungen E. GRAU, Werl [4]1988 (FQS V); *Fontes*, 257-424; 441-754.
Cons	*Die Betrachtungen über die Wundmale (Considerazioni)*, in: *Die Fioretti*, 143-193.
Eccl	THOMAS V. ECCLESTON, *Bericht von der Ankunft der Minderbrüder in England*, in: *Nach Deutschland und England. Die Chroniken der Minderbrüder Jordan von Giano und Thomas von Eccleston*, hg. von L. HARDICK, Werl 1957 (FQS VI), 115-214 (Abschnittszählung nach FQS VI, laufende Nummern nach FF [2]2004, 1561-1626).
Fior	*Die Fioretti. Legenden über Franziskus und seine Gefährten*, eingeleitet und übersetzt von J. SCHNEIDER, Kevelaer 2002.
Gef	*Die Dreigefährtenlegende des heiligen Franziskus von Bruder Leo, Rufin und Angelus*, Einführung, Übersetzung, Anmerkungen E. GRAU, und *Anonymus Perusinus*, Übersetzung H. BETSCHART, Werl 1993 (FQS VIII), 27-182; *Fontes*, 1373-1445.

Jord	JORDAN VON GIANO, *Chronik,* in: *Nach Deutschland und England,* 37-114.
Jul	JULIAN VON SPEYER, *Leben des heiligen Franziskus,* Einführung und Übersetzung J. M. MISKULY und M.-S. BIENENTREU, Werl 1989 (FQS X); *Fontes,* 1025-1095.
LM	BONAVENTURA, *Großes Franziskusleben,* in: *Franziskus, Engel des sechsten Siegels. Sein Leben nach den Schriften des heiligen Bonaventura,* Einführung, Übersetzung, Anmerkungen S. CLASEN, Werl 1962 (FQS VII), 249-385; *Fontes,* 777-911.
Per	*Legende von Perugia (Compilatio Assisiensis),* in: *Fontes,* 1471-1690.
SP	*Speculum Perfectionis,* in: *Fontes,* 1849-2053; deutsch: BRUDER LEO VON ASSISI, *Der Spiegel der Vollkommenheit oder der Bericht über das Leben des heiligen Franz von Assisi,* Übersetzung von W. RÜTTENAUER, München 1981.

C) Klara-Quellen

1) Klara-Schriften

E. GRAU / M. SCHLOSSER, *Leben und Schriften der heiligen Klara von Assisi,* Kevelaer 2001 (= FQS II).

M. SCHLOSSER, *Im Spiegel Christi. Die Schriften der Klara von Assisi.* Mit einer Kurzbiographie von J. SCHNEIDER, Kevelaer 2004.

1-4 Agn	1.-4. Brief an Agnes von Böhmen
Ermen	Brief an Ermentrudis von Brügge
KlReg	Regel der hl. Klara (Einleitende Bulle = Einl. 1-4)
KlSeg	Segen der hl. Klara
KlTest	Testament der hl. Klara

2) Biographische Quellen

BulKl	*Die Heiligsprechungsbulle,* in: FQS II, 328-337; Abschnitts- u. Verszählung nach G. M. BOCCALI, *Santa Chiara di Assisi. I primi documenti ufficiali: Lettera di annunzio della sua morte. Processo e Bolla di canonizzazione,* S. Maria degli Angeli 2002, 227-265.

LebKl	THOMAS VON CELANO, *Leben der heiligen Klara*, in: FQS II, 113-172; *Fontes*, 2415-2450 (Einleitender Brief = Einl. 1-5); G. M. BOCCALI, *Legenda latina Sanctae Clarae Virginis Assisiensis*, S. Maria degli Angeli 2001.
Priv 1 / 2	Das Privileg der Armut von Papst Innozenz III. / bzw. Gregor IX., in: FQS II, 324-327.
ProKl	*Der Heiligsprechungsprozess der hl. Klara*, in: FQS II, 21-112; *Fontes*, 2453-2507; Verszählung nach G. M. BOCCALI, *Santa Chiara d'Assisi sotto processo. Lettura storico-teologica degli Atti di canonizzazione*, S. Maria degli Angeli 2002; DERS., *Santa Chiara di Assisi. I primi documenti ufficiali*, 73-225.
TodKl	Rundschreiben zum Tod der heiligen Klara, in: FQS II, 347-350; G. M. BOCCALI, *Santa Chiara di Assisi. I primi documenti ufficiali*, 19-33.

3) Klara-Quellen in diesem Band

FrKl	KATHARINA HOFMANN, *„Freu dich, Klara". Eine mittelhochdeutsche Reimlegende.*
7FrKl	KATHARINA HOFMANN, *Die sieben Freuden der heiligen Klara.*
HaD	*Aus dem Klara-Traktat „Der herr aller ding".*
KaR	*Aus dem Klara-Leben im Karlsruher Codex.*
KlB	KATHARINA HOFMANN, *Aus dem „St. Klara-Buch".*
KlLd	*Sankt Klara-Lied.*
KonB	KONRAD VON BONDORF, *Das Kreuzbild, das zu Franziskus und zu Klaras Mutter sprach.*
Lamp	LAMPRECHT VON REGENSBURG, *Aus der Reimlegende „Sanct Francisken Leben".*
LevCl	*Aus dem „Leben der seligen Magd Sankt Klara".*
1-3 LofCl	*Drei Lobgesänge auf die heilige Klara.*
Maer	JACOB VON MAERLANT, *Aus der Reimlegende „Sint Franciscus Leven".*
Sack	HERMANN SACK, *Klaras Lebensdaten.*
SaKl	*„Von sant Klarn." Aus dem Legendar „Der Heiligen Leben".*
ThB	MAGDALENA STEIMERIN, *Aus der „Legende der auserwählten Jungfrau St. Klara".*

D) Zeitschriften, Lexika

AFH	*Archivum Franciscanum Historicum*, Quaracchi / Grottaferrata seit 1908.
CFr	*Collectanea Franciscana*, Roma seit 1932.
FrSt	*Franziskanische Studien*, Münster / Werl, 1914-1993.
LThK[3]	Lexikon für Theologie und Kirche, 3. Auflage
VerfLex[2]	*Die deutsche Literatur des Mittelalters. Verfasserlexikon*, hg. v. K. RUH u.a., 2. Aufl., ab Bd. 1, Berlin seit 1978.
WiWei	*Wissenschaft und Weisheit*, Düsseldorf seit 1934.

E) Allgemeine Abkürzungen

Anm.	Anmerkung(en)
Bd(e).	Band, Bände
bes.	besonders
Cod.	Codex
ders.	derselbe
Diss. masch.	Dissertation maschinengeschrieben
f., ff.	folgende(r), und die beiden folgenden Seiten, Spalten etc.
fol.	folio = Blatt bei Handschriften
FS	Festschrift
hg.	herausgegeben
Hs(s).	Handschrift(en)
Jh.	Jahrhundert
Kap.	Kapitel
Lat.	Latein(isch)
masch.	maschinengeschrieben
mhd.	mittelhochdeutsch
Ms.	Manuskript (= Handschrift)
Nr.	Nummer
par.	parallel
Prol.	Prolog
S.	Seite

s. (u. / o.)	siehe (unten / oben)
Str.	Strophe
u.	und
V.	Vers
Vg.	Vulgata (lateinische Bibelübersetzung des hl. Hieronymus)
vgl.	vergleiche

I.

MITTELHOCHDEUTSCHE ZEUGNISSE

Lamprecht von Regensburg

Aus der Reimlegende
„Sanct Francisken Leben" [Lamp]

Eingeleitet und übersetzt von Cornelius Bohl OFM

Die Reimlegende Sanct Francisken Leben *Lamprechts von Regensburg enthält das erste deutsche, noch zu ihren Lebzeiten verfasste Zeugnis über die hl. Klara von Assisi. Als Lamprecht wohl Ende der dreißiger Jahre des 13. Jahrhunderts die 1228/29 geschriebene* Vita prima beati Francisci *des Thomas von Celano (1 C) in 5049 mittelhochdeutsche Reimpaarverse überträgt, ist er noch Laie, steht aber in engem Kontakt mit dem Regensburger Minoritenkonvent, in den er später selbst eintritt. Bereits als Minderbruder erarbeitet er dann um das Jahr 1250 die* Tochter Syon, *ebenfalls die deutsche Vers-Fassung einer lateinischen Prosavorlage, die in allegorischer Form die mystische Vermählung der Seele mit dem himmlischen Bräutigam beschreibt. Wie Lamprecht gebrauchen ja auch seine Zeitgenossen Berthold von Regensburg († 1272) und David von Augsburg († 1272), mit denen er innerhalb der ersten Generation der Minderbrüder in Deutschland so etwas wie ein „literarisches Dreigestirn" bildet, in pastoraler Absicht die Volkssprache. Lamprechts deutsches Franziskus-Leben scheint keine weite Verbreitung gefunden zu haben, da es bisher nur in einer einzigen Handschrift überliefert ist.[1] Dennoch zeugt es mit einer weiteren volkssprachlichen Übertragung der* Vita prima, *einer um die Mitte des 13. Jahrhunderts entstandenen anonymen altfranzösischen Reimlegende,[2] und der etwa zur gleichen Zeit von dem deutschen Minderbruder Julian von Speyer wahrscheinlich in Frankreich auf Latein verfassten Franziskus-Vita von der Rezeption, die das Erstlingswerk des Celanesen auch nördlich der Alpen gefunden hat.*

Lamprecht hält sich in der Gliederung weitgehend an die Vorlage, seine Übersetzung aber ist in sich nicht einheitlich: Während er in manchen Abschnitten beinahe Wort für Wort eindeutscht, kürzt er an anderen Stellen oder fasst ganze Passagen frei zusammen. Dafür bringt er eigene Einschübe: Für deutsche Leser interessant sind die Erwähnung der erst 1235, also kurz zuvor

---

[1] Die Handschrift M. p. th. o. 17a der Würzburger Universitätsbibliothek entstand Mitte des 13. Jahrhunderts in Nordbayern (Regensburg?); vgl. H. Thurn, *Bestand bis zur Säkularisierung: Erwerbungen und Zugänge bis 1803*, Wiesbaden 1994 (Die Handschriften der Universitätsbibliothek Würzburg, 5) 67.

[2] Ediert von J. A. Pinder, *The life of Saint Francis of Assisi. A Critical Edition of the Ms Paris, Bibl. Nat. fonds français 2094*, Grottaferrata 1995.

heilig gesprochenen Elisabeth von Thüringen (1207-1231, s. u. Verse 1052-1064), der Hinweis auf den 1231 ermordeten Wittelsbacher Bayernherzog Ludwig I. oder eine lobende Bemerkung über die beispielhafte Lebensführung einiger deutscher Brüder. Daneben finden sich persönliche Erwägungen und Kommentare wie etwa gerade innerhalb der Abschnitte über Klara eine geistlich begründete Stellungnahme gegen die Wiederheirat einer Witwe (s. u. Verse 1065-1082 und 4332-4341) oder seine Auslassungen über des „Weibes Zucht" (s. u. Verse 4320-4331). An vielen Stellen, vor allem aber in einem umfangreichen Prolog und einem abschließenden Gebet für sich selbst, kommt Lamprecht schließlich auch auf seine eigene Person zu sprechen. Hier wird deutlich, wie sehr er die literarische Beschäftigung mit Franziskus als Impuls zur persönlichen Bekehrung erlebt. Das Sanct Francisken Leben *ist somit auch ein berührendes Dokument franziskanisch inspirierter Laienfrömmigkeit im Deutschland des 13. Jahrhunderts.*

Die folgende Übertragung versucht, sich am heutigen Sprachempfinden zu orientieren, ohne das Gespür für Reim und Rhythmus in Lamprechts Dichtung ganz zu verlieren.

Quelle: LAMPRECHT VON REGENSBURG, *Sanct Francisken Leben und Tochter Syon*, hg. von K. WEINHOLD, Paderborn 1880, 43-260.

Studien: M. SCHMIDT, *Lambert (Lamprecht) de Ratisbonne*, in: *Dictionnaire de Spiritualité, Ascétique et Mystique. Doctrine et Histoire*, hg. v. M. VILLER, Bd. IX, Paris 1976, 142f.; N. R. WOLF, *Beobachtungen zum 'Franziskusleben' Lamprechts von Regensburg*, in: FrSt 60 (1978) 155-167; S. SOLF-MAENNERSDOERFER, *Francisk. Eine Deutung aus der Sprache des Lamprecht von Regensburg*, in: G. BUSCH (Hg.), *Seligenthal 1231-1981. Beiträge zum 750jährigen Jubiläum*, Siegburg 1981, 317-382; J. HEINZLE, *Lamprecht von Regensburg*, in: VerfLex[2] V, 520-524; C. BOHL, *Belehren und Bekehren. Das Sancte Francisken leben des Lamprecht von Regensburg als Zeugnis franziskanischer Bildung, Seelsorge und Frömmigkeit Mitte des 13. Jahrhunderts in Deutschland*, in: *Europa und die Welt. FS Dieter Berg*, hg. von R. AVERKORN u. a., Bochum 2004, 574-592; E. FEISTNER, *Regensburger Perspektiven auf einen europäischen Heiligen: Zur mittelhochdeutschen Franziskusvita Lamprechts von Regensburg*, in: Beiträge zur Geschichte des Bistums Regensburg 39 (2005) 339-347; M. ZIPS, *Das Sanct Francisken Leben Lamprechts von Regensburg*, in: DERS., *Franziskus von Assisi, vitae via. Beiträge zur Erforschung des Geschichtsbewusstseins in den deutschen Franziskusviten des Mittelalters mit besonderer Berücksichtigung der deutschsprachigen Werke*, Wien 2006, 48-60.

< Wie Franziskus die Kirche von Sankt Damian aufbaute; der Wandel der Frauen, die dort wohnen >[3)]

Des êrsten des er nû began,	[996]Das erste, was er nun begann
dô huop er ze bouwen an	– er fing zu bauen an
di kirchen ze Sant Damian,	die Kirche von Sankt Damian.
von der ich vor geseit hân.	Von ihr habe ich vorher schon gesprochen.
diu stuont vor alter dem gelîch	[1000]Die stand vor Alter gleichsam da,
als ob siu allerteileclîch	als ob sie ganz und gar
wolde vallen dernider,	wollte fallen nieder:
die machet er kurzlîchen wider.	Die baute er alsbald wieder.
im sehsten jâre sîner kêre	Im sechsten Jahr seiner Bekehrung
erhuop sich dâ von sîner lêre	entstand da durch seine Belehrung
in geistlîcher ordenunge	in geistlicher Ordnung
ein vil êrsam samenunge	eine sehr ehrbare Versammlung
von meiden und von frouwen,	von Mädchen und von Frauen,
der man noch dâ vil mac	von denen man dort noch viele kann
schouwen.	schauen.
Clara ist der frouwen nam,	[1010]Klara ist der Name der Frau,
diu alrêrst in daz leben quam.	die zuerst in dieses Leben kam.
geborn ist sî von Assise,	Geboren ist sie in Assisi.
junc edel unde wîse	Jung, edel und weise
ist diu reine maget guot,	ist die reine Magd, und gut,
kiusche unde diemuot.	keusch und voll Demut.
dô sî nam sich daz leben an,	Als sie nahm dies Leben an,
von ir bekêrde sich began	begannen durch ihre Bekehrung
manic mensche dâ bekêren.	viele Menschen sich zu bekehren.
von ir begunde sich dô mêren	Durch sie begann sich zu mehren
an der stat ein heilic orden,	[1020]an dieser Stätte ein heiliger Orden,
daz dâ ein klôster nû ist worden,	so dass dort nun ein Kloster geworden.
des got immer gêret sî	Dafür sei Gott immer geehrt
und sî heilegen namen drî.	und seine drei heiligen Namen.

[3)]   *Sanct Francisken Leben*, 996-1092 (WEINHOLD 88-92) hat als Vorlage 1 C 18-20. Die Überschrift wurde von Celano übernommen, die Aufteilung in Sinnabschnitte stammt vom Übersetzer.

diu wâre minne ist under in,	Die wahre Liebe ist unter ihnen,
sie hânt ir gemeinen sin	gemeinsam haben sie ihren Sinn
gerihtet zeiner güete.	gerichtet auf seine Güte.
si phlegent kiusche und diemüete	Sie pflegen Keuschheit und Demut
und lebent in solher armecheit,	und leben in solcher Armut,
daz si spîse unde kleit	dass sie Speise und Kleid
nâch ir nôtdurft selten hânt.	[1030]wie sie es bedürften, selten haben.
sô sêre sie sich ouch enthânt,	So sehr üben sie Enthaltsamkeit,
daz sie vil selten niezent gar	dass sie fast nie ganz verzehren
ir gesazte lîpnar.	die ihnen vorgesetzten Speisen.
si haltent ouch ir swîgen, daz	Sie halten auch ihr Schweigen, dass
ir eteslîche enweiz waz	so manche von ihnen nicht weiß, was
oder wie si reden sol,	oder wie sie reden sollte,
sô sie joch solde sprechen wol.	so sie doch einmal sprechen wollte.
si hânt ouch die gedultekeit,	Auch haben sie solche Geduld,
daz deheiner slahte leit	dass keinerlei Art von Leid
beswæren mac ir senfte site.	[1040]niederdrücken könnte ihren sanften Sinn.
in wont ouch solhiu gnâde mite,	Bei ihnen wohnt solche Gnade,
daz si mit geistlîchen ougen	dass sie mit geistlichen Augen,
von gotes lêre ervindent tougen,	geheimnisvoll von Gott belehrt, erfassen,
waz si tuon sun oder lâzen.	was sie tun sollen oder lassen.
si kunnen wol gemâzen	Sie vermögen mit dem rechten Maß
ze guoten dingen ir leben,	auf das Gute auszurichten ihr Leben,
als ez got in hât gegeben,	so wie es Gott ihnen gegeben,
den si meinent unde minnent.	den allein sie im Sinn haben und lieben.
die got minnen beginnent,	Menschen, die Gott zu lieben beginnen,
die hazzent der werlde êre	[1050]die verachten weltliche Ehre
nâch unsers herren lêre.	nach unseres Herren Lehre.
ei wie wol got gedanken kan,	Ei, wie sehr der Gott danken kann,
ez sî wîp oder man,	sei es eine Frau oder ein Mann,
der die werlt durh in lât,	der die Welt um seinetwillen verlässt,
als er wol ouch erzeiget hât	wie er es auch gezeigt hat
an sande Elisabete,	an Sankt Elisabeth,
diu swaz si guots und êren hete	die alles, was sie an Gut und Ehren hatte

ûf erde, durh den himel liez [...]	auf Erden, um des Himmels willen ließ, [...][4]
diu lantgrævin ze Dürngenhaut.	die Landgräfin von Thüringen.
si waz geborn von künges art.	[1060]Sie wurde geboren in königlichem Geschlecht.
dô sie ir mans verwitwet wart,	Als sie ihren Mann verlor und verwitwet war,
dô tet si sich der werlde abe.	da sagte sie sich von der Welt los.
ir selbes lîp und alle ir habe	Ihren eigenen Leib und all ihre Habe
ergap si gote gerlîche,	gab sie gerne hin für Gott.
des hât si nû sîn himelrîche.	Darum hat sie nun sein Himmelreich.
da gedenken alle frouwen an:	Daran mögen alle Frauen denken:
swenne in got nimet ir man,	Wenn Gott ihnen nimmt ihren Mann,
sô wold er sie, wolden si in.	so wollte er sie für sich, wenn sie ihn wollten.
sô ziuhet etelîche hin	So manche aber lockt
der werlde êre, ir fleisches gir	[1070]weltliche Ehre, ihres Fleisches Verlangen,
und nimet aber einen ir.	und sie nimmt sich wieder einen Mann.
misselinget ir dan,	Misslingt die Ehe dann,
dâ ist got unschuldec an.	so ist da Gott unschuldig dran.
ich hân die frouwen gesehen,	Ich habe eine Frau gesehen,
von der ich des hôrte jehen	von der ich sagen hörte,
daz si siben man oder ehte	dass sie sieben oder acht Männer
næm nâch êlîchem rehte.	nahm nach ehelichem Recht.
swenn ir man stirbet einem wîbe,	Wenn der Mann stirbt einem Weibe,
der rât ich daz si durh got blîbe	so rat ich ihr, dass sie um Gottes willen bleibe
âne man, als dâ tet	[1080]ohne Mann, so wie es tat
diu guote sande Elisabet.	die gute Sankt Elisabeth.[5]
daz selbe rât ich ouch dem man,	Dasselbe rate ich auch dem Mann,
als ich den frouwen hân getân.	wie ich es den Frauen hab getan.

---

[4] Hier fehlen in der Hs. mindestens zwei Verse.

[5] Lamprechts klare Stellungnahme gegen die neuerliche Heirat einer Witwe mag heute befremden, muss aber im Kontext ihrer Zeit verstanden werden. So weist etwa O. REBER, *Elisabeth von Thüringen. Landgräfin und Heilige. Eine Biographie*, Regensburg 2006, 73f. darauf hin, dass Elisabeth bereits 1226 das Gelübde der Enthaltsamkeit ablegte, falls ihr Mann vor ihr sterben sollte: „Ein derartiges Gelübde war keine Seltenheit, Elisabeth forderte viele Edelfrauen auf, es ebenfalls abzulegen"; vgl. A. HUYSKENS, *Der sog. Libellus de dictis quatuor ancillarum s. Elisabeth confectus*, Kempten / München 1911, 17 u. 23f. (Verse 445-457; 643-645).

wan swer durh got tuot guotes iht,	Wenn einer um Gottes willen etwas Gutes tut,
des lât er ungelônet niht.	dann lässt Gott das nicht ungelohnt.
da gedenkent wol die frouwen an	Da denken wohl die Frauen dran
ze Assis von sant Damian,	in Assisi, von Sankt Damian,
di da dienent got ze aller zît.	die da dienen Gott zu aller Zeit.
der habe ouch sie allewege	Der habe sie auch auf jedem Wege
in sîner heiligen phlege	[1090]in seiner heiligen Pflege
wider des tiuvels strît,	gegen die Anfeindungen des Teufels -
an dem unser trôst lît	Gott, der unser Trost ist.

< Die Klage der Frauen bei Sankt Damian und wie Franziskus mit Ruhm und Ehre bestattet wurde >[6)]

Wîten quam dô mære,	[4264]Weit verbreitete sich die Nachricht,
daz sant Francisk tôt wære.	dass Sankt Franziskus tot sei.
dô quam vil liutes allenthalben	Da kamen viele Leute von überall her,
nâch der sünden salben	um Vergebung zu erlangen von den Sünden,
von den steten in dem lande	kamen aus den Städten im Land
mit êren, niht nâch schande,	in Ehrfurcht, ohne Hintergedanken,
und wachten im al die naht	[4270]und hielten Wache bei ihm die ganze Nacht
mit den brüedern in solher aht,	mit den Brüdern auf so eine Weise,
daz von ir sanges süezecheit	dass wegen der Süßigkeit ihres Singens
und von der liehte klârecheit	und der Klarheit ihrer Lichter
was sam dâ engel wachten	es schien, als ob da Engel wachten
und himels wunne machten.	und dem Himmel Freude machten.
des morgens dô ez tac wart	Am Morgen, als es Tag wurde,
dô huop sich mit gemeiner vart	da machte sich auf in gemeinsamem Zug
von Assis daz volc überal	überall aus Assisi das Volk
mit der phafheit sanges schal	unter dem schallenden Gesang der Kleriker
ze unser frouwen kirchen dâ	[4280]zur dortigen Kirche Unserer Frau,
zuo der Portiuncula.	zu der Portiunkula.

[6)] *Sanct Francisken Leben,* 4264-4410 (WEINHOLD 203-208) hat als Vorlage 1 C 116-118. Die Überschrift wurde von Celano übernommen.

mit grôzer wirde sie dâ nâmen	Dort nahmen sie mit großer Würde
den heiligen lîchenamen	den heiligen Leichnam
und truogn in mit gesange	und trugen ihn mit Gesang
und mit busûnen klange	und mit Posaunenklang
ûf in die stat vil êrbærlich.	sehr ehrenvoll hinauf in die Stadt.
si nâmen alle sunderlich	Sie alle pflückten, jeder für sich,
ölboumes loup und ander este.	Blätter vom Ölbaum und andere Äste.
ieslîcher êrt in als er beste	Ein jeder ehrte ihn wie er aufs Beste
moht oder kunde vollebringen	4290 vermochte und konnte vollbringen,
mit kerzen oder mit andern dingen.	mit Kerzen und mit anderen Dingen.
sus truogens in ûf gein der stat.	So trugen sie ihn hinauf zur Stadt.
dô sie bequâmen an die stat	Als sie die Stelle erreichten,
ze sant Damiane hin,	wo Sankt Damian steht,
in die kirchen saztens in.	da setzten sie ihn in der Kirche ab.
dâ wâren sîne tohtere inne,	Hier lebten seine Töchter,
die er in geistlîcher minne	die er in geistlicher Liebe
drin brâhte, als ich geseit hân.	hierher gebracht, wie ich bereits gesagt.
ein vensterlîn wart ûf getân,	Ein Fensterlein wurde aufgetan,
dâdurh die frouwen nâmen	4300 durch das die Frauen nahmen
unsers herren lîchenamen,	unseres Herren Leib,
swenn sin solden enphâhen.	wenn sie ihn empfangen sollten.
die bâren truoc man zuo in nâhen	Nah zu ihnen hin trug man die Bahre
unde lie die reinen frouwen	und ließ die reinen Frauen
den heiligen körper schouwen.	den heiligen Körper schauen.
nu quam frou Clara gegân,	Nun trat Frau Klara heran,
der wart diu archa ûfgetân,	für sie wurde der Sarg aufgetan,
dâ sant Francisk inne lac.	in dem Sankt Franziskus lag.
diu selbe frouwe der andern phlac,	Diese Frau hatte die Sorge für die anderen,
wan sie des ordens began,	4310 als sie den Orden begann,
als sie der heilige man	so wie sie der heilige Mann
bewîset hete unde gelêret,	unterwiesen und belehrt.
von im zêrst wart sie bekêret.	Von ihm wurde sie als erste bekehrt.
frou Clara und ir swester quâmen,	Frau Klara und ihre Schwestern kamen,
daz sie ir vater lîchenamen	um den Leichnam ihres Vaters

alsô tôten sæhen ligen.	so tot da liegen zu sehen.
vil kûme sie daz verswigen	Mit großer Mühe unterließen sie es
daz sie niht riefen, dô si weinten:	zu schreien, als sie weinten:
dâbî si wîbes zuht erscheinten.	So wahrten sie des Weibes Zucht.[7]
ez zieret ê wol wîplich site,	[4320]Es zierte früher das Verhalten der Frauen,
daz in diu zuht wonte mite,	dass bei ihnen Zucht herrschte,
daz si liezen grôze ungebære,	so dass sie großes Jammergeschrei unterließen,
dâ in umb ihtiu leide wære.	wenn sie Leid um etwas trugen.
nu klagent sie sô sêre,	Nun aber klagen sie so sehr,
daz sie ir selbes êre	dass sie ihre eigene Ehr
vergezzent gar und ir zuht	ganz vergessen und ihre Zucht
von ungebærnder ungenuht.	durch des Jammerns Übermaß.
daz ist aber ir güete schult,	Daran aber ist ihre Güte schuld,
so si übermæzige gedult	wenn sie maßlos, ohne aufzuhören
hânt mit ungebære	[4330]jammern
von ir kumbers swære.	wegen ihrer Trauer Last.
ich sach ein wîp ir man klagen,	Ich sah eine Frau so ihren Mann beklagen,
daz ich bî niemens tagen	dass ich noch niemals zuvor
solher klage niht vernam.	je solche Klage vernahm.
diu selbe ir einen andern nam.	Dieselbe nahm sich dann einen anderen Mann.
ôwê wârumbe tet si daz?	Oh weh, warum tat sie das?
nie wîbe getrout ich baz	Niemals vertraute ich mehr einem Weib,
dan ich tet der selben frouwen.	als ich es tat bei dieser Frau.
ich enwil ir doch niht misse-	Und doch will ich ihr nicht misstrauen,
trouwen,	
sie tuo noch wol swaz sie mac.	[4340]sie handle so, wie sie es mag.
got gebe ir hiute guoten tac!	Gott gebe ihr heute einen guten Tag!

---

[7] Das aus dem ritterlich-höfischen Tugendkanon stammende Ideal der *zuht*, etymologisch verwandt mit dem Begriff der „Erziehung", aber auch mit „zahm" und „geziemend", korrespondiert wohl am ehesten mit unserer Vorstellung von „Anstand", also einem der Situation angemessenen und von allgemein akzeptierten Regeln und Werten bestimmten selbstbeherrschten Verhalten. Im Minnesang erscheint die *zuht* gemeinsam mit *mâze*, *triuwe* und *êre*. Als Übersetzung der lateinischen *disciplina* führt die begriffsgeschichtliche Entwicklung zur Vorstellung von „Zucht und Ordnung", des *wîbes zuht* landet schließlich bei Schillers „Und drinnen waltet die züchtige Hausfrau".

ich wil die rede lâzen blîben	Doch ich will diese Rede bleiben lassen
und wil von den kiuschen wîben	und will von den keuschen Frauen
ze sant Damiane sagen	zu Sankt Damian sprechen
unde von ir süezen klagen.	und von ihren süßen Klagen.
swie sie vor leide wæren grimme,	Obgleich sie außer sich waren vor Schmerz,
doch schriren sie mit dusmer stimme:	so riefen sie doch mit matter Stimme:
‚vater lieber vater! wie	„Vater, lieber Vater! Wie
oder wem lâst du hie	oder wem hinterlässt du hier
uns unberuohten armen?	⁴³⁵⁰uns unversorgte Arme!
wen sul wir nû erbarmen,	Wer soll sich unser nun erbarmen,
sît daz wir dîn niht enhaben?	wenn wir dich nicht mehr haben?
unser trôst wirt begraben	Unser Trost wird begraben
unde scheidet hin mit dir.	und scheidet hin mit dir.
vater, wie wil dû daz wir	Vater, was willst du, was sollen wir
tuon in disem karkære?	tun in diesem Kerker?
wer ringert uns unser swære?	Wer hilft uns auf in unserer Trübsal?
wer gibet helfe unde rât,	Wer gibt uns Hilfe und Rat,
swenn uns dehein nôt bestât?	wenn uns irgendeine Not bevorsteht?
sô uns dehein kumber vie,	⁴³⁶⁰Wenn wir irgendeinen Kummer hatten,
dâvon hulfe dû uns ie	hast du uns immer geholfen
mit dînes râtes lêre:	mit deinem Rat und deiner Lehre:
daz entuost du leider niemer mêre!	Das tust du leider niemals mehr!
du soldest uns vor dir darin	Du hättest vor dir uns dorthin
gesendet hân, dâ dû verst hin.	senden sollen, wohin du jetzt gehst!
mit sorgen hâst uns hie gelân,	Mit Sorgen hast du uns hier gelassen,
wie sul wir unser dinc anvân	wie sollen wir nun unsere Dinge regeln
vor herzbrechendem leide?'	vor herzzerbrechendem Leid?",
sprâchen die reinen meide.	so sprechen die reinen Frauen.
‚ôwê dir, bitterlîcher tôt,	⁴³⁷⁰„Oh weh dir, du bitterer Tod,
daz wir klagen, des gêt uns nôt.	was wir beklagen, das bringt uns in Not.
wir sûn von dir gefreiset,	Wir Kinder sind von dir in Gefahr gebracht,
von dir sîn wir verweiset	du hast uns zu Waisen gemacht,
des besten vater, der ûf erden	beraubt des besten Vaters, der auf Erden
von menschenkinde mohte werden.	je von Menschen geboren wurde.

25

herregot, durh dîn tôt
bedenke alle unser nôt,
diu uns werrende sî.
stant uns mit dîner helfe bî,
sît du uns den hâst benomen,
von dem wir sûn zuo dir komen,'
sus kleiten sie und weinten,
den sie mit triuwen meinten.

ir magetlîcher kiusche scham
grôz weinens klage in benam,

daz sie hæten getân
ob siez durh zuht niht hæten lân.
man klaget aber den unbillîche,
zuo des schidunge froelîche
die engel mit den heilegen wâren.

die frouwen reichten ûf die bâren
und kusten sîne hende,
die sunder âne missewende
schône stuonden al gezieret,
mit gimmen wol geparrieret:
ich mein diu zeichen der wunden,
die sie dâran stênde funden.
daz fröute sie und trûrten doch.

man beslôz des vensters loch
und truoc in von dannen.
von wîben und von mannen
wart grôz weinen unde klagen.
ûf in die stat wart er getragen
unde zeiner stat geleit,
diu sît von sîner heilecheit
heiliger wart, wand aldâ

Herr Gott, durch deinen Tod
gedenke aller unsrer Not,
die uns so sehr verwirrt.
Steh uns mit deiner Hilfe bei,
4380 da du uns nun den hast genommen,
durch den wir Kinder zu dir kommen",
so klagten sie und weinten um den,
den sie in Treue im Herzen trugen.

Ihre jungfräulich keusche Scham
hinderte sie daran, so zu klagen und zu
weinen,
wie sie es getan,
hätten sie es nicht zuchtvoll unterlassen.[8]
Zu Unrecht aber klagt man um den,
bei dessen Heimgang voll Freude
4390 die Engel und die Heiligen waren.

Die Frauen berührten die Bahre
und küssten seine Hände,
die ohne jedes Zeichen von Verfall
schön waren und ganz geziert,
mit Edelsteinen wohl geschmückt:
Ich meine die Zeichen der Wunden,
die sie an ihnen gefunden.
Das freute sie – und sie trauerten doch.

Da schloss man zu das Fensterloch
4400 und trug ihn davon.
Bei Frauen und Männern
gab es großes Weinen und Klagen.
Hinauf in die Stadt wurde er getragen
und an einen Ort gelegt,
der seitdem durch seine Heiligkeit
noch heiliger wurde, da dort

---

[8] Vgl. 1 C 117,7: *Sed virgineus pudor multo fletui imperabat.* Diese Bemerkung Celanos liefert Lamprecht das Stichwort, um sich in den Versen vorher über des *wîbes
zuht*, das einer Frau geziemende Verhalten, zu äußern.

26

got zeichen vil durh in begie,
ê man in begrube iesâ.

Gott durch ihn viele Zeichen wirkte,
ehe man ihn dann da begrub.

nu wil ich ein teil ir sagen hie,
diu dô geschâhen und dârnâ.

Nun will ich hier einige von ihnen erzählen,
[4410]die damals geschahen und danach.

Katharina Hofmann

Aus dem „St. Klara-Buch" [KlB]

Eingeleitet und übersetzt von Johannes Schneider OFM

Im Zuge der Reform franziskanischen Lebens durch die sogenannte „Observanz" entwickelten sich unter anderem auch verschiedene literarische Tätigkeiten zur Erneuerung klarianischer Spiritualität. In Zeiten der Krise und des Verfalls besannen sich zum Teil einzelne geistlich begabte oder literarisch gebildete Schwestern, zum Teil auch ganze Klostergemeinschaften auf die Ursprünge klarianischen Lebens, um daraus Information und Motivation für die Erneuerung der Ordensspiritualität zu schöpfen. Man begann nach alten vergessenen Quellen zu suchen und diese durch Abschriften und vor allem durch Übersetzungen in die Volkssprache allen Schwestern zugänglich zu machen. Gleichzeitig mit der Erforschung der Tradition entstand als Frucht davon neues geistliches Schrifttum. So wurde die Erneuerung klarianischen Lebens nicht zuletzt auch durch literarische Tätigkeit inspiriert und fand darin ihren Ausdruck.[1]

1. Erneuerung durch Erinnerung

In der ersten Hälfte des 15. Jahrhunderts wusste sich in Frankreich die hl. Coleta von Corbie beauftragt, die Franziskaner- und Klarissenklöster zu reformieren. Von ihr bzw. durch sie diktiert gibt es Briefe, Konstitutionen, Mahnworte und ein Testament sowie von ihrem Beichtvater ihre Lebensbeschreibung.[2] *In Italien waren es in der Mitte und in der zweiten Hälfte des 15. Jahrhunderts etwa die Klöster S. Lucia in Foligno und S. Maria di Monteluce bei Perugia, in deren Schreibstuben hagiographische und spirituelle Texte entstanden. Darunter ragen die Übersetzung des Heiligsprechungsprozesses und*

---

[1] Wesentlich überarbeitete und erweiterte Fassung der Erstveröffentlichung in: J. Schneider, *Kirschen im Winter. Kostproben aus dem Leben der heiligen Klara von Assisi*, Salzburg 2005, 175-210.

[2] A. Röttger, *Coleta von Corbie (1381-1447). „Kein Sieg ohne den Kampf"*, in: *Franziskanische Stimmen. Zeugnisse auf acht Jahrhunderten*, hg. v. P. Zahner, Kevelaer 2002, 92-95. Zur Coletinischen Reform: M. C. Roussey / M. P. Gounon, *Nella tua tenda, per sempre. Storia delle Clarisse. Un'avventura di ottocento anni*, a cura di R. Bartolini, Città di Castello 2005, 239-312.

das italienische Klara-Buch von Sr. Battista Alfani hervor,[3] aber auch die Klara-Reimlegende einer Schwester aus dem Kloster S. Lucia in Foligno.[4] Nachhaltigen Einfluss übten dann die Schriften der sel. Camilla Battista da Varano und der hl. Caterina Vigri von Bologna aus.[5]

Eine reiche literarische Tätigkeit entfaltete sich auch im deutschen Sprachraum, und zwar überraschenderweise früher als in den romanischen Ländern. Schon ab Mitte des 14. Jahrhunderts entstanden im Klarissenkloster zu Nürnberg und in den damit in Verbindung stehenden Klöstern eine Fülle von Schriften zur hl. Klara und ihren Schwestern.[6] Erstaunlich ist ebenso, dass diese Schriften Quellenmaterial enthalten, das in Italien nicht (mehr) bekannt war und auch in den folgenden Jahrhunderten – bis zum heutigen Tag – kaum bekannt geworden ist. Wenn es sich bei diesen unbekannten Klara-Quellen nicht nur um fromme deutsche Sagen handelt, sondern darin auch geschichtlich Wahres und hagiographisch Zuverlässiges überliefert wird, dann lässt sich das vielleicht so erklären: Fernab vom geographischen Quellgrund musste man sich notgedrungen emsiger um Hebung und Bewahrung der überlieferten Schätze bemühen, als dort, wo immer noch die Atmosphäre jener „lebendigen Quellader aus dem Spoletotal"[7] zu atmen war, die „das Haus der Kirche mit dem Dufte ihrer Heiligkeit gänzlich erfüllt" hat (BulKl 11,48 u. 5,26).

2. Zur Erforschung des deutschen Klara-Buches

Auf der Suche nach den authentischen Schriften der hl. Klara beschäftigte sich schon im Jahre 1914 der englische Forscher Walter Seton in Zusammenhang mit seiner Edition des mittelhochdeutschen Segens Klaras für Agnes von

---

[3] Sr. Battista ALFANI, *Vita et Leggenda della seraphica Vergine Sancta Chiara*, a cura di G. M. BOCCALI, Cannara 2004; s. dazu meine Rezension in: WiWei 68 (2005) 324-327.

[4] G. M. BOCCALI, *„Legenda" in rima su s. Chiara d'Assisi nel Cod. A. 23 dell' archivio della Curia Generale dei Frati Minori in Roma*, in: Frate Francesco 71 (2005) 389-414.

[5] Zur italienischen Observanz ROUSSEY / GOUNON, *Nella tua tenda* (s. Anm. 2), 315-385.

[6] Dazu J. KIST, *Das Klarissenkloster in Nürnberg bis zum Beginn des 16. Jahrhunderts*, Nürnberg 1929; H. FÜRST, *Das ehemalige St. Klarenkloster in Nürnberg*, in: FrSt 35 (1953) 323-333; M. KAMMEL, *Kirche und Kloster St. Klara in Nürnberg. Geschichte und Gestalt*, in: *Verborgene Schönheit. Spätgotische Schätze aus der Klarakirche in Nürnberg*, bearbeitet von M. KAMMEL [Ausstellung im Germanischen Nationalmuseum, Nürnberg, 10. Mai – 5. August 2007], Nürnberg 2007, 8-45.

[7] Lat. *vena vivida vallis Spoletanij*. Lesart der Heiligsprechungsbulle aus dem Archiv des Franziskanerklosters in Schwaz, ediert von G. M. BOCCALI, *Bolla di Canonizzazione di santa Chiara. Nuovi codici e redazione*, in: Frate Francesco 69 (2003) 313-332, hier 321.

Böhmen mit dieser deutschen Quellen-Sammlung. 1915 veröffentlichte er die lateinische Agnes-Legende zusammen mit einer frühneuhochdeutschen Übersetzung derselben sowie der vier Briefe an Agnes.[8] 1918 publizierte Seton eine Klara-Reimlegende, der 1919 Livarius Oliger zuerst die lateinische Fassung und 1920 nochmals eine frühere mittelhochdeutsche Version hinzufügte.[9] Nachdem 1924 Seton im Zusammenhang mit der erstmaligen Veröffentlichung der vier Briefe an Agnes nach der ältesten lateinischen Handschrift auch auf die deutsche Tradition hingewiesen hatte,[10] schenkte man dieser – abgesehen von zufälligen Erwähnungen[11] – weiterhin kaum Beachtung.

Erst 1964 edierte im Bereich der Germanistik Hermann Flessa unter der Leitung von Prof. Kurt Ruh, Würzburg, aus dem schon von Oliger bearbeiteten Codex die mittelhochdeutsche Übersetzung der Klara-Legende in Form einer ungedruckten Zulassungsarbeit.[12] Ein Jahr später machte Kurt Ruh durch Textauszüge aus einem Klara-Traktat, dem Leben der Agnes von Assisi, der Schwester Klaras, einiger Klara-Hymnen und -Sequenzen und einer Klara-Predigt des Konrad von Sachsen wieder auf diese kostbaren Texte aufmerksam.[13] In den folgenden Jahren erschienen an der Universität Innsbruck bei Prof. Johannes Erben Dissertationen zu mittelhochdeutschen Klara-Texten: 1969 der Predigt-Traktat durch Josef (P. Bruno) Klammer OFM,[14] 1971 sechs Klara-Predigten durch Erika Waltraud Neuner-Schaub[15] und 1972 die Klara-

---

[8] W. SETON, *Some New Sources for the Life of Blessed Agnes of Bohemia including a fourtenth century Latin version and a fifteenth century German version*, London 1915; DERS., *Some New Sources for the Life of Blessed Agnes of Prag including some chronological notes and a new Text of the Benediction of Saint Clare*, in: AFH 7 (1914) 185-197.

[9] W. SETON, *A German Metrical Version of the Legend of St. Clare*, in: AFH 11 (1918) 384-398, und L. OLIGER, *Die Legende der hl. Klara von Assisi in mhd. Versen*, in: FrSt 7 (1920) 179-189; DERS., *Gaudia S. Clarae Assisiensis seu vita eius versificata*, in: AFH 12 (1919) 110-131.

[10] W. SETON, *The Letters from Saint Claire to Blessed Agnes of Bohemia*, in: AFH 17 (1924) 509-519, 510.

[11] M. FASSBINDER, *Die heilige Clara von Assisi*, Freiburg 1934, 219 Anm. 73 (zu FrKl 9 und KlB 9).

[12] H. FLESSA, *Thomas von Celano: „Legenda Sanctae Clarae Virginis". Die mittelhochdeutsche Übersetzung des Cod. 14711 aus dem Germanischen Nationalmuseum Nürnberg*, Würzburg 1964 (Zulassungsarbeit, masch.).

[13] K. RUH, *Franziskanisches Schrifttum im deutschen Mittelalter*, Bd. I: Texte, München 1965, 57-68, 86-97, 106-112.

[14] J. KLAMMER, *Untersuchung und textkritische Edition des mhd. Klaratraktates ‚Der herr aller ding der hat sie lip gehabt'*, Innsbruck 1969 (Diss. masch.).

[15] E. W. NEUNER-SCHAUB, *Textkritische Edition der mhd. Klara-Predigten des Prager Codex XVI D 16 samt vollständigem Glossar und Untersuchungen*, Innsbruck 1972 (Diss. masch.).

Vita durch Herrad (Sr. Mechthild) Weiler.[16) 1983 fasste noch einmal Kurt Ruh die bisherige Forschung zusammen und 1993 lieferte Ruth Meyer einen Beitrag über die Rezeption des St.-Klara-Buches.[17)

Die einzelnen Texte aus dem St. Klara-Buch wurden also zu einem guten Teil im Laufe der Zeit ediert, haben aber kaum weitere Verbreitung gefunden, da es sich einerseits um Artikel in Fachzeitschriften, andererseits um ungedruckte Dissertationen handelt. Die spezifisch franziskanisch-klarianische Forschung schien kein großes Interesse an diesen nördlichen Notizen über die umbrische Heilige zu haben, bis erst wieder im Jahre 2003 der Franziskaner und Klara-Forscher Giovanni M. Boccali in der Edition einer lateinischen Handschrift der Bayerischen Staatsbibliothek auf H. Weilers Textausgabe des St. Klara-Buches hinwies.[18) Die von Boccali edierte Handschrift enthält nämlich 10 Perikopen aus dem Sondergut des St. Klara-Buches, ist aber um 80 Jahre jünger als dieses und kann deshalb nicht als dessen Quelle gelten.

3. Ein Kompendium von Klara-Quellen

Das sogenannte Sand Claren bvch, *wie es der Text selbst nennt,[19) bezeichnet eine mittelhochdeutsche Schriftensammlung, die in neun Handschriften aus der zweiten Hälfte des 14. Jahrhunderts auftritt. Davon sind sechs mit größter Wahrscheinlichkeit im oder für das Nürnberger Klarissenkloster geschrieben worden. Dieses Schriftenbündel des Nürnberger Klara-Buches ist ein Kompendium aller damals in Deutschland verfügbaren Quellen zu Leben und Werk der hl. Klara von Assisi und ihrer Schwestern, das sich in Inhalt und Absicht in etwa mit den Franziskusbüchern aus dem Beginn des 14. Jahrhunderts vergleichen lässt.[20) Das St. Klara-Buch dürfte nicht nur die erste deutsche,*

[16) H. WEILER, *St. Clara-Vita. Textkritische Edition und Wortschatzuntersuchung*, Innsbruck 1972 (Diss. masch).

[17) K. RUH, *Das ‚St. Klara-Buch'*, in: WiWei 46 (1983) 192-206; DERS., *Klara von Assisi u. ‚St. Klara-Buch'*, in: VerfLex² IV, 1172-1184; R. MEYER, *Junckfraw – Muter – Helferin. Das Bild der hl. Klara im „St. Klara-Buch" und seine Rezeption im 15. Jahrhundert*, in: CFr 62 (1992) 507-532.

[18) Die Handschrift Clm 23846 (ff. 236v-239r) der Bayerischen Staatsbibliothek München stammt aus der 2. Hälfte des 15. Jh. und ist ein Kalendarium der Heiligenfeste: G. M. BOCCALI, *Santa Chiara d'Assisi sotto processo. Lettura storico-teologica degli Atti di canonizzazione*, S. Maria degli Angeli 2002, 315-332; ebenso in: DERS., *Nuovi episodi della vita di S. Chiara*, in: *Domini Vestigia Sequi. Miscellanea offerta a P. Giovanni M. Boccali ofm*, a cura di C. VAIANI, S. Maria degli Angeli 2003, 181-197.

[19) WEILER, *St. Clara-Vita* (s. Anm. 16), 258.

[20) Jene Sammelhandschriften, welche die sog. „Alte Legende" (Legenda antiqua) enthalten: S. CLASEN, *Legenda Antiqua S. Francisci. Untersuchungen über die nachbonaventurianischen Franziskusquellen*, Leiden 1967.

sondern überhaupt die erste volkssprachliche Übersetzung der lateinischen Klara-Legende Admirabilis femina *und anderer Klara-Quellen sein. Dies ist umso erstaunlicher, als die erste Verdeutschung der Franziskus-Legende Bonaventuras* (Legenda Maior) *erst im Jahre 1404 im Katharinenkloster Nürnberg nachweisbar ist.[21] Ein Grund dafür mochte gewesen sein, dass viele Brüder der lateinischen Sprache so weit mächtig waren, dass sie einer Übersetzung nicht bedurften. Bezeichnend bleibt, dass in den Frauenklöstern, in denen oder für die auch ein Großteil der deutschen Franziskus-Legenden entstanden, primär Interesse am Leben der hl. Klara besteht, dann erst an jenem des hl. Franziskus.*

4. Inhalt des Klara-Buches

Die Sammlung des St. Klara-Buches besteht je nach Handschriften aus einer Reihe von Texten, die sich in drei Gruppen einteilen lassen:

1) Die erste Gruppe enthält das eigentliche „St. Klara-Buch":[22]

- *Übersetzung der Klara-Legende* Admirabilis femina *(LebKl)*
- *Verkürzte Form der Heiligsprechungsbulle (BulKl)*
- *Zusammenstellung der Lebensdaten Klaras*
- *Reimgebet mit der Titelnennung* Sand Claren bvch

2) Eine zweite Gruppe ist in denselben Handschriften dem Klara-Buch zugeordnet:

- *Die Sequenz* Frev dich, Clara *(FrKl)*
- *Lebensbeschreibung von Klaras Schwester Agnes[23]*
- *Die vier Briefe Klaras an Agnes von Böhmen (vgl. 1-4 Agn)*
- *Klaras Segen für Agnes von Böhmen (KlSeg)[24]*
- *Die Legende der Agnes von Böhmen[25]*

---

[21] K. RUH, *Bonaventura deutsch. Ein Beitrag zur deutschen Franziskaner-Mystik und -Scholastik*, Bern 1956, 239 u. 247; FLESSA, *Legenda Sanctae Clarae* (s. Anm. 12), XVII.

[22] Die erste Gruppe wurde nach einer einzigen Hs. ediert von FLESSA, *Legenda Sanctae Clarae* (s. Anm. 12), kritisch von WEILER, *St. Clara-Vita* (s. Anm. 16).

[23] Lateinische Fassung in der *Chronik der 24 Generalminister*, in: AF III, 173-182.

[24] Nach der mhd. Version übersetzt von E. GRAU in: FQS II, 319f.

[25] V. BOK, *Einige Beobachtungen zur lateinischen Legende über Agnes von Prag und zu ihren mittelalterlichen deutschen und tschechischen Übertragungen*, in: *Selecta Bohemico-Germanica. Tschechisch-deutsche Beziehungen im Bereich der Sprache und Kultur*, hg. von E. EICHLER, Münster / Hamburg / London 2003, 163-178, bes. 171ff.; DERS., *Zwei deutsche Übertragungen der lateinischen Kanonisationslegende*

3) Die dritte Gruppe wird nur in einigen Handschriften dem Klara-Buch zugeordnet:

- Traktat Der herr aller ding *(HaD)*
- Klara-Hymnen, -Sequenzen und -Gebete *(vgl. 7FrKl)*
- Sechs Predigten über die hl. Klara

5. Quellen und Sondergut des Klara-Buches

5.1. Das Klara-Buch als Übersetzung der lateinischen Legende

Der Hauptteil des eigentlichen St. Klara-Buches ist die Übersetzung der offiziellen, Thomas von Celano zugeschriebenen Klara-Legende Admirabilis femina *(LebKl)*.[26] Eine Eintragung von späterer Hand in der ältesten Handschrift des Klara-Buches nennt jedoch als eines der ersten Zeugnisse Bonaventura als Autor.[27] Die Übersetzung der Legende Admirabilis femina hält sich beinahe Wort für Wort an ihre lateinische Vorlage, vielleicht auch deshalb, weil die deutsche Sprache um die Mitte des 14. Jahrhunderts noch nicht so weit entwickelt war, um einen lateinischen Text „kongenial" zu übersetzen.[28] Von daher sind auch viele Verdoppelungen, Ausfaltungen und Umschreibungen von Begriffen zu verstehen, die aber inhaltlich nichts an der Vorlage verändern.[29]

Schon der Autor der lateinischen Legende Admirabilis femina betont zu Beginn der Berichte von Wundern nach dem Tod der Heiligen: „die Menge des Materials macht es notwendig, sehr viel zu übergehen" (LebKl 49,5). Ein Codex dieser Legende aus der Universitätsbibliothek Breslau bringt am Ende der Wunderberichte und des Berichts der Heiligsprechung (nach LebKl 62) folgenden interessanten Zusatz: „Auch an anderen Orten stellten die genannten Prälaten und Inquisitoren Nachforschungen an, wie ich aus Erzählungen

---

über Agnes von Böhmen, in: *Editionsberichte zur mittelalterlichen deutschen Literatur. Beiträge der Bamberger Tagung ‚Methoden und Problem der Edition mittelalterlicher deutscher Texte', 26.-29. Juli 1991*, hg. von A. SCHWOB, Göppingen 1994, 181-184; neuhochdeutsche Übersetzung: J. SCHNEIDER (Hg.), „Candor Lucis Eterne – Glanz des ewigen Lichtes". Die Legende der heiligen Agnes von Böhmen, Mönchengladbach 2007.

[26] Zur Diskussion s. E. GRAU, in: FQS II, 113ff.; G. M. BOCCALI, *Legenda latina Sanctae Clarae Virginis Assisiensis*, S. Maria degli Angeli 2001, 11-18.

[27] FLESSA, *Legenda Sanctae Clarae* (s. Anm. 12), V; WEILER, *St. Clara-Vita* (s. Anm. 16), 33: zu wissen daß der heylig Sanct Bonaventura der englisch lerer beschriben hat die legent vom leben vnser heyligen muter Sannt Claren.

[28] FLESSA, *Legenda Sanctae Clarae* (s. Anm. 12), XVIII.

[29] Zur Methode der Übersetzung im Klara-Buch s. WEILER, *St. Clara-Vita* (s. Anm. 16), 357-372.

erfahren habe, welche sie vielleicht um der Kürze willen ausgelassen hatten. Weil ich nichts Schriftliches aufgefunden habe, habe ich mich nicht darum gekümmert, es hier anzufügen. " [30] *Damit lässt der Abschreiber erahnen, dass er um noch andere mündlich überlieferte Wunderberichte wusste, sie aber mangels schriftlicher Dokumente nicht aufzeichnete. Offenbar wollte er auch den Kanon der offiziell anerkannten und in der Legende verzeichneten Wunderberichte nicht mehr ändern.*

Auf dem Hintergrund der beabsichtigten Wörtlichkeit der Übersetzung der Legende Admirabilis femina *im mittelhochdeutschen Klara-Buch fallen umso mehr kleinere, aber auch längere Zusätze auf, die nicht nur zu Lasten der Verdeutschung des lateinischen Textes zu gehen scheinen, sondern auch auf andere Quellen neben der Legende verweisen. An passenden Stellen sind geschickt solche Zusätze und meist wundersame Episoden eingefügt – und zwar die meisten aus der Lebenszeit der hl. Klara –, die sich in der lateinischen Legende nicht finden und über bloße Ausschmückungen hinausgehen.* [31] *Diese Zusätze lassen sich folgendermaßen gliedern in:*

1) kleinere Zusätze aus den liturgischen Klara-Legenden.

2) Aussagen über Klara aus dem ersten Franziskus-Leben des Thomas von Celano (1 C).

3) Perikopen, die im Heiligsprechungsprozess, aber nicht in der Legende stehen (ProKl).

4) Perikopen, die in anderen Einzelüberlieferungen vorkommen. [32]

5) Perikopen, die nur das Klara-Buch bringt (Sondergut).

5.2. Der Einfluss der liturgischen Klara-Legenden

Für einige kleinere Einschübe lassen sich als Quelle oder zumindest als inspirierenden Einfluss die liturgischen Klara-Legenden nachweisen. Die Chor-Legende Venerabilis Christi sponsae *ist wahrscheinlich aufgrund der Verordnungen der Generalkapitel der Minderbrüder von Lyon (1272/74) und Paris (1292) entstanden, wonach jedes Haus eine approbierte Klara-Legende haben sollte. Für das Fest der Übertragung des Leibes der hl. Klara nach Assisi, die am 3. Oktober 1260 statt fand, entstand die liturgische Legende* Admirabilis et venerabilis virgo Clara. *Eine weitere Chorlegende, von der es verschiedene*

---

[30] BOCCALI, *Legenda latina* (s. Anm. 26), 73; *Nuovi episodi* (s. Anm. 18), 182.

[31] Aufgelistet und beschrieben bei FLESSA, *Legenda Sanctae Clarae* (s. Anm. 12), XX-XXIX; WEILER, *St. Clara-Vita* (s. Anm. 16), 26-29.

[32] Hier nur B. BUGHETTI, *Miraculum S. Clarae adhuc viventis, in eius Legenda praetermissum*, in: AFH 5 (1912) 383f.

Fassungen gibt, beginnt mit den Worten O quam pulchra et casta generatio.[33]
*Diese liturgischen Kurzlegenden, die als Lesungen für die Matutin verwendet
wurden, fanden naturgemäß durch die Breviere eine weite Verbreitung.*

Auf den Einfluss der Chorlegende Venerabilis Christi sponsae *scheinen zu-
rückzugehen: der Vergleich Klaras mit der römischen Jungfrau und Märtyrin
Cäcilia (KlB 1,1);[34] die Anspielung auf das Gleichnis der klugen Jungfrauen
(Mt 25,1-13) beim Empfang „der weisen Jungfrau Sankt Klara" durch die
Brüder in Portiunkula, „die nicht mit leeren Lampen ihrem lieben Gemahl,
unserem Herrn Jesus Christus entgegenging";[35] die Anspielung auf Jesu Fuß-
waschung (Joh 13,14-15), wenn Klara den vom Außendienst zurückkehrenden
Schwestern die Füße „nach dem Vorbild unseres Heilands" wusch.[36]*

*Etwas ferner ist der Einfluss noch zu spüren in der Erwähnung, dass die
Sarazenen durch die Kraft von Klaras Gebet „erblindeten" (KlB 5,10), während nach der Chorlegende Klaras Antlitz durch die wunderbare Stimme so
„von gewaltigem Licht erstrahlte", dass es den Sarazenen aber Schrecken
einflößte.[37] Im Klara-Buch antwortet die sterbende Klara auf die Frage, mit
wem sie rede: „Ich rede mit meiner gesegneten Seele, und den König des Him-
melreiches schaue ich mit lauterem Angesicht." Dies heißt in der Chorlegende
etwas anders: „Ich rede zu meiner Seele, die der Herr zuvorkommend mit
seinem Segen überschüttet hat; und schon darf ich die Königin und Herrin der
Engel in herrlicher Schau sehen."[38] Die zusätzliche Angabe des Todesjahres,
„als es seit der Geburt unseres Herrn 1253 Jahre waren", findet sich zwar schon
in* Venerabilis Christi sponsae, *ähnlicher jedoch in der Legende* Admirabilis et
venerabilis virgo Clara: *„im Jahr 1253 seit der Inkarnation Christi".[39]*

Die Chorlegende O quam pulchra et casta generatio *erklärt, Klara konnte
bei der Flucht aus dem Elternhaus die versperrte Tür deshalb öffnen, „weil ihr*

---

[33] Ediert von M. BIHL, *Tres legendae minores sanctae Clarae Assisiensis (saec. XIII)*,
in: AFH 7 (1914) 32-54, und G. M. BOCCALI, *Tre legende minori latine di S. Chiara
d'Assisi con incipit: „O quam pulchra est casta generatio"*, in: AFH 99 (2006) 3-
31; vgl. BOCCALI in: ALFANI, *Vita* (s. Anm. 3), 27.

[34] WEILER, *St. Clara-Vita* (s. Anm. 16), 81; BIHL, *Tres legendae* (s. Anm. 33), 40; vgl.
LebKl 8,1.

[35] WEILER, *St. Clara-Vita* (s. Anm. 16), 92; BIHL, *Tres legendae* (s. Anm. 33), 41; vgl.
LebKl 4,4.

[36] WEILER, *St. Clara-Vita* (s. Anm. 16), 106; BIHL, *Tres legendae* (s. Anm. 33), 42;
vgl. LebKl 12,9.

[37] WEILER, *St. Clara-Vita* (s. Anm. 16), 132; BIHL, *Tres legendae* (s. Anm. 33), 45;
vgl. LebKl 22,9.

[38] WEILER, *St. Clara-Vita* (s. Anm. 16), 195; BIHL, *Tres legendae* (s. Anm. 33), 46;
vgl. LebKl 46,7.

[39] WEILER, *St. Clara-Vita* (s. Anm. 16), 197; BIHL, *Tres legendae* (s. Anm. 33), 47 u.
49; vgl. LebKl 46,16.

der Eifer und das Mitwirken des Herrn solche Kräfte verliehen." Nach dem
Klara-Buch wurde ihr „durch göttliche Gabe eine so wunderbare Stärke verliehen, dass sie die Tür mit eigenen Händen aufmachen konnte."[40] Nach derselben Chorlegende habe Klara in Portiunkula „ihren Kampf Gott, der seligen
Maria und dem heiligen Franziskus hingebungsvoll empfohlen." Im Klara-
Buch heißt es entsprechend: „und sie empfahl ihren Streit gar andächtig Gott
und seiner hochgelobten Mutter."[41] Auch der Ausruf bei Klaras Begräbnis: „O
weh! Wie groß war die Klage ihrer Töchter, und wie groß war auch von allen
Ecken und Enden her der Zulauf des Volkes!" (KlB 16,2), findet sich fast
wörtlich in dieser Chorlegende.[42]

5.3. Das Klara-Buch und der Heiligsprechungsprozess

Abgesehen von der um 80 Jahre jüngeren Münchner Handschrift[43] ist das
Sondergut des Klara-Buches weder in der Legende Admirabilis femina noch in
einer anderen lateinischen oder italienischen Quelle zu finden. Auch das
ausführliche Klara-Leben der gelehrten Battista Alfani, die in Perugia um 1500
alles, was sie über die Heilige an Quellen vorfand, in ihre Übertragung der
Klara-Legende einbaute, sowie die um 1519 verfasste Geschichte des Klara-
Ordens des Marianus von Florenz wissen nichts von dem Sondergut der
deutschen Sammlung.[44]

Das Klara-Buch enthält neben dem eigentlichen Sondergut auch Berichte
aus den Prozess-Akten, die nicht in die lateinische Legende aufgenommen sind
(ProKl V 5; VI 6; 17; VII 2; IX 4; XII 6; XIV 6; XV 3). Da diese Akten aber nur
in einer einzigen Handschrift in der umbrischen Übersetzung von Sr. Battista
Alfani aus dem 15. Jahrhundert (um 1480/90) überliefert sind, ist für die
Episoden aus dem Prozess die mittelhochdeutsche Überlieferung um mehr als
hundert Jahre älter als die italienische.[45]

---

[40] WEILER, St. Clara-Vita (s. Anm. 16), 90; BOCCALI, Tre legende (s. Anm. 33), 11;
vgl. LebKl 7,7.

[41] WEILER, St. Clara-Vita (s. Anm. 16), 92; BOCCALI, Tre legende (s. Anm. 33), 11 u.
22 eine andere Fassung, die ergänzt: „und den Gebeten der Brüder"; vgl. LebKl 8,2.

[42] WEILER, St. Clara-Vita (s. Anm. 16), 199; BOCCALI, Tre legende (s. Anm. 33), 18;
vgl. LebKl 47,1.

[43] BOCCALI, Chiara sotto processo (s. Anm. 18), 315-332; DERS., Nuovi episodi
(s. Anm. 18), 181-197.

[44] ALFANI, Vita (s. Anm. 3), 35-38; MARIANO DA FIRENZE, Libro delle degnità et
excellentie del Ordine della seraphica Madre delle Povere Donne santa Chiara da
Assisi, Introduzione, note e indice del G. M. BOCCALI, Santa Maria degli Angeli
1986.

[45] G. M. BOCCALI, Santa Chiara di Assisi. I primi documenti ufficiali: Lettera di
annunzio della sua morte. Processo e Bolla di canonizzazione, S. Maria degli Angeli

*Diese Episoden aus dem Heiligsprechungsprozess im Klara-Buch lassen auf
eine lateinische Vorlage des Prozesses schließen, die mindestens ein Jahrhundert vor dessen erster italienischer Übersetzung im Zuge der Klarissen-
observanz nach Deutschland gelangt sein muss.*[46] *Möglicherweise sind diese
Perikopen der Prozess-Akten – und vielleicht auch das eigentliche Sondergut –
zusammen mit Abschriften der Briefe Klaras an Agnes – die sich übrigens in
keiner einzigen italienischen Quelle finden – sowie der Agnes-Legende aus
Prag nach Nürnberg gekommen.*[47]

Kurt Ruh hatte auch noch auf eine lateinische Vorlage für den Traktat Der
herr aller ding *hingewiesen.*[48] *Diese enthält nämlich bereits einen guten Teil
der Elemente des Sondergutes im Klara-Buch bzw. -Traktat (KlB 3; 5-6; 8; 10-
11; 20; HaD 6-8; 11-12), wovon auch drei zum Sondergut des Prozesses
gehören (ProKl VI 6; IX 4,35-37; 38). Die schwer lesbare und leider noch nicht
edierte Handschrift aus der Mitte des 14. Jahrhunderts ist älter als das Klara-
Buch. Sie ist somit nicht nur Zeuge einer lateinischen Vorlage des Sondergutes
aus dem Klara-Buch, sondern zugleich die älteste bis jetzt bekannte Spur einer
lateinischen Vorlage des Heiligsprechungsprozesses.*

6. Verfasserschaft des Klara-Buches

*Nach Kurt Ruh sprechen verschiedene Gründe für die personale Einheit von
Redaktor, Übersetzer und Autor der Bearbeitungen. Es liege auf der Hand,
dass er mit den Nürnberger Klarissen von Amts wegen zu tun hatte, z.B. als
Beichtvater, dem für gewöhnlich auch Predigt und Unterweisung zukamen. So
wird im Jahr 1372 ein Lektor P. Johannes bezeugt und zum Jahr 1394 ein
gewisser Johannes von Landsberg als Beichtvater genannt. Aber auch wenn
diese beiden Johannes identisch sein sollten, so ist doch von keinem ein
literarisches Zeugnis nachzuweisen. Andererseits stellte Ruh eine gewisse
literarische Verwandtschaft des Klara-Buches – im besonderen des Traktats
„Der herr aller ding" (HaD) – zum Schrifttum Marquards von Lindau fest, von*

2002, 53; DERS., *Chiara sotto processo* (s. Anm. 18), 32f.

[46] BOCCALI, *Nuovi episodi* (s. Anm. 18), 195.

[47] Zur Verbindung zwischen Bayern und Böhmen s. BOK, *Einige Beobachtungen zur
lateinischen Legende über Agnes* (s. Anm. 25), 172: „Bekanntlich war die Verehrung der böhmischen Heiligen im 14. und zu Beginn des 15. Jh. auch in der
Diözese Bamberg verbreitet, zumal ihren Bestandteil auch das sog. Neue Böhmen
bildete. Am ehesten kann die Übersetzung im Nürnberger Klarissenkloster entstanden sein ...".

[48] RUH, *Das St. Klara-Buch* (s. Anm. 17), 201 Anm. 24: München - Universitätsbibliothek, 2° Cod. ms. 136, ff. 121ra-122ra; N. DANIEL / G. KORNRUMPF / G. SCHOTT, *Die
lateinischen mittelalterlichen Handschriften der Universitätsbibliothek München:
Die Handschriften aus der Folioreihe*, 1. Hälfte, Wiesbaden 1974, 231-237.

dem aber wiederum weder eine Schrift über Klara noch eine Verbindung zu Nürnberg nachzuweisen ist. „So kann man allenfalls sagen", schließt Ruh: „Unser gesuchter Autor ist ein Nürnberger Franziskaner, der mit den Schriften Marquards von Lindau vertraut war."[49]

Eine weitere Aufgabe war es nun, die redigierte Sammlung zu schreiben und zu vervielfältigen, was vor allem „in der Schreibstube des Nürnberger Klarenklosters" geschah.[50] Im Codex Bamberg 146, den Herrad Weiler als Leithandschrift ihrer Edition gewählt hat, findet sich auf der letzten Seite der Handschrift folgende mit roter Tinte geschriebene Bemerkung:[51]

> Wer dieses Buch wird lesen,
> der soll sich ermahnen lassen,
> dass er gedenke bei Gott
> der Schwester Katharina Hofmenin,
> das heißt ihrer Not,
> die das Buch geschrieben hat,
> dass ihr Gott helfe aus aller Not
> und ihr gebe als Lohn
> die himmlische Kron.
> Amen.

Die Schreiberin des Buches stellt sich vor als Schwester Katharina Hofmenin (Hofmann, Hoffmann). Sie dürfte schon vor 1336 in das Klarissenkloster Nürnberg eingetreten sein, wurde zwischen 1380 und 1391 mehrmals zur Äbtissin gewählt und starb vermutlich 1393. Das mit sicherer Hand, sorgfältig in gut lesbarer gotischer Buchschrift verfasste Manuskript lässt auf ein frühes Datum schließen. Da nicht anzunehmen ist, dass Katharina Hofmann schon als junge Schwester zur Äbtissin gewählt wurde, es andererseits nicht wahrscheinlich ist, dass sie als alte Nonne oder als Äbtissin mit Schreibarbeiten beschäftigt wurde, kann man annehmen, dass sie die Handschrift um die Mitte des 14. Jahrhunderts schrieb. Es wäre also möglich, dass dieser Codex der älteste der neun Codices ist.[52]

Das Diarium des Bamberger Klarissenklosters erinnert noch im Jahre 1554 an Schenkungen durch Sr. Katharina: „Die gelehrte Äbtissin Catharina [...] sah das Ende ihres Klosters nahen und that daher dem hiesigen in ihrem Leben

---

[49] RUH, *Das St. Klara-Buch* (s. Anm. 17), 201f.

[50] FLESSA, *Legenda Sanctae Clarae* (s. Anm. 12), XVI.

[51] WEILER, *St. Clara-Vita* (s. Anm. 16), 30; FLESSA, *Legenda Sanctae Clarae* (s. Anm. 12), XVI, hält es für „denkbar, dass Katharina Hofmann auch die Schreiberin von Cod. 14722 war", einer Schwesterhandschrift zu Bamberg hist. 146. E. VII.19.

[52] WEILER, *St. Clara-Vita* (s. Anm. 16), 30f. u. 61f.

noch sehr viel Gutes [...]."[53] *Es mag bezeichnend sein, dass noch unter dem unmittalbaren Eindruck, den die humanistisch gebildete Nürnberger Äbtissin Charitas Pirckheimer (1467-1532) bei ihren Zeitgenossen gemacht hatte, eine ihrer frühen Vorgängerinnen das Attribut „gelehrte Äbtissin" erhielt. Sr. Katharina Hofmann hat wohl mehr als nur Schreibarbeit geleistet und einen wesentlichen Anteil an Übersetzung, Konzept und Redaktion der Klara-Quellen gehabt. Von ihr stammt nicht nur die älteste Handschrift der mittelhochdeutschen Reimlegende „Freu dich, Klara" (FrKl), sondern wahrscheinlich hat sie diese auch nach dem Vorbild der lateinischen Dichtung* Gaude, sancta Clara, *in völlig eigenständiger Weise verfasst.*[54] *Ebenso kann sie als Verfasserin des Gebets „Die sieben Freuden der heiligen Klara" (7FrKl) angesehen werden.*

Wenn auch eine Autorschaft durch Schwester Katharina – sei es als Schreiberin, Redaktorin oder auch Übersetzerin – eine zwar begründete, aber doch unbeweisbare Vermutung bleiben muss, so taucht zumindest als einziger ihr Name auf, als jene, „die dieses Buch geschrieben hat". Wenn nun diese Vermutung Recht behielte, dann wäre die deutsche Klarisse eine unbekannte Vorläuferin ihrer über hundert Jahre später in Perugia schreibenden italienischen Mitschwester Battista Alfani, die „gelehrt war im Wissen, Verstehen und Schreiben von Büchern"[55] *und die mit der Übersetzung des Heiligsprechungsprozesses und ihrem ausführlichen Klara-Leben eine ähnliche Sammlung von Klara-Quellen verfasst hat.*[56]

Quellen: H. FLESSA, *Thomas von Celano: „Legenda Sanctae Clarae Virginis". Die mittelhochdeutsche Übersetzung des Cod. 14711 aus dem Germanischen Nationalmuseum Nürnberg*, Würzburg 1964 (Zulassungsarbeit, masch.); H. WEILER, *St. Clara-Vita. Textkritische Edition und Wortschatzuntersuchung*, Innsbruck 1972 (Diss. masch.) [Übersetzung nach dieser Ausgabe].

Andere Quellen und Studien: K. RUH, *Das ,St. Klara-Buch'*, in: WiWei 46 (1983) 192-206; DERS., *Klara von Assisi u. ,St. Klara-Buch'*, in: VerfLex² IV, 1172-1184; R. MEYER, *Junckfraw – Muter – Helferin. Das Bild der hl. Klara im „St. Klara-Buch" und seine Rezeption im 15. Jahrhundert*, in: CFr 62 (1992) 507-532; G. M. BOCCALI, *Santa Chiara d'Assisi sotto processo. Lettura*

---

[53] WEILER, *St. Clara-Vita* (s. Anm. 16), 31.

[54] Vgl. SETON, *A German Metrical* (s. Anm. 9), 386: „the work of a Poor Clare"; OLIGER, *Die Legende der hl. Klara* (s. Anm. 9), 181: „möglicherweise der Katharina Hofmenin".

[55] *Memoriale di Monteluce. Cronaca del monastero delle clarisse di Perugia dal 1448 al 1838*, a cura di C. A. LAINATI, S. Maria degli Angeli 1983, 124.

[56] Vgl. BOCCALI in: ALFANI, *Vita* (s. Anm. 3), 26.

storico-teologica degli Atti di canonizzazione, S. Maria degli Angeli 2002, 315-332; DERS., *Nuovi episodi della vita di S. Chiara*, in: *Domini Vestigia Sequi. Miscellanea offerta a P. Giovanni M. Boccali ofm. per il suo 75° di vita e 50° di sacerdozio*, a cura di C. VAIANI, S. Maria degli Angeli 2003, 181-197; J. SCHNEIDER, *Kirschen im Winter. Kostproben aus dem Leben der heiligen Klara von Assisi*, Salzburg ²2005.

Aus dem „St. Klara-Buch"

Im Folgenden werden 22 Zusätze in der Reihenfolge, wie sie in das St. Klara-Buch eingefügt sind, aufgelistet und in moderner deutscher Übertragung vorgestellt.[57] *Vom eigentlichen Sondergut dieser Zusätze haben 10 Episoden Parallelen in der von Boccali edierten lateinischen Münchner Handschrift. Mehrere Episoden finden sich angedeutet in der Sequenz* Frev dich Klara *(FrKl) und etwas ausführlicher im Traktat* Der herr aller ding *(HaD), zwei Schriften, die zum breiteren Überlieferungsstrom des St. Klara-Buches gehören. Dieses hatte im deutschen Sprachraum eine Wirkungsgeschichte, die über die Klarissenklöster hinausging. So war die im St. Klara-Buch enthaltene Lebensbeschreibung auch die Vorlage für die Klara-Legende in* Der heyligen leben, *dem bedeutendsten volkssprachlichen Legendar des Mittelalters, dessen Sommerteil im Jahre 1472 in Augsburg als Druck erschien. Die sich darin befindliche Legende* Von sant Klarn *(SaKl) enthält fast das gesamte Sondergut in gekürzter Form.*[58] *In einer weiteren, um 1400 im alemannischen Raum entstandenen und wahrscheinlich vom Nürnberger Kreis unabhängigen Verdeutschung der Klara-Legende (KaR) finden sich ebenso mehrere Elemente desselben Sondergutes.*[59]

1. Klaras Tugenden

Nach der Erwähnung des Bußgewandes in der Legende (LebKl 4,4) fügt das St. Klara-Buch den Vergleich mit der römischen Jungfrau und Märtyrin Cäcilia hinzu. Er findet sich schon in der ersten Chorlegende zum Fest der hl. Klara,[60] *von wo er dann in die Übersetzungen der Klarissen Magdalena Steimerin und Battista Alfani*[61] *und in die niederdeutsche Übertragung* Sint Clara *eingegangen ist (LevCl 7,18). Dann wird die Beschreibung der Tugenden Klaras aus dem 1. Franziskusleben Celanos (1 C 18,7-8) übernommen. Dabei werden Begriffe mit erklärenden Attributen versehen oder durch Wortpaare wieder-*

---

[57] Für die Hilfe bei der Übertragung aus dem Mittelhochdeutschen danke ich P. Dr. Willibald Hopfgartner OFM.

[58] M. BRAND / K. FREIENHAGEN-BAUMGARDT / R. MEYER / W. WILLIAMS-KRAPP (Hg.), *Der Heiligen Leben. Bd. I. Der Sommerteil*, Tübingen 1996, 387-397; E. SCHEIBER, *Die erste gedruckte deutsche Legende der Hl. Klara*, in: *Icones Clarae. Kunst aus dem Brixner Klarissenkloster*, hg. von L. ANDERGASSEN, Brixen 1999, 87-91.

[59] K. GROOS, *Die alemannische Sprache zu Villingen in Baden am Ende des 15. Jahrhunderts, bearbeitet nach einer Handschrift d. Großhzgl. Bad. Hof- u. Landesbibliothek*, Lüttich 1904.

[60] BIHL, *Tres legendae* (s. Anm. 33), 40.

[61] ALFANI, *Vita (s. Anm. 3)*, II 4; J. C. BALSON, *The Life and legend of St. Clara of Assisi in the MS. Thennenbach 4*, Chapel Hill 1973, 12 (vgl. Einleitung zu ThB).

gegeben. So wird gratia *zu* gotleichen Gnaden *und* cana *zu* alt vnd witzig. *Für* humilitas *setzt das Klarabuch* miltikait vnd parmhertzikait *und deutet damit die aszetische Tugend der Demut im Sinne der Nächstenliebe.*[62)]

[1]Unter ihren kostbaren und weichen Kleidern trug sie verborgen ein härenes Hemd, gerade wie eine zweite Jungfrau Cäcilia, so dass sie nach außen hin geschmückt war vor der Welt, aber inwendig hatte sie sich *mit* unserem *Herrn bekleidet* (vgl. Röm 13,14; Gal 3,27). [2]Sie war edel ihrer vornehmen Abstammung nach, aber sie war noch viel edler aus göttlicher Gnade. Sie war eine Jungfrau dem Leibe nach und war auch von allerreinster Gesinnung. [3]Sie war jung an Jahren, aber sie war alt und weise in ihrem Verstand. Sie war fest im Vorsatz und war voller Inbrunst in ihrem Verlangen nach göttlicher Liebe. [4]Sie war geziert mit Weisheit und war allen voraus an Freigiebigkeit und Barmherzigkeit. [5]Sie hieß Klara mit Namen, sie war aber noch klarer im Leben und war am klarsten und lautersten an guten Sitten und heiligem Lebenswandel. [1 C 18,7-8]

2. Klara und Franziskus in Portiunkula

Am Ende des Abschnitts der Legende, der mit der Überschrift „Bekanntwerden und Freundschaft mit dem seligen Franziskus" versehen ist (LebKl 5-6), fügt das Klara-Buch eine Begegnung von Franziskus und Klara in Portiunkula ein, die noch vor Klaras Eintritt ins Ordensleben stattgefunden hat. Etwa aus derselben Zeit stammt die berühmte Geschichte vom gemeinsamen Mahl Klaras mit Franziskus in Portiunkula, die von den Fioretti *(Fior 15) und vielen anderen Quellen überliefert wird.*[63)] *Diese weist gewisse Ähnlichkeiten mit der Erzählung des Klara-Buches auf, aber Inhalt und Stil der Letzteren sind um vieles nüchterner. Auch der Bericht Bruder Leonhards von Assisi von der Ekstase des Franziskus während eines Mahles in San Damiano entspringt einer anderen Überlieferung und hat mit dieser Perikope wohl nichts zu tun.*[64)] *Die Erzählung findet sich in den meisten deutschen Quellen.*[65)]

[62)] Text: WEILER, *St. Clara-Vita* (s. Anm. 16), 81-83; FLESSA, *Legenda Sanctae Clarae* (s. Anm. 12), 5.

[63)] Actus 15; BARTHOLOMÄUS VON PISA, *Liber de conformitatibus vitae beati Francisci ad vitam Domini Jesu*, in: AF IV-V, Quaracchi 1906/12, hier AF IV, 354f.; V, 81; 331; LevCl 37; ebenso in einigen Hss. von LebKl: BOCCALI, *Legenda latina* (s. Anm. 26), 68f.

[64)] B. BUGHETTI, *Analecta de s. Francisco Assisiensi saeculo XIV ante medium collecta*

[1] In derselben Zeit, als die selige Jungfrau, die heilige Klara, noch weltliche Kleider trug, war sie eines Tages beim heiligen Franziskus im Wald bei der Kirche Unserer Lieben Frau, die Portiunkula heißt, und redete mit ihm vom Heil ihrer Seele. [2] Da konnte man sehen, wie feurige Strahlen vom Himmel über die beiden dort, wo sie standen, herabkamen. [3] Aber Gott wollte, dass niemand es wagte und so kühn sei, zu ihnen zu gehen. [FrKl 9; HaD 10; KaR 1; SaKl 4]

3. Die Bitte um Brot und Fische

Nach zwei Speisewundern, dem Brotwunder und dem Wunder mit dem vollen Ölkrug (LebKl 15-16) fügt das Klara-Buch ein weiteres Speisewunder mit Brot und Fischen ein.[66] *Nach der Klararegel „sollen die Schwestern zu jeder Zeit fasten" (KlReg 3,8), das heißt, „die Gesunden und Kräftigen essen immer Fastenspeisen" (3 Agn 37). Die Schwestern haben hier offenbar die Praxis Klaras, während der großen Fastenzeit – außer an Sonntagen – immer bei Brot und Wasser zu fasten, übernommen (vgl. ProKl II 8). Am Montag, Mittwoch und Freitag aber aß Klara überhaupt nichts, „so dass sie ein bestimmtes Leiden befiel, worauf ihr der heilige Franziskus zusammen mit dem Bischof von Assisi befahlen, dass sie an jenen drei Tagen wenigstens ein halbes Brötchen am Tag esse" (ProKl I 8). Das Brot- und Fischwunder wird aus der Zeit vor jenem Fastenverbot durch Franziskus berichtet, also vor dem Jahre 1217.*[67] *Die Erzählung unterstreicht zum einen den menschlichen Zug Klaras, ihren Schwestern am Dienstag (vasnaht) vor der strengen Fastenzeit ein stärkendes Mahl zu bereiten.*[68] *Zum anderen wird ihr Gottvertrauen gezeigt, das*

(e cod. Fiorentino C. 9.2878), in: AFH 20 (1927) 79-108, hier 106f., Nr. 49; übersetzt bei: A. ROTZETTER, *Klara und Franziskus. Bilder einer Freundschaft*, Freiburg (CH) 1993, 75-80.

[65] Text: WEILER, *St. Clara-Vita* (s. Anm. 16), 88; FLESSA, *Legenda Sanctae Clarae* (s. Anm. 12), 7; vgl. BOCCALI, *Chiara sotto processo* (s. Anm. 18), 316. Ein Gemälde aus der Schule des Nürnberger Malers Michael Wohlgemuth (1434-1519) zeigt Franziskus mit Klara in vertrautem Gespräch über das Evangelium allein im Wald sitzend, während über beiden der Hl. Geist in Gestalt einer Taube herabkommt: B. KLEINSCHMIDT, *St. Franziskus in Kunst und Legende*, Mönchen-Gladbach 1911, 23f.; zum Ganzen: SCHNEIDER, *Kirschen* (s. Anm. 1), 87-92.

[66] Text: WEILER, *St. Clara-Vita* (s. Anm. 16), 114-118; FLESSA, *Legenda Sanctae Clarae* (s. Anm. 12), 16f.; vgl. BOCCALI, *Chiara sotto processo* (s. Anm. 18), 318f.

[67] BOCCALI, *Chiara sotto processo* (s. Anm. 18), 39.

[68] HaD 11,4: *an dem suntag der vasnacht*; dessen lat. Version hingegen wie BOCCALI, *Chiara sotto processo* (s. Anm. 18), 318: *in sero carnis privii*, am Karnevalabend.

*sie den Tisch decken lässt, als ob sie schon empfangen hätte (vgl. Mk 11,24).
Dabei zeigt ihre Bitte eine bemerkenswerte Theologie des Gebetes, das nicht
unmittelbar von Gott selbst ein Wunder erwartet, sondern die Geschöpfe in
eine Mittlerrolle stellt: Gott „möge in seiner Liebe zur Barmherzigkeit irgendeinem seiner Geschöpfe zu bewirken gebieten, dass irgend jemand von ihren
Freunden ein Brot und zwei Fische ins Kloster brächte." Tatsächlich wird ihr
Gebet aufs Wort erhört. Sie erhält nicht mehr als nur „ein Brot und kleine
Fische, wie sie es von unserem Herrn erbeten hatte", die aber „jeder von ihnen
ihren reichlich zufriedenstellenden Anteil erhalten" ließen.*

[1]Hier handelt es sich um ein Zeichen, in dem es um Fische und um
ein Brot geht, die ihr von Gott gesandt wurden. – [2]Während alle Frauen,
die mit der heiligen Klara in Armut lebten, die große Fastenzeit zur
Gänze bei Brot und Wasser fasteten, hatte sie selber die Gewohnheit,
dass sie in dieser Zeit drei Tage in der Woche gänzlich nüchtern blieb
und überhaupt nichts aß. [3]Als nun einmal die Fastnacht gekommen war,
wollte die liebe heilige Klara, dass ihre Schwestern an der Fastnacht
etwas essen sollten, das ihnen Trost geben sollte, und fragte die Kellermeisterin, ob sie nichts hätte, was die Frauen essen könnten. [4]Da antwortete sie und sprach, dass weder Brot, noch Mehl noch irgend etwas
Essbares bei ihr vorrätig sei, ja dass sie überhaupt nichts hätte. Und so
ging sie von ihr weg. [5]Als man die Vesper gebetet hatte, ging die heilige
Klara in das Refektorium, richtete den Tisch her, schmückte die
Tischtücher und deckte sie mit Messern und Krügen, wie es sich gehört
und so wie sie es mit ihren eigenen Händen am besten konnte. Darüber
wunderten sich die Frauen allesamt. [6]Danach kniete sie sich dort nieder
und begann unseren Herrn demütig anzuflehen, er möge in seiner Liebe
und Barmherzigkeit irgendeinem seiner Geschöpfe zu bewirken gebieten, dass jemand von ihren Freunden ein Brot und zwei Fische[69] ins
Kloster brächte, damit alle Frauen damit gespeist werden könnten. [7]Ver-
nehmt das Wunder, das da geschah, worüber man wahrlich erschrecken
kann! Kaum hatte sie sich vom Gebet erhoben, da läutete es an der
Pforte. [8]Als die Dienstschwester, die sich um die Pforte kümmerte, das
hörte, ging sie sogleich hin und fand dort eine sehr schöne Frau, von
leuchtendem Antlitz und mit solchen Kleidern angetan, wie sie jene tra-

---

[69] Bei BOCCALI, *Chiara sotto processo* (s. Anm. 18), 318: *duas lescas*, von *lasca*, Rot-
auge oder Plötze. Solche brachten die Brüder den Mönchen vom Subasio als Pacht-
zins für die Portiunkula-Kirche (Per 56,24).

gen, die enthaltsam leben wollen.[70] [9]Sie trug ein Körbchen auf ihrem Kopf und sagte zu ihr, sie solle das Körbchen samt seinem Inhalt zur heiligen Klara bringen, und wenn sie das Körbchen mit der Schüssel geleert hätte, solle sie es ihr gleich wieder zurückbringen. [10]Als sie fragte, wer denn solche Sachen geschickt hätte, antwortete sie und sprach: Die heilige Klara kennt denjenigen gut, der es geschickt hat. [11]Die Pförtnerin brachte das Körbchen zur seligen Sankt Klara und erzählte ihr, was sie gehört hatte. Die selige Sankt Klara öffnete das Körbchen und fand darin ein Brot und kleine Fische, wie sie es von unserem Herrn erbeten hatte. [12]Darüber freute sie sich sehr. Darauf dankte sie sogleich aufrichtig unserem Herrn, schickte das Körbchen wieder zurück und bedankte sich aus ganzem Herzen. [13]Aber die Frau, die von Gott gesandt worden war, wie man glauben muss, verschwand so schnell, dass ihr auch nachher nie wieder jemand begegnete. [14]Die selige Sankt Klara verteilte das Brot und die gebratenen Fischlein unter den Frauen. Man hatte nur ein einziges weißes Brot und zwei gebratene Fischlein vorgefunden, so wie sie es von Gott erbeten und gewünscht hatte. [15]Wie überaus gut dieses Brot und auch die Fischlein schmeckten, konnten die Frauen nicht genug beschreiben, die bei diesem hochzeitlichen Mahl zugegen waren. [16]Es hatte auch eine jede von ihnen ihren reichlich zufriedenstellenden Anteil erhalten. [FrKl 15; HaD 11; KaR 7; SaKl 9]

4. Klara weint und betet für die Sünder

Im Kapitel der Klaralegende „Von der Übung des heiligen Gebetes" macht das St. Klara-Buch die Bemerkung, dass Klara ununterbrochen für die Bekehrung der Sünder betete. Die kurze, aber inhaltsreiche Nachricht ist im St. Klara-Buch zwischen die Beschreibung ihres affektiven Betens, bei dem „es schien, als halte sie stets ihren Jesus in Händen, auf dessen Füße sie jene Tränen fließen ließ und ihre Küsse aufdrückte" (LebKl 19,5) und die Versuchung durch den „Engel der Finsternis" eingefügt. Vielleicht soll damit angedeutet werden, dass Klaras Tränen und ihre Versuchung auch den Charakter des stellvertretenden Gebetes haben.[71]

---

[70] Andere Handschriften verdeutlichten: *als die jvnkfrawen die in reinikeit beleiben wollen*, und: *gekleidet in weize kleider*; nach dem lat. Ms. bekleidet wie die *continentes*, die „Enthaltsamen"; nach KaR 7,5 „gut gekleidet".

[71] Text: WEILER, *St. Clara-Vita* (s. Anm. 16), 124-126; FLESSA, *Legenda Sanctae Clarae* (s. Anm. 12), 20; vgl. dazu SCHNEIDER, *Kirschen* (s. Anm. 1), 126-130.

¹Lange nach der Komplet zog sie ihr Gebet mit ihren Schwestern hin, und als dann im Überfluss Tränen aus ihr hervorbrachen, wurden diese auch in den anderen Schwestern aufgerührt. ²Danach, als die anderen hingingen und ihre müden Glieder auf den harten Betten wieder stärken wollten, blieb sie selbst wach und unüberwunden in ihrem Gebet, damit sie dann *heimlich die Ader*⁷²⁾ *der göttlichen Einflüsterung* empfing (Ijob 4,12 Vg.), wenn der Schlaf die anderen beschwerte. ³Sie fiel bei ihrem Gebet sehr oft auf ihr Antlitz nieder, begoss das Erdreich mit ihren Tränen und liebkoste es mit ihren Küssen, als ob sie allezeit ihren lieben Jesus unter ihren Händen hätte, auf dessen Füße ihre Tränen fließen und ihre Küsse gedrückt werden sollten. ⁴Sie weinte auch unsäglich und ununterbrochen in ihrem Gebet für die Sünder, auf dass sie bekehrt würden. [KaR 2; SaKl 11]

5. Die Stimme eines fünfjährigen Kindes

*Kein anderes Ereignis wird im Prozess häufiger bezeugt als die Befreiung von den Sarazenen an einem Freitag im September des Jahres 1240 durch das Gebet der hl. Klara.*⁷³⁾ *Auch die Klaralegende widmet ihm einen eigenen Abschnitt (LebKl 21-22). In den Prozessakten wird von der Stimme eines Knäbleins aus dem Ziborium die Schwestern betreffend nur gesagt: „Ich werde dich immer behüten" (ProKl IX 2,9), und in der Legende: „Ich werde euch immer behüten" (LebKl 22,4). Das Klara-Buch weiß von einer Stimme wie der „eines fünfjährigen Kindes", das nicht nur Klara mit liebevollen Worten Mut zuspricht, sondern auch ihren Schwestern, die entschieden in ihrem Orden ausharren, das ewige Leben verheißt.*⁷⁴⁾ *Die Erwähnung, dass die Feinde „erblindeten" könnte auf die Chorlegende Venerabilis Christi Sponse zurückgehen, wonach durch die wunderbare Stimme Klaras Antlitz „von gewaltigem Licht erstrahlte", das den Sarazenen aber Schrecken einflößte.*⁷⁵⁾

---

⁷²⁾ Das KlB übersetzt das lat. *vena* aus Ijob 4,12 mit *ader*, was auch „Inneres, Herz" bedeuten kann.

⁷³⁾ ProKl II 20; III 18; IV 14; IX 2; X 9; XII 8; XVIII 6.

⁷⁴⁾ FLESSA, *Legenda Sanctae Clarae* (s. Anm. 12), XXIV, hält dies für einen Zusatz des Übersetzers; XXVI: bei *puerulus* (LebKl 22,4) habe man an ein Kind von fünf Jahren gedacht.

⁷⁵⁾ Text: WEILER, *St. Clara-Vita* (s. Anm. 16), 130-132; FLESSA, *Legenda Sanctae Clarae* (s. Anm. 12), 22; vgl. BIHL, *Tres legendae* (s. Anm. 33), 45; SCHNEIDER, *Kirschen* (s. Anm. 1), 111-115.

¹Als sie nun ganz vor unserem Herrn im Gebet niederfiel, da sprach sie weinend unter Tränen zu ihrem lieben Herrn Christus: „Mein Herr, gefällt es dir, dass deine unbewaffneten Mägde, die ich in Deiner Liebe erzogen habe, den Händen der Heiden übergeben werden? ²Ich bitte dich, Herr, behüte diese deine Dienerinnen, die ich in dieser gegenwärtigen Not selber nicht zu behüten vermag." ³Auf einmal erklang aus dem gnadenreichen Häuschen der neuen Gnaden in ihren Ohren eine Stimme wie die eines fünfjährigen Kindes und sagte: „Tochter, du brauchst dich nicht zu fürchten. ⁴Ich werde dich nicht verlassen; denn ich habe dich zu allen Zeiten beschirmt und ich werde dich als meine Geliebte auch weiterhin beschirmen. ⁵Und alle deine Schwestern, die entschieden⁷⁶⁾ in deinem Orden ausharren, werde ich mit dir in das ewige Leben aufnehmen. Und ich werde euch allezeit behüten." – ⁶Da sprach sie: „Mein Herr, wenn es dir gefällt, dann beschütze auch diese Stadt, die uns um deiner Liebe willen ernährt. ⁷Und unser Herr sprach zu ihr: „Sie wird Schweres erleiden, aber durch meine Gnade soll sie beschützt werden." ⁸Diese heilige Jungfrau erhob nun ihr weinendes Antlitz und tröstete die weinenden Frauen, indem sie sagte: ⁹„Meine Töchterchen, ich bin euer Bürge dafür,⁷⁷⁾ dass ihr kein Übel erleiden werdet; vertraut nur allein auf unseren Herrn." ¹⁰Da wurde plötzlich und unverzüglich die Verwegenheit dieser Hunde zurückgeschlagen und geriet in Schrecken. Sie flohen schleunigst über jene Mauer hinaus, über die sie eingefallen waren, erblindeten allesamt und wurden durch die Kraft ihres Gebetes vertrieben. ¹¹Sogleich gebot die heilige Sankt Klara eindringlich allen, welche die vorher erwähnte Stimme gehört hatten, und sprach: ¹²„Allerliebste Töchter, hütet euch in jeder Hinsicht, diese Stimme jemandem zu offenbaren, solange ich lebe." [LebKl 22; ProKl IX 2; HaD 8; KaR 3; SaKl 12]

6. Klara will nach Marokko

Die Sehnsucht Klaras nach dem Martyrium anlässlich der Kunde von den Erstlingsmärtyrern der Minderbrüder im Jahre 1220 ist im Prozess mehrfach und in verschiedener Deutung überliefert. Auch das Klara-Buch hat seine

---

⁷⁶⁾ Mhd. *willikleich*, gut-, bereit-, freiwillig, gern; vgl. 7FrKl 4,2.
⁷⁷⁾ Mhd. *ich pin dez ewer pürge*; ähnlich ProKl III 17,58; IV 14,48; IX 2,14: Klara nennt sich *recolta*, Garantie; LebKl 23,8: *Fide iubeo vobis* – „ich schwöre euch durch Treueid, Verbürgung".

eigene Deutung, wenn es erzählt, dass nicht nur die Mitschwestern, sondern Klara selbst sehr geweint habe, weil „es für Frauen ungeziemend und nicht zeitgemäß war, dorthin zu fahren, besonders nicht für Klosterfrauen".[78]

¹Da hörte sie eines Tages, dass einige Brüder in Marokko gemartert worden waren. Darauf entbrannte sie selber in staunenswerter Sehnsucht, den Siegespreis des Martyriums zu erhalten oder zu gewinnen. ²Als sie aber sah, dass sie ihre Sehnsucht nicht verwirklichen konnte, zumal es für Frauen ungeziemend und nicht zeitgemäß war, dorthin zu fahren, besonders nicht für Klosterfrauen, da weinte sie gar sehr und war über die Maßen traurig. ³Denn sie wünschte von ganzem Herzen, für unseren Herrn, der für uns gemartert wurde,[79] selbst geopfert und in der Todespein zu einem lebendigen Opfer zu werden. [ProKl VI 6; VII 2; XII 6; HaD 12; KaR 5; SaKl 19]

7. Heilung einer lahmen Gräfin

Der Bericht der Heilung einer kranken Gräfin ist eingefügt in den Abschnitt von „verschiedenen Wundern, die Klara im Zeichen und in der Kraft des Kreuzes wirkte", zwischen der Heilung eines Knaben von einem Augenleiden durch Klara und ihre Mutter (LebKl 33,4-8) und der Heilung der Schwester Benvenuta von einem Geschwür (LebKl 34,1-4). Die Heilung der Frau, die so krumm war, daz si nahent kuglot waz, und die sich wieder aufrichtete und Gott lobte, als Klara sie mit ihren Händen berührte, erinnert an die Heilung der gekrümmten Frau am Sabbat durch Jesus: „Er legte ihr die Hände auf; im gleichen Augenblick richtete sie sich auf und pries Gott" (Lk 13,13).[80]

¹Einmal ließ sich eine Gräfin nach Sankt Damian tragen, die war so gekrümmt, dass ihre Gestalt beinahe kugelförmig war und ihr Kopf den Eindruck machte, als würde er zu den Füßen gehören. ²Als sie nun vor Sankt Klara getragen wurde, begann sie diese inständig zu bitten, sie möge unseren Herrn demütig für sie anrufen. Sie hatte nämlich die feste

---

[78] Text: WEILER, *St. Clara-Vita* (s. Anm. 16), 151; FLESSA, *Legenda Sanctae Clarae* (s. Anm. 12), 29; vgl. BOCCALI, *Chiara sotto processo* (s. Anm. 18), 316; SCHNEIDER, *Kirschen* (s. Anm. 1), 121-125.

[79] Eine Handschrift ergänzt: „der sich für uns seinem Vater am Kreuz geopfert hat."

[80] Text: WEILER, *St. Clara-Vita* (s. Anm. 16), 157-159; FLESSA, *Legenda Sanctae Clarae* (s. Anm. 12), 31f.

Zuversicht, dass sie durch das Gebet von Sankt Klara von ihrem schrecklichen Siechtum erlöst werden konnte. [3]Die selige Sankt Klara hatte Mitleid mit ihr und begab sich auf der Stelle ins Gebet. Als sie es beendet hatte, machte sie das Kreuzzeichen und berührte die kranke Frau mit ihren Händen und strich über sie. [4]Und so richtete sich die Frau auf, wie Sankt Klara ihr es geboten hatte. Da gingen alle ihre Glieder wieder in der rechten Weise zueinander und streckten sich so wunderbar, als ob trockenes und dürres Holz mit Kraft gebrochen würde. [5]Zuletzt nahm sie gesund und fröhlich Abschied von ihr, lobte Gott und hatte auch weiterhin unter keinerlei Zeichen dieser Krankheit mehr zu leiden. [SaKl 23]

8. Früchte für eine kranke Schwester

Das St. Klara-Buch fügt dieses Speisenwunder am Ende jener Wunder an, die Klara durch das Kreuzzeichen wirkte (LebKl 35). Denselben Bericht bringt auch eine Handschrift aus der Stadtbibliothek von Assisi mit dem Hinweis: „Dieses folgende Wunder der seligen Klara findet sich nicht in ihrer Legende, sondern berichtet Schwester Balvina, die es von jener Schwester hörte, die zugegen war, als es sich ereignete, und die alles gesehen hat."[81] Da diese Handschrift schon im Inventar von 1381 des Sacro Convento erwähnt wird, dürfte sie etwa gleich alt sein wie das St. Klara-Buch. Abgesehen von den Perikopen des Heiligsprechungsprozesses ist diese Erzählung die einzige aus dem Sondergut des St. Klara-Buches, die sich auch außerhalb des deutschprachigen Raumes findet. Im Unterschied zur lateinischen Version dieses Wunders lässt das Klara-Buch aus den Forellen (tructi) des Flusses Topino, der in der Nähe von Nocera entspringt, und dem in Herd-Asche gebackenen Kuchen (focacii) aus Nocera beidesmal „Früchte" werden, vielleicht weil sie tructi als fructi (eigentlich: fructus) liest. Dass die Schwester in ihrer letzten Krankheit ausgerechnet Fisch aus dem Topino und Gebäck aus Nocera verlangt, könnte darauf hinweisen, dass sie aus dieser Gegend stammt und deshalb in ihrer Trostlosigkeit etwas aus ihrer Heimat wünscht. Der letzte Satz, dass die Schwester noch in derselben Nacht gestorben ist, fehlt in der lateinischen Version. Die – wohl krankheitsbedingte – Unwilligkeit (vngedultikleich), mit der die Schwester von Klara etwas schier Unmögliches verlangt, findet sich bei der sterbenden Klara selbst wieder, die „nicht besonders zornig" zur Winterszeit nach Kirschen verlangt (KlB 13,2-3).[82]

---

[81] BUGHETTI, *Miraculum* (s. Anm. 32), 383f.; vgl. M. FASSBINDER, *Die heilige Clara von Assisi*, Freiburg i. Br. 1934, 77.

[82] Text: WEILER, *St. Clara-Vita* (s. Anm. 16), 163-165; FLESSA, *Legenda Sanctae Clarae*

[1]Ein anderes Mal betreute die selige Sankt Klara, die wahrlich eine Mutter der Demut war, eine ihrer Dienerinnen, eine Dienstschwester, die infolge der schweren Krankheit den Essenstrieb vollständig verloren hatte. [2]Als Sankt Klara sie fragte, was sie essen wolle, gab sie ihr ungeduldig zur Antwort: „Ich will Früchte aus dem Tal des Topino und Früchte aus Nocera." [3]Die Stadt Nocera ist von Assisi etwa zehn oder mehr italienische Meilen entfernt.[83] [4]Aber weil die selige Sankt Klara allen Menschen gegenüber voll Mitleid war, das Verlangen der kranken Frau ihr aber besonders zu Herzen ging und sie ihr das Begehrte verschaffen wollte, bat sie auf ihren Knien unseren Herren in flehentlicher Andacht um Erhörung in diesem Anliegen. [5]Nun gebt acht auf das Wunderbare, das geschah! Sie hatte ihr Gebet kaum zu Ende gebracht, und es war gegen Abend, als gerade ein Regenguss niederging: Seht, da läutet ein wunderschöner junger Mann von bezauberndem Aussehen, der ein Tuch oder Tischtuch trug, ganz dringlich an der Pforte. [6]Die selige Sankt Klara hörte das Läuten und schickte eine der Dienstschwestern zur Tür, im Glauben, einer der Brüder wolle etwas. [7]Als die Dienstschwester an die Pforte gekommen war, da erhielt sie von dem vorgenannten jungen Mann ein Tuch mit Dingen, die darin eingepackt waren. Von dem jungen Mann wurde ihr auch fest aufgetragen, das Tuch wieder zurückzubringen. [8]Die selige Sankt Klara nahm die Tücher und löste die Knoten auf. Da fand sie durch die Gnade der gütigen Vorsehung unseres Herrn die zweierlei Früchte, welche die vorhin genannte kranke Schwester gewünscht hatte. [9]Der genannte junge Mann nahm die Tücher und wurde von den Brüdern, die dort wohnten, eingeladen.[84] Aber er wollte nicht länger bleiben und nahm von ihnen Abschied. Und auch später hat nie ein Mensch erfahren, wann oder woher er gekommen war. [10]Die selige Sankt Klara dankte unserem Herrn, und von dem, was ihr von Gott geschickt worden war, gab sie der kranken Frau. [11]Die aber wurde gespeist mit der Süßigkeit eines Wohlgeschmacks. Noch in derselben Nacht verließ sie das Jammertal und ging heim zu unserem Herrn. [HaD 6; SaKl 26]

(s. Anm. 12), 33f.; vgl. BOCCALI, *Chiara sotto processo* (s. Anm. 18), 320ff.; RUH, *Franziskanisches Schrifttum*, Bd. I (s. Anm. 13), 63 Anm. 5.

[83] Die italienische Meile beträgt 1270 m. Das heutige Nocera Umbra liegt etwa 16 km östlich von Assisi entfernt.

[84] Die Brüder wohnten in einem eigenen Haus, das sich im Bereich der heutigen Sakristei befand (vgl. Per 83,10).

9. Lob der Armen Frauen

Das Lob von sieben Tugenden der Armen Frauen von San Damiano stammt – wie schon der Abschnitt über Klaras Tugenden (KlB 1) – aus dem ersten Franziskusleben des Thomas von Celano (1 C 19,2-20,3). Die Einfügung dieser Perikope in das Klara-Buch zeigt, dass die Autorin auf größtmögliche Vollständigkeit der Quellen bedacht war. Die Übersetzung folgt sehr wörtlich dem Celano-Text, allerdings mit einigen Ausschmückungen. Der zweite Satzteil, der die dritte Tugend der Jungfräulichkeit als Brautschaft mit Christus beschreibt, wird seltsamerweise ausgelassen (1 C 19,4b). Die Beschreibung der siebten Tugend erhält eine Glosse zu dem wörtlich aus Celano (1 C 20,3) übernommenen Begriff der contemplacion.[85]

[1]Zuallererst blüht unter ihnen allen gemeinsam vor allen Dingen die Tugend der stetigen Liebe zueinander, die ihre Empfindungen so sehr in der Vereinigung der Willen ineinander gefügt hat, so dass, wenn ihrer vierzig oder fünfzig zusammen wohnten, ihr einmütiges Wollen und Nichtwollen einen Geist aus ihnen allen macht. [2]Zum zweiten leuchtet an einer jeden der Edelstein der Demut, welche die Gaben behält, die von Gott gegeben sind, und die guten Dinge, die man vom Himmel empfangen hat, so dass auch andere Tugenden verdient werden. [3]Zum dritten besprengt sie die Lilie der Jungfräulichkeit und der Keuschheit allesamt mit so wunderbar gutem Duft, dass sie irdische Gedanken vergessen hatten und allein himmlische Dinge zu betrachten begehrten. [4]Zum vierten waren sie alle so geziert mit den Zeichen der allerhöchsten Armut, dass sie kaum oder niemals gestatteten, ihre nackte Not an Lebensunterhalt und Gewand zu bessern. [5]Zum fünften hatten sie eine so besondere Gnade der Enthaltsamkeit und des Schweigens erworben, dass sie keiner Mühe und Arbeit bedurften, ihren Leib zu bezwingen und ihre Zunge zu bezähmen. [6]Dadurch hatten sich einige des Redens so sehr entwöhnt, dass sie, wenn es die rechte Not forderte zu reden, sich kaum erinnern konnten, wie sie die Worte gestalten sollten, damit sie gut zusammenpassten. [7]Zum sechsten waren sie in all diesen Dingen so wunderbar mit der Tugend der Geduld geziert, dass keine Widerwärtigkeit, Trübsal oder Leiden ihr Herz mit Unmut verstimmte oder verwandelte. [8]Zum siebten hatten sie in solcher Weise die Höhe der Kontemplation verdient, das heißt, eines schauenden Lebens, dass sie darin alles lernten, was sie tun oder lassen sollten. So konnten sie mit

---

[85] Text: WEILER, *St. Clara-Vita* (s. Anm. 16), 169-171; FLESSA, *Legenda Sanctae Clarae* (s. Anm. 12), 34f.

ihrem Gemüt selig in Gott aufgehen und waren Tag und Nacht eifrig mit dem Lobe Gottes und dem heiligen Gebet beschäftigt. [1 C 19,2-20,3]

10. Das schöne Kind

Am Ende des Abschnitts von „Klaras Eifer, gern das Wort der Predigt zu hören" (LebKl 37) fügt das St. Klara-Buch drei wunderbare Begebenheiten aus dem Heiligsprechungsprozess ein. Von der Vision eines wunderschönen Kindes in Klaras Schoß berichtet im Heiligsprechungsprozess nur Schwester Francesca von Col de Mezzo. Sie selbst hatte diese Vision „am ersten Tag des Mai" geschaut und fest geglaubt, „dass dieses Kind der Sohn Gottes gewesen sei" (ProKl IX 4). Eine ähnliche Vision hatte diese Schwester später noch einmal, als man Klara dem Tode nahe meinte und ihr der Priester die heilige Kommunion brachte. Über ihrem Haupt war ein großer Lichtglanz zu sehen, „und es schien ihr, dass der Leib des Herrn ein kleines sehr schönes Kind sei" (ProKl IX 10). Dass das Klara-Buch den allein im Prozess erwähnten Namen Francisca in seiner lateinischen Form kennt, weist auf die lateinische Vorlage des Prozesses hin.[86]

[1]Ein anderes Mal sah eine Schwester, sie hieß Franziska, eines Tages unseren Herrn Jesus in der Gestalt eines wunderschönen Kindleins im Schoß der seligen Sankt Klara, [2]so schön, dass seine Schönheit keine Rede auszudrücken vermöchte, und von diesem Anblick empfand sie eine ganz wunderbare Süßigkeit. [ProKl IX 4,35-37; HaD 7; KaR 6,1-3; SaKl 32]

11. Die strahlenden Flügel

Wie im Zeugnis von Schwester Francesca so folgt auch im Klara-Buch die Vision zweier strahlender Flügel (ProKl IX 4,38), die aber nicht nur das Haupt, wie im Zeugnis des Prozesses, sondern allen iren leip *bedeckten. Die leuchtenden, schwebenden und bedeckenden Flügel sind biblisches Bild der Gegenwart Gottes und erinnern an die geflügelten Seraphim in den Gottesvisionen der Propheten Jesaja und Ezechiel (Jes 6,1-3; Ez 1,4-25). Naheliegend ist es*

---

[86] Text: WEILER, *St. Clara-Vita* (s. Anm. 16), 173; FLESSA, *Legenda Sanctae Clarae* (s. Anm. 12), 36; vgl. BOCCALI, *Chiara sotto processo* (s. Anm. 18), 318.

auch, an die Erscheinung des geflügelten und gekreuzigten Seraph zu denken, die Franziskus beim Empfang der Wundmale zuteil wurde (1 C 94).[87]

Sie sah auch zwei Fittiche, die wie die Sonne über dem Haupte von Sankt Klara leuchteten, die wurden einmal aufgehoben, dann wieder bedeckten sie ihr Haupt und den ganzen Leib. [ProKl IX 4,38; FrKl 25; HaD 7; KaR 6,4-5; SaKl 32]

12. Die schwere Tür

Der Unfall Klaras, auf die eine schwere Tür fiel, muss der Gemeinschaft von San Damiano mit Schrecken und Staunen in Erinnerung geblieben sein, da er im Prozess von vier Schwestern sehr lebendig und mit genauer Zeitangabe bezeugt wird. Demnach dürfte das Ereignis am Sonntagabend, dem 1. Juli 1246, geschehen sein.[88]

Einmal passierte es, dass eine schwere Tür unvermutet auf Sankt Klara fiel, die drei Brüder kaum aufheben konnten, aber sie spürte davon nie eine Verletzung. Und das kam daher, dass sie stets das Gefühl hatte, wie unter einem Mantel zu ruhen. [ProKl V 5; VI 17; XIV 6; XV 3; KaR 6,6-7]

13. Ein Kirschbaum trägt im Winter Früchte

Nach dem Abschnitt über „Klaras Krankheiten und ihr langwieriges Siechtum" in der Legende (LebKl 39-40) sind im St. Klara-Buch drei wunderbare Begebenheiten während Klaras Krankheit unter folgender Überschrift eingefügt: Daz ist von etlaichen zaichen die im irm sichtvm geschahen. Die drei Zeichen, ein Speisenwunder, ein Heilungswunder und ein Regenwunder, sind neue Berichte, die in den bisher bekannten Quellen nicht vorkommen. Sie stimmen „mit dem Lebensstil Klaras vollkommen überein, der sich inmitten ihrer Krankheit durch ihre Vornehmheit gegenüber den Schwestern und im

---

[87] Text: WEILER, *St. Clara-Vita* (s. Anm. 16), 173; FLESSA, *Legenda Sanctae Clarae* (s. Anm. 12), 36; vgl. BOCCALI, *Chiara sotto processo* (s. Anm. 18), 318.

[88] Text: WEILER, *St. Clara-Vita* (s. Anm. 16), 173; FLESSA, *Legenda Sanctae Clarae* (s. Anm. 12), 36; vgl. BOCCALI, *Chiara sotto processo* (s. Anm. 18), 318.

Empfang der Prälaten mit solcher Menschlichkeit ausdrückt."[89] *Das Kirschenwunder kündet von den ganz menschlichen Zügen, welche diese Heilige auch noch im Sterben zeigte. Das Verlangen nach der Lieblingsspeise auf dem Sterbebett findet sich nicht nur bei jener kranken Schwester, die Fisch und Gebäck wollte (KlB 8), sondern auch bei Franziskus, der Frau Jakoba von Settesoli schreiben ließ: „Sie soll mir von jener Speise schicken, die sie mir mehrmals zubereitete, als ich in Rom war," eine Süßspeise, die „aus Mandeln und Zucker oder Honig und anderen Zutaten gemacht wird" (Per 8,4-5). Ähnlich wie Klara verlangte auch Bruder Bernhard von Quintavalle auf dem Sterbebett nach Kirschen, um so mit den Brüdern sein „Pascha" zu feiern.*[90] *Wenn schließlich das Mirakelbuch (3 C 189) von einem durch die Fürsprache des hl. Franziskus wieder fruchtbar gemachten Kirschbaum berichtet, ist offensichtlich mit Klara und ihren Brüdern „gut Kirschen essen".*[91]

[1]Hier handelt es sich um einige Zeichen, die während ihrer Krankheit geschahen. – [2]In der Zeit, als die selige Sankt Klara so schwer krank war, dass man glaubte, sie sei dem Tode nahe, wurde sie von den Frauen inständig gebeten, sie möge doch etwas zum Essen nehmen zu ihrer eigenen Kräftigung und ihnen zum Trost. [2]Da antwortete sie, nicht besonders zornig, obwohl die Frauen sie sehr drängten, und sprach, man möge ihr Kirschen bringen, die wolle sie gerne zu essen versuchen. [3]Nun aber war zu dieser Zeit Winter, genauer: der Monat Januar, um Weihnachten herum, wo es ganz und gar unwahrscheinlich ist, Kirschen zu finden. [4]Aber einer der Gefährten des Franziskus, der mitten unter ihnen war, drehte sich um und sah zufällig hin auf einen Kirschbaum, der im Wohnbereich des Klosters stand. [5]Da sah er einen Ast voll reifer und schöner Kirschen. Der Bruder erschrak über diese ungewöhnliche Sache, stieg auf den Baum, pflückte von den Kirschen und brachte sie der seligen Sankt Klara. [6]Er wunderte sich sehr darüber und dankte Gott auch dafür. So aß sie die Kirschen ganz ehrfürchtig und sandte sie aufmerksam auch den anderen Kranken, die da waren. [SaKl 29]

---

[89] BOCCALI, *Nuovi episodi* (s. Anm. 18), 196; vgl. L. LEHMANN, *„Herr, sei gepriesen, weil du mich erschaffen hast!" Das selige Sterben der hl. Klara auf dem Hintergrund der heutigen Gesundheitsreligion,* in: Geist und Leben 4 (2004) 289-301, hier 296.

[90] *Chronik der 24 Generalminister,* in: AF III, 44f.; ebenso: *Speculum Perfectionis minus,* Nr. 17,29-33, in: *Fontes,* 1733-1825, hier 1774.

[91] Text: WEILER, *St. Clara-Vita* (s. Anm. 16), 181; FLESSA, *Legenda Sanctae Clarae* (s. Anm. 12), 39; vgl. BOCCALI, *Chiara sotto processo* (s. Anm. 18), 322ff.; SCHNEIDER, *Kirschen* (s. Anm. 1), 142-151.

14. Heilung eines fußkranken Kardinals

Auf das Kirschenwunder zugunsten der sterbenskranken Klara folgt „ein schönes Zeichen an einem Kardinal von Rom", wie eine Handschrift bemerkt. Das wunderbare Wirken der Latwerge[92], die sich der Kardinal aus der Hand Klaras erbeten hatte, erinnert an eine Heilungsgeschichte in den Fioretti, wo einem kranken Bruder die Jungfrau Maria mit drei Büchsen Latwerge erschien. Da nahm die glorreiche Jungfrau „mit einem Löffel etwas von dieser Latwerge und gab sie dem Kranken. Kaum hatte dieser davon gekostet, da verspürte er solche Tröstung und Wonne," dass er die Jungfrau „gebenedeite Ärztin" nannte (Fior 47,8). Die Lebensbeschreibung der hl. Agnes von Assisi, der Schwester Klaras, erzählt, dass die beiden Schwestern einer kranken Ordensfrau in Venedig erschienen, „Büchsen mit Salben mitbrachten, als ob sie Ärztinnen wären," sie salbten und erklärten, „sie seien die Ärztinnen von Assisi"[93] (vgl. KaR 5). Als solche Ärztin erweist sich Klara auch in diesem Heilungswunder.[94]

[1]Ein weiteres Zeichen: Ein anderes Mal, als die selige Sankt Klara an derselben Krankheit darniederlag, war einer der Kardinäle so sehr von einem Fußleiden geplagt, dass er auf keinerlei Weise mit den Füßen auftreten konnte. [2]Der ließ sich in seiner Frömmigkeit und in der Hoffnung, die er hatte, wieder gesund zu werden, zu Sankt Klara tragen. [3]Als er nun von vier Edelknaben in das Kloster vor Sankt Klara getragen worden war,[95] bat er sie aufrichtig, sie möge doch unserem Herrn sein besonderes Anliegen im Gebet ausschütten. [4]Er sagte ihr und versprach ihr auch, er wolle nach ihrem Gebet alles annehmen, was die allerhöchste Vorsehung über ihn verhängen würde, Krankheit oder Gesundheit. [5]Weil er ihr Leid tat, begab sie sich gleich in ihr Gebet. Als sie es beendet hatte, wurde sie vom selben Kardinal bedrängt, sie möge ihm doch mit einem Löffel vorsichtig etwas Latwerge reichen. [6]Als er sie kostete, empfing er aus Gottes Vorsehung und vom Gebet der heiligen Sankt Klara auf der Stelle so viel Kraft, dass er die Hilfe seiner Edelknaben zurückwies und selber aufstand und wieder vollständig gesund und fröhlich war. Auch nachher empfand er nie wieder ein Anzeichen dieser Krankheit. [SaKl 30]

---

[92] Lat. *electuarium*, brei- oder teigförmige Arzneimasse.

[93] AF III, 178; man mag dabei an San Damiano denken, das dem Ärzte-Brüderpaar Kosmas und Damian geweiht ist.

[94] Text: WEILER, *St. Clara-Vita* (s. Anm. 16), 181-184; FLESSA, *Legenda Sanctae Clarae* (s. Anm. 12), 39f.; vgl. BOCCALI, *Chiara sotto processo* (s. Anm. 18), 324.

[95] Entweder zur Sprechöffnung an der Pforte oder zum Kommuniongitter in der Kirche (vgl. KlReg 5,5).

15. Regenwunder bei großer Hitze

Schon seit den Apriltagen des Jahres 1253 residierte Papst Innozenz IV. mit seinem Hof in San Francesco in Assisi. So kam es, dass Klara in ihren letzten Lebensmonaten „durch den häufigen Besuch von Kardinälen und Prälaten wie eine wahrhaft Heilige verehrt wurde" (LebKl 44,2). Im Anschluss an die Heilung des Kardinals, der wohl auch mit der päpstlichen Kurie in Assisi war, folgt ein Schöpfungswunder durch einen kühlenden Regen bei großer Hitze, der die dürstende Erde tränkte. Mitten in ihrem eigenen Leid hat Klara auch Mitleid mit den Prälaten des römischen Hofes in ihren schweren Kleidern, die aus Verehrung zu ihr gekommen waren. Durch ihr Gebet vermag sie wie einst Scholastika, die noch länger bei ihrem Bruder Benedikt in geistlichem Gespräch verweilen wollte, ein Gewitter aufziehen zu lassen.[96]

[1] Als die selige Sankt Klara noch länger an dieser Krankheit zu leiden hatte, da besuchten sie häufig die Prälaten der Römischen Kurie, um sie wegen ihrer Heiligkeit zu sehen. [2] Einmal war nun eine große Menge von Prälaten und geistlichen Herren aus tiefer Verehrung nach Sankt Damian gekommen, weil sie wünschten, sie zu sehen. [3] Zu dieser Zeit war eine sehr große Hitze. Deshalb empfand die selige Sankt Klara großes Mitleid darüber, dass sie um ihretwillen bei dieser großen Hitze auf dem Weg gelitten hatten. [4] Es war Sommerzeit, entweder im Heumonat[97] oder im August, und das Wetter war so heiter, dass man auch nicht ein einziges Wölklein sehen konnte. [5] Sie baten aber die selige Sankt Klara, dass sie Gott für sie bitte. Da vertraute sie auf unseren Herrn und begann flehentlich zu bitten, dass er in der Überfülle seiner Güte und aus dem Reichtum seiner Macht geruhe, einen solch heftigen Regen zu schicken, dass damit jenen, die da zu ihr hin zogen, die große Hitze durch die Kühle des Wassers um vieles gemildert würde. [6] Kaum hatte sie ihr Gebet beendet, siehe, da ballte sich innerhalb einer Stunde eine so große Menge Wolken zusammen, dass sie die ganze Erde auf wunderbare Weise bedeckten und es darauf so heftig schüttete, dass nicht nur die große Hitze verging, sondern auch das Erdreich, das längst vertrocknet war, mehr als genug Wasser aufnahm, so dass man die Erde wieder bestellen konnte. [7] Die Prälaten gingen mit Freude weg, erlöst

---

[96] Text: WEILER, *St. Clara-Vita* (s. Anm. 16), 183-185; FLESSA, *Legenda Sanctae Clarae* (s. Anm. 12), 40; vgl. BOCCALI, *Chiara sotto processo* (s. Anm. 18), 324ff.; vgl. LEHMANN, *Herr, sei gepriesen* (s. Anm. 89), 295; GREGOR DER GROSSE, *Der hl. Benedikt. Buch II der Dialoge*, St. Ottilien 1995, Kap. 33, 189f.

[97] Juli.

von aller Hitze, und einmütig lobten sie miteinander den Herrn wegen dieses so großen Zeichens. [SaKl 31]

16. Klaras Leichnam wird mit Ringen berührt

Im Bericht der Legende von Klaras Begräbnis werden im Klara-Buch zwei Sätze eingefügt. Der erste (nach LebKl 47,1), der noch einmal die Klage der Mitschwestern aufgreift (LebKl 45,8-12) und den Zulauf des Volkes betont, geht auf eine Fassung der Chor-Legende O quam pulchra et casta generatio zurück.[98) Der zweite Satz (nach LebKl 47,4) mit der Information, dass hohe Kleriker Ringe an Klaras Leichnam drückten, in der Hoffnung daraus bestimmte Kraft zu erhalten, kann nicht als eigentliche Hinzufügung bezeichnet werden, sondern eher als Zeugnis einer bestimmten, wohl älteren Texttradition der Klara-Legende. Dieser Satz fehlt in 19 von 36 Handschriften der Klara-Legende, die anderen 17 bringen ihn. Boccali hat ihn deshalb in seine Edition aufgenommen.[99) Die Verslegende der hl. Klara, die vielleicht noch vor der Prosalegende entstanden ist, kennt dieses Detail,[100) ebenso das alemannische Klarabuch (KaR 8). Es ist denkbar, dass es in der späteren Fassung der Legende ausgelassen wurde, weil es unangebracht schien, hohe Kirchenfürsten mit dieser fast magisch anmutenden Volksfrömmigkeit in Verbindung zu bringen. Jedenfalls könnte der Zusatz im St. Klara-Buch auf ein hohes Alter seiner lateinischen Vorlage hinweisen.[101)

[1]Die Kunde vom Tod der heiligen Jungfrau Sankt Klara setzte mit dieser schrecklichen Botschaft sogleich alles Volk in der Stadt in Bewegung. [2]O weh! Wie groß war die Klage ihrer Töchter, und wie groß war auch von allen Ecken und Enden her der Zulauf des Volkes! [3]Es liefen Männer herbei, es liefen Frauen hin zu dieser Stätte; und die Leute strömten in so großer Menge hinzu, dass die Stadt schien, als wäre sie verlassen. [4]Sie schrien alle, sie sei heilig und sie sei Gott lieb, und bei diesen Worten des Lobes zerflossen viele vor Weinen. [5]Es lief

---

98) BOCCALI, *Tre legende* (s. Anm. 33), 18.

99) BOCCALI, *Legenda latina* (s. Anm. 26), 202, Nr. 30,5; der Zusatz fehlt hingegen in ALFANI, *Vita* (s. Anm. 3), XLII 1.

100) B. BUGHETTI, *Legenda versificata S. Clarae Virginis (saec. XIII)*, in: AFH 5 (1912) 237-260; 459-481; 621-623, hier 430, Verse 1406-10; *Fontes*, 2339-2399, hier 2389.

101) Text: WEILER, *St. Clara-Vita* (s. Anm. 16), 199; FLESSA, *Legenda Sanctae Clarae* (s. Anm. 12), 45. Auch am Leichnam der hl. Agnes von Böhmen wurde dieser fromme Brauch geübt: SCHNEIDER, *Candor lucis eterne* (s. Anm. 25), XII 6-7, 55.

der mächtige Stadtherr mit einer Schar von Rittern und einer Menge bewaffneter Männer herzu und wachte dort aufmerksam den Abend und die ganze Nacht, damit dem überaus kostbaren Schatz, der in ihrer Mitte lag, weder Schaden noch Minderung zugefügt werden könne. [6]Die Andacht des Volkes war so groß vor dem heiligen Leichnam, dass von den Kardinälen, den anderen Prälaten und den Führern der Christenheit kostbare Ringe an die Hände dieser Jungfrau gedrückt wurden, in der Hoffnung, dass sie durch die Berührung mit diesen heiligen Fingern eine bestimmte Kraft erhalten würden. [LebKl 47,1-4; KaR 8]

17. Totenerweckung eines verunglückten Kindes aus Perugia

Im Anschluss an die „Wunder der heiligen Klara nach ihrem Abschied von der Welt" (LebKl 49-61) und unmittelbar vor dem Bericht ihrer Heiligsprechung erzählt das St. Klara-Buch von mehreren Totenerweckungen. Im Unterschied zu Franziskus, von dem Thomas von Celano eine Reihe von Totenerweckungen berichtet (3 C 40-48), weiß keine der bisher bekannten romanischen Quellen über Klara Derartiges. Die ersten drei Berichte beschreiben jeweils ausführlich die Erweckung von Kindern am Grab der heiligen Klara. Es ist bemerkenswert, dass sowohl die Prozessakten als auch die Legende berichten, dass viele Kinder zu Klara gebracht wurden (ProKl II 18; III 15; VIII 6; IV 11). Auch nach ihrem Heimgang blieb Klaras Fürsprache bei Gott für die Kleinen wirksam. Die meisten Wunder, die Celano berichtet, betreffen Kinder (LebKl 50.52.55-58.60.61). So passen diese Wunderberichte, die von Kummer und Hoffnung der Eltern und ganz besonders der Mütter geprägt sind, gut in das Bild der Mutter Klara, die vor allem mit den Kleinen mitleidet.[102]

[1]Das ist von den Toten, die Sankt Klara lebendig gemacht hat. – [2]Es war eine adelige Frau aus Perugia, die hatte einen einzigen Sohn, der gerade sieben Jahre alt wurde. [3]Als das Kind zu dem Wasserbach ging, der aus der Stadt geleitet wurde, da geschah das Unglück, dass das Kind von der Strömung des Wassers erfasst wurde und durch die Rinne unter das Gebälk in das Treiben des Mühlrades geriet. [4]Sein Vater und seine Mutter wussten nicht, wo das Kind war. Da traf es sich gerade, dass der Müller hinabging, weil er an diesem Mühlrad etwas richten wollte, damit es wieder besser herumging. [5]Als er den Sand wegschaufelte, da fand er

---

[102] Text: WEILER, *St. Clara-Vita* (s. Anm. 16), 229-231; FLESSA, *Legenda Sanctae Clarae* (s. Anm. 12), 55.

unter dem Sand ein Kind begraben, das schon zwei Tage dort gelegen hatte. ⁶Da kamen sein Vater und seine Mutter herbeigelaufen und viele andere Leute, und alle weinten und zogen es heraus, weil ihm beinahe alles gebrochen und verfault war. ⁷Seine gute Mutter aber wusste nicht mehr, was sie tun sollte. Sie zerkratzte sich ganz mit den Nägeln und zerraufte sich das Haar wegen des fürchterlichen Unglücks ihres einzigen Sohnes. ⁸Sie war erfüllt von bitterem Seufzen und unter Weinen rief sie die Hilfe der Heiligen an. Da sie alle schwiegen, da wandte sie sich an die heilige Sankt Klara um Hilfe. ⁹Als sie ein Gelübde gemacht, ihr Grab aufzusuchen, und viele andere Dinge versprochen hatte, wurde sogleich das Kind auferweckt[103] und bat zu essen. ¹⁰Da erhoben sie alle ihre Stimme zum Himmel und lobten unseren Herrn und seine allerheiligste Jungfrau Sankt Klara. ¹¹Und als sie das Gelübde erfüllt hatte, da bezeugte sie vor den Brüdern und Schwestern und vor vielen Menschen, dass sie es so gesehen hätte und dass es wahr sei; sie bewies dies mit einem Eidschwur auf die Heiligkeit unseres Herrn und fuhr dann wieder heim. [SaKl 48]

18. Totenerweckung eines anderen Kindes aus Perugia

Die zweite Totenerweckung betrifft ebenso ein Kind aus Perugia. Auch hier lässt die große Einfühlsamkeit der Erzählung, mit der die Gefühle der Mutter, die auf grausame Weise ihr Kind verloren hat, auf weibliche Autorschaft schließen. Das Gelübde der Angehörigen beinhaltet neben dem alljährlichen Besuch des Grabes der Heiligen mit Votivkerzen auch eine regelmäßige Nahrungsmittelspende für die „Frauen in ihrem Kloster". Damit ist vielleicht das zweite nach San Damiano, um 1218 gegründete Kloster der Armen Frauen von Monteluce in Perugia gemeint. Das gerettete Kind selber lebte später als gottgeweihte Person im Stand der Enthaltsamkeit.[104]

¹Ein zweites Zeichen. – Eine andere Frau aus Perugia hatte einen Sohn, den sie besonders zärtlich lieb hatte. Aber es geschieht oft, dass der grimmige Tod auf einmal die erschlägt und hinwegnimmt, die einem mehr lieb sind. ²Nun geschah es, dass dieses Kind an einer schweren Krankheit erkrankt war, die es wegraffte. Alle, die in dem Haus waren,

---

[103] Mhd. *gewet*, nach WEILER, *St. Clara-Vita* (s. Anm. 16), 232 fast unlesbar; vielleicht „gewekt", d. h. „auferweckt".

[104] Text: WEILER, *St. Clara-Vita* (s. Anm. 16), 231-233; FLESSA, *Legenda Sanctae Clarae* (s. Anm. 12), 55f.

weinten, wie es üblich ist, aber die Mutter weinte mehr als die anderen. [3]Sie versprachen das Kind der heiligen Sankt Klara und sagten, solange sie lebten, wollten sie zu ihr andächtig sein, alle Jahre den Frauen in ihrem Kloster Nahrungsmittel[105] geben, ihr Grab aufsuchen und immer zwei Wachskerzen mitbringen. [4]Als sie dieses Gelübde gemacht hatten, stand das Kind, welches tot dalag, sogleich auf. Und als es in die Jahre der Reife gekommen war, da war es keusch und rein, diente unserem Herrn und war der seligen Sankt Klara sehr dankbar. [5]Seine Mutter und die vorhergenannten Leute erfüllten die versprochenen Dinge fleißig, so wie sie es vermochten, lobten Gott und ehrten die allerheiligste Jungfrau Sankt Klara, die mit so vielen und so großen Wundern leuchtet. [SaKl 49]

19. Totenerweckung eines Kindes, das später Minderbruder wurde

Die dritte Totenerweckung geschah am Sohn einer Frau aus der Mark Ancona und wird in einer anderen Handschrift als ein schönes zaichen von sand claren vnd von sand Franciscen *bezeichnet. Auf das Gebet der Mutter zur heiligen Klara hin erschien nämlich diese zusammen mit dem heiligen Franziskus ihr und dem Kind im Traum. Dem Gelübde der Mutter entsprechend wurde das Kind „ein Barfüßer"* (ain parfuzze)*, wie die Minderbrüder in Ländern nördlich der Alpen genannt wurden.[106]*

[1]Das handelt wieder von den Toten. – Eine Frau aus dem Gebiet der Mark Ancona hatte einen einzigen Sohn, den sie über alles zärtlich lieb hatte. [2]Aber weil die menschliche Natur niemals in einem bestehen bleibt, da trat das Ereignis ein, dass die Natur des besagten Kindes einer schweren Krankheit verfiel, und weil diese zart und zerbrechlich ist, da kam es zu einem Ende der Krankheit. [3]So schied die Seele von dem sehr zarten Leib zur Zeit der Vesper am Abend des Tages. Und weil die Zeit unpassend war, dass der Leichnam begraben würde, da wurde er bis zum Morgen behalten, damit er dann begraben würde. [4]Da nun die Mutter weinte, weil sie gutherzig war, und das Antlitz des Kindes mit ihren Tränen benetzte, stieß sie mit ihrer Stimme Klagen aus und bat die

---

[105] Mhd. *pittantz*, (lat. *pitantia*), im monast. Sprachgebrauch Aufbesserung der Gemüsespeisen mit Eiern, Fisch oder Fleisch.

[106] Vgl. Eccl VII 42; XIV 100; Text: WEILER, *St. Clara-Vita* (s. Anm. 16), 233-236; FLESSA, *Legenda Sanctae Clarae* (s. Anm. 12), 56f.

Heiligen, damit sie ihren Sohn erweckten. [5]Nun wurde die selige Sankt Klara angerufen, damit sie bei ihr sein möge, und sie gelobte, dass sie es so einrichten wolle, dass er ein Minderbruder werde. [6]Da schlief sie ein. Seht, da erschienen ihr Sankt Klara und Sankt Franziskus, die sprachen: „Siehe, dein Sohn, er lebt." [7]Da sprach Sankt Klara dazu: „Halte dein Gelübde, denn unser Herr hat diesem Kind sein Leben durch mich gegeben." Und als sie das sprach, da schied sie von dannen. [8]Als die Mutter vom Schlaf erwachte, fand sie das Kind lebendig bei ihr. Dieses sagte, dass es Sankt Klara und Sankt Franziskus gesehen hätte. [9]Als es in die Jahre der Reife gekommen war, wurde es ein Minderbruder, ein Barfüßer. [10]Als etliche Zeit vergangen war, suchte er mit seiner Mutter die selige Sankt Klara heim und schwor, dass er von ihr wundersam erweckt worden war. [11]Da ihn die Schwestern und die anderen fragten, was Sankt Klara zu ihm gesprochen habe, da sagte er, sie hielt ihn bei der Hand und sprach: „Steh auf und erfreue deine Mutter." Da stand er sofort auf und machte seiner Mutter eine große Freude. [SaKl 50,1-8]

20. Totenerweckungen in Spanien und in anderen Ländern

Nach den drei ausführlich geschilderten Einzelfällen wird noch von „vielen Toten, die sie lebendig machte", berichtet. In einer der heiligen Klara geweihten Kathedrale in Spanien seien zwanzig Tote durch ihre Heiligkeit erweckt worden. Mit den „welschen Landen" sind allgemein romanische Länder gemeint, da aber Italien und Spanien schon genannt wurden, könnte es sich um Frankreich handeln. Die Bemerkung, dass „davon vieles aufgeschrieben ist und auch manche andere Wunder", weist darauf hin, dass der Schreiberin des St. Klara-Buches diese anderen Quellen bekannt waren. Aus ihnen hatte sie ihr Sondergut in Auswahl bezogen. Die Wunderberichte schließen mit dem Hinweis, dass Gott bis zum heutigen Tag nicht aufgehört hat, ja bis zum Ende der Welt nicht aufhören wird, durch seine Heilige Wunder zu wirken.[107]

[1]Von vielen Toten, die sie lebendig machte. – In Spanien, in der großen Domkirche, die zu Ehren der seligen Sankt Klara geweiht ist, bezeugt man wahrhaftig, dass unser Herr Jesus Christus in dieser Kirche durch ihre Heiligkeit zwanzig Tote erweckt hat. [2]Man bezeugt auch wahrlich, dass unser Herr in welschen Landen noch manchen Toten

---

[107] Text: WEILER, *St. Clara-Vita* (s. Anm. 16), 236; FLESSA, *Legenda Sanctae Clarae* (s. Anm. 12), 57.

erweckt hat durch sie. [3]Davon ist vieles aufgeschrieben und auch manche andere Wunder, welche die Güte Gottes nicht aufhört zu wirken bis zum Ende der Welt, zum Lobe seines Namens und zur Ehre seiner ehrwürdigen Jungfrau Sankt Klara. [FrKl 43; HaD 11,8; SaKl 50,6]

21. Klaras Lebensdaten

Am Ende des Buches werden die Lebensdaten Klaras kurz zusammengefasst, die als Detail ihren genauen Geburtstag – allerdings ohne Jahreszahl – angeben: „Sie kam am Fest des heiligen Sebastian, das am 20. Januar stattfindet, zur Welt." Diese Daten bringen auch die um 1424-28 von dem Franziskaner Hermann Sack verfassten Münchner Stifterbücher der Barfüßer und Klarissen (Sack).[108]

[1]Die selige Sankt Klara war achtzehn Jahre alt, als sie die Welt verließ und das geistliche Leben auf sich nahm. [2]Sie blieb beständig im Orden und führte durch zweiundvierzig Jahre ein strenges Leben. [3]Sie kam am Fest des heiligen Sebastian, das am 20. Januar stattfindet, zur Welt und starb am Tag nach dem Fest des heiligen Laurentius. [4]Sie wurde von San Damiano in die Stadt getragen, wo sie seither in Ehren ruht. [5]Ihren hochzeitlichen Tag, an dem sie von dieser Welt zu den himmlischen Freuden hinüberging, begeht man am dritten Tag nach dem Fest des heiligen Laurentius. [Sack]

22. Schlussgebet der Verfasserin

In sieben von neun Handschriften bildet den Abschluss der Klara-Texte ein Reimgebet, das wohl von derselben Hand stammt wie das Gedicht auf der letzten Seite des Codex Bamberg 146, in dem sich die Verfasserin als swester katherin hofmenin *vorstellt und um das Fürbittgebet der Leser bittet. Da das von Schwester Katharina Hofmann geschriebene und redigierte Werk über den Umfang der* legende der heiligen Junkfrawen Sand Claren, *wie das Buch mit*

---

[108] Text: WEILER, *St. Clara-Vita* (s. Anm. 16), 256; FLESSA, *Legenda Sanctae Clarae* (s. Anm. 12), 63; vgl. BOCCALI, *Chiara sotto processo* (s. Anm. 18), 316; der Text wurde erstmals publiziert von OLIGER, *Gaudia S. Clarae* (s. Anm. 9), 112. Als Geburtsjahr nimmt man allgemein das Jahr 1193 an.

dem Brief von Papst Alexander IV. beginnt,[109] durch die hier vorgestellten Erweiterungen hinausgeht, gibt sie ihm den neuen und einfachen Titel Sand Claren bvch. In ihrem Schlussgebet spricht Schwester Katharina auch das Grundanliegen dieses Werkes an, nämlich zuerst Gott zu danken für seine Magd Klara, die er erwählt und zu seinen Heiligen gezählt hat. Dann aber wendet sich das Gebet an die Heilige selbst um Bewahrung vor allem Übel auf Erden, um ihren Beistand in der Not der Seele nach dem Tod, womit vielleicht das Purgatorium (Fegefeuer) gemeint ist, und um ihre Hilfe, zu Gott in den Himmel zu kommen. Die Bitte um Fürbitte Klaras knüpft an das Zeugnis der vorher geschilderten Wunder an, die zeigen, „dass Klara in der Gegenwart Gottes lebt und über ihren Tod hinaus wirkt.“[110] Diese irdische und himmlische Kirche umfassende Gemeinschaft der Heiligen hatte Klara selbst in ihrem Segen für Agnes von Böhmen, der in seiner ältesten Fassung im erweiterten Teil des St. Klara-Buches überliefert ist, angerufen und ihr verheißen: „Ich segne dich in meinem Leben und nach meinem Tode, soviel ich vermag, und mehr als ich vermag“ (KlSeg 10). Auf diese Verheißung der hl. Klara, ihren Schwestern auch vom Himmel her „mehr als sie vermag“ beizustehen, ist dieses Schlussgebet der Äbtissin Katharina gegründet.[111]

[1]Hier hat das Sankt-Klara-Buch ein Ende,
zu Gott erheben wir die Hände.
[2]Lob und Ehre sei ihm gesagt
für diese allerheiligste Magd,
[3]die Er sich selber hat erwählt
und zu seinen Heiligen gezählt.
[4]Wir bitten Dich, Herrin, Heilige Klara
vor allem Übel uns bewahre.
[5]Wenn unser Leib darniederliegt tot,
dann hilf der Seel' aus aller Not.
[6]Und hilf uns, himmlische Klara,
dass unsere Seele zu Gott auffahre.
Amen.

---

[109] WEILER, St. Clara-Vita (s. Anm. 16), 73; und 77: daz leben der heiligen Sand Claren.
[110] MEYER, Junckfraw (s. Anm. 17), 516.
[111] Text: WEILER, St. Clara-Vita (s. Anm. 16), 258; FLESSA, Legenda Sanctae Clarae (s. Anm. 12), 64.

KATHARINA HOFMANN

„Freu dich, Klara"
Eine mittelhochdeutsche Reimlegende [FrKl]

Eingeleitet von Johannes Schneider OFM,
übersetzt von Willibald Hopfgartner OFM

Fast hundert Jahre bevor eine anonyme Schwester aus dem Kloster S. Lucia in Foligno ihre umbrische Reimlegende verfasste,[1] entstand im Klarissenkloster zu Nürnberg die mittelhochdeutsche Reimlegende Frev dich, Clara. *Sie gehört zum Corpus des Nürnberger St. Klara-Buches und ist in sechs mittelhochdeutschen Handschriften überliefert.[2] Die älteste Handschrift aus der Mitte des 14. Jahrhunderts stammt von der Klarisse Katharina Hofmann († 1393), die das* Sand Claren bvch *(KlB) abgeschrieben, vielleicht auch übersetzt oder redigiert hat. Ebenso gilt sie als die Verfasserin des Gebets „Die sieben Freuden der heiligen Klara" (7FrKl). Ihr ist die Autorschaft dieser Reimlegende zuzutrauen, obwohl dies nicht sicher erwiesen werden kann.[3]*

Livarius Oliger veröffentlichte im Jahre 1919 eine lateinische Fassung der Reimlegende mit dem Titel Gaude, sancta Clara, *die aus dem Dominikanerinnenkloster St. Katharinen in Nürnberg stammt und im Gebrauch von Schwester Klara Löffelholz war.[4] Diese ist handschriftlich etwa 80 Jahre jünger als die älteste deutsche Handschrift, dürfte aber deren Vorlage sein. Die lateinische*

---

[1] G. M. BOCCALI, *„Legenda" in rima su s. Chiara d'Assisi nel Cod. A. 23 dell' archivio della Curia Generale dei Frati Minori in Roma*, in: Frate Francesco 71 (2005) 389-414.

[2] Nach H. WEILER, *St. Clara-Vita. Textkritische Edition und Wortschatzuntersuchung*, Innsbruck 1972 (Diss. masch), 30-58: 1) Bamberg hist. 146. E. VII. 19, Mitte 14. Jh., Katherina Hofmann; 2) Bamberg hist. 147. E. VII. 54, 2. Hälfte 14. Jh., Margarethe v. Wiesenthau; 3) Dresden M 281, Nürnberg (?), 2. Hälfte 14. Jh. [diese drei wurden ediert v. W. SETON, *A German Metrical Version of the Legend of St. Clare*, in: AFH 11 (1918) 384-398]; 4) München, Bayerisches Nationalmuseum Mss 3603, Nürnberg (?), Mitte 14. Jh.; 5) Nürnberg, Germanisches Nationalmuseum 14711, Nürnberg 1380 [ediert v. L. OLIGER, *Die Legende der hl. Klara von Assisi in mhd. Versen*, in: FrSt 7 (1920) 179-189]; 6) München, Staatsbliohtek Cod. germ. 5730, St. Jakob am Anger, 1487 Johannes Franck von Wirtzpurgk.

[3] Dazu H. FLESSA, *Thomas von Celano: „Legenda Sanctae Clarae Virginis". Die mittelhochdeutsche Übersetzung des Cod. 14711 aus dem Germanischen Nationalmuseum Nürnberg*, Würzburg 1964 (Zulassungsarbeit, masch.), XIV-XVII.

[4] Nürnberg, Germanisches Nationalmuseum 7206, 15. Jh. [ediert v. L. OLIGER, *Gaudia S. Clarae Assisiensis seu vita eius versificata*, in: AFH 12 (1919) 110-131].

Reimlegende wurde vielleicht von einem gebildeten Franziskaner verfasst, der Beichtvater und / oder Prediger bei den Klarissen in Nürnberg war. Die Dichtung Gaude, sancta Clara *ist in 54 siebenversigen Strophen mit dem Reimschema* aabccb *den Sequenzen* Lauda Sion *und* Stabat Mater *kunstvoll nachempfunden. Ebenfalls mit 54 Strophen, weniger kunstvoll, aber durch je achtversige, paarweise reimende Strophen (aabbccdd) formal verschieden hat Schwester Katharina Hofmann nicht einfach eine Übersetzung der lateinischen Vorlage geliefert, sondern auch inhaltlich eine eigenständige Nachdichtung geschaffen.*

Quellen der Reimlegende sind die offiziellen Klaralegenden und Prozessakten in der Rezeption des St. Klara-Buches (LebKl; ProKl; KlB)[5], sowie das Sondergut desselben, das in der deutschen Fassung des Gedichtes deutlicher zutage tritt als in der lateinischen. Dass Klara den Leib des Herrn „oft empfangen" habe (FrKl 24), findet sich weder in den Legenden noch im St. Klara-Buch, sondern nur im Heiligsprechungsprozess (ProKl II 11,38: spesso). *Dies könnte darauf hinweisen, dass die Prozessakten wenigstens teilweise auch unabhängig vom St. Klara-Buch zur Verfügung standen.*

Die starke Betonung Klaras als „unsere Mutter" und die häufige Aktualisierung der Taten und Tugenden Klaras für die Schwestern, die in den Fußspuren ihrer Mutter gehen wollen, deuten noch einmal darauf hin, dass das Gedicht nicht nur für Klarissen, sondern wahrscheinlich auch von einer Klarisse – eben jener Katharina Hofmann – geschrieben ist. Es handelt sich um ein Denkmal der literarischen Tätigkeit im Kreis der Nürnberger Klarissen im 14. Jahrhundert. Die Rubrik in der lateinischen Reimlegende leitet das Gedicht folgendermaßen ein: „Es beginnen die Freuden der heiligen Jungfrau Klara, mit denen sie vom Herrn Jesus Christus fröhlich gemacht und geschmückt wurde zu Anfang, im Fortgang und am Ende ihres Lebens, jetzt und immerdar."[6]

Anmerkung des Übersetzers

Die Übersetzung versucht, dem Rhythmus und den Reimbindungen nahe zu bleiben, ohne heutiges Sprachempfinden zu verletzen. Wenn man gelegentlich über rhythmische „Unebenheiten" stolpert, so möge man bedenken, dass bereits der mittelhochdeutsche Vers nicht die sklavisch strenge Alternation von betonten und unbetonten Silben verlangte, vielmehr kannte die Tonstellenverteilung im Innern des Verses durchaus eine gewisse Freiheit. Das hauptsächliche Anliegen des Textes liegt nicht in erster Linie darin, den Schwestern in poetischer Sprache eine kurzgefasste und dazu auch leicht merkbare Information über sie

---

[5] Ebenso die kleineren liturgischen Legenden: M. BIHL, *Tres legendae minores sanctae Clarae Assisiensis (saec. XIII)*, in: AFH 7 (1914) 32-54.

[6] OLIGER, *Gaudia S. Clarae* (s. Anm. 4), 111.

zu geben, sondern Verehrung und Vertrauen zur heiligen Ordensgründerin zu wecken. Auf dem Wege von Rhythmus und Reim kann sich die Seele einschwingen in das Empfinden von Sympathie und Freundschaft gegenüber der hl. Klara.

Auf ein interessantes inhaltliches Detail sei noch hingewiesen: In der Beschreibung der Gemeinschaft der Heiligen, in die Klara aufgenommen wird, betont der Text ihre Ebenbürtigkeit mit der „männlichen Kirche" der Propheten, Apostel und Lehrer. Die Gemeinschaft der Vollendeten kennt keine Trennung der Geschlechter mehr, ja man möchte sagen, die „männliche Kirche" erscheint hier im Spiegel der Vorzüge der hl. Klara.

Quellen: W. SETON, *A German Metrical Version of the Legend of St. Clare*, in: AFH 11 (1918) 384-398; L. OLIGER, *Gaudia S. Clarae Assisiensis seu vita eius versificata*, in: AFH 12 (1919) 110-131; DERS., *Die Legende der hl. Klara von Assisi in mhd. Versen*, in: FrSt 7 (1920) 179-189.

Studien: H. HEGER, *Die Literatur, ‚Franziskanische Legenden': Gedicht über die hl. Klara von Assisi*, in: *NÖ. Landesausstellung. 800 Jahre Franz von Assisi. Franziskanische Kunst und Kultur des Mittelalters*, Wien 1982, 706-728, hier 709f.; K. RUH, *Das ‚St. Klara-Buch'*, in: WiWei 46 (1983) 192-206, hier 198f.; DERS., *Klara von Assisi u. ‚St. Klara-Buch'*, in: VerfLex[2] IV, 1172-1184, hier 1177f.; F. URIBE, *Introduzione alle fonti agiografiche di san Francesco e santa Chiara d'Assisi (secc. XIII-XIV)*, S. Maria degli Angeli 2002, 519-522.

„Freu dich, Klara"

Frev dich, Clara, geweissagt schon
Von dem himelischen don,
Daz dv schôllt ein liht werden
Den levten hi auf diser erden.
E dich di mvter het geborn,
Da het dich got dar zv erkorn,
Daz dv werst ein spigel clar,
Geziret wol vnd liht gevar.

Frev̂ dich, daz dy wirdig pist,
Daz dich kûndet Jesus Crist,
E daz dich deiner mvter leip
Preht in disev werlt weit,
Da worht di hant des schepfers
    daz,
Daz dv werst ein reines vaz,
Ein scheinend vaz mit heilikeit.
Also hat dich got bereit.

Frev̂ dich, daz dein lob wart
    prehen,
E deinev avgen ie gesehen
Disen zeitleichen schein,
Da ging sich an daz lob dein.
Got macht ein lavter vaz avz dir
Nach aller seines herzen gir,
Daz mit dem pache der gnaden
    sein
Wer allezeit vol die sele dein.

1. Freu dich, Klara, du warst prophezeit,
verkündet von des Himmels Stimme:
dass ein Licht du solltest werden
den Menschen hier auf dieser Erden.
Bevor die Mutter dich geboren,
da hat dich Gott dazu erkoren,
zu werden wie ein klarer Spiegel,
kostbar gerahmt, hell wie das Licht.[7]

2. Freu dich, da du würdig warst,[8]
dass dich verkündet' Jesus Christ.
Noch ehe deiner Mutter Leib
dich bracht' in diese weite Welt,
fügt' es die Hand des Schöpfers so,

dass ein makellos Gefäß du solltest werden,
ein leuchtendes Gefäß voll Heiligkeit.
So hat dich Gott bereitet.

3. Freu dich, dass dein Lob aufleuchtete!

Noch ehe deine Augen sahen
das Licht der Weltenzeit,
da hub schon an dein Lob.
Gott machte ein lauteres Gefäß aus dir,[9]
wie nur sein Herz es wünschen konnte,
dass von dem Bach der Gnaden sein

allzeit deine Seele war erfüllt.

---

[7] LebKl 2.

[8] Im mhd. Text steht – wohl um des Reimes willen – die Präsensform: *pist / Crist*; im Lat. aber Perfekt, das für den Sinn der Stelle wesentlich ist. LebKl 3,2 nennt Klara „reinstes Gefäß der Gnade".

[9] Die Jungfräulichkeit wird in der Malerei des Mittelalters oft durch eine durchsichtige Vase symbolisiert.

Frev dich, do dv nv also werd	4. Freu dich, als du wurdest dann
Geporn hi an disev erd,	auf diese Erde hier geboren,
Da wart dir in der tavf gegeben	da wurde in der Taufe dir gegeben
Clara der nam, der fvgt dir eben.	der Name Klara, der so trefflich zu dir passt.
Dv zeigest mit den werken wol,	Du zeigtest mit den Werken,
Daz dv werd aller clarheit vol,	dass du voll Klarheit warst,
Wan dv lebest heilikleich	denn auf heil'ge Weise lebtest du,
In mezzikeit gar militkleich.	in Selbstbeherrschung und voll Güte.[10]
Frev dich, do dv noch also ivnge	5. Freu dich, dass du schon als so junges Mädchen
Werd ein deins vater wonvnge,	wurdest zur Wohnung deines Vaters.
Da suchest dv gar emzikleich	Mit großem Eifer suchtest du
Niht irdisch gvt neů himelreich.	nicht irdisch Gut, dafür neue Himmelreiche.
Dv werd ein trôsterin der armen	Wurdest zur Trösterin der Armen,
ůber di wolst dv dich erparmen;	wolltest ihrer dich erbarmen,
Dv santest in di speise zart,	schicktest ihnen feine Speise,
Dir selb gekochet wart.	die für dich bereitet ward.[11]
Frev <dich>, Clara, dv pist geleich	6. Freu dich, Klara, die du gleichst
Den engeln in dem himelreich,	den Engeln in dem Himmelreich,
Mit der lilig der keůschikeit	du trägst der Keuschheit Lilie.
Wan dv pist ein reinev meit.	Denn du bist eine reine Magd,
Dv hast die werlt gar versmeht,	hast ganz und gar verschmäht den Ruhm der Welt,
Da dv dich got zeopfer preht;	da du dich selbst für Gott zum Opfer dargebracht.
Dv behilt den reinen magetvm	Du bewahrtest die Jungfräulichkeit
Vnd gemehelst dich de gotessun.	und vermähltest dich dem Gottessohn.[12]
Frev dich, daz dv hast getragen	7. Freu dich, dass du hast getragen
Ein herein hemd in ivngen tagen,	ein hären Hemd in jungen Tagen
Vnder der werltleichen gezird,	noch unter weltlich Zier,

---

[10] LebKl 2,5.
[11] LebKl 3,4-5.
[12] LebKl 4,5; 6.

Da trůg dv got in deiner begird;	da trugst du Gott in deiner Sehnsucht.[13]
Deinev glid hastv gezemt,	Deine Glieder hast gezähmt,
Den posen veint hast dv erlemt,	den bösen Feind so zum Erlahmen du gebracht,
Die werlt ůber wundern gar	hast überwunden diese Welt,
Vnd alle vntvgend, daz ist war.	und, wahrlich!, alle ihre Laster.
Frev dich, Clara, do dv noch werd	8. Freu dich, Klara! Schon als du warst
Ein zartes kint avf diser erd,	ein kleines Kind auf dieser Erde
Do preht dv gvter frŭhte vil	brachtest du viel gute Frucht
In diser werlt vnstetem zil.	im wechselvollen Lauf der Welt.
Got het dich fŭrsehen rehte,	Gott hat dich dazu auserwählt,
Daz dv geperest ein groz geslehte	dass du ein groß Geschlecht gebärest
Von tŏhtern also tvgentleich,	von tugendreinen Töchtern.
Di meren wol daz himelreich.	Die vermehren sehr das Himmelreich.
Frev dich, Clara, do dv vil pald	9. Freu dich, Klara! Als du wagemutig
Kŏm zv sand Franciscen in den wald,	kamst zu Franziskus in den Wald,
Da wart gesehen ein himelisch glantz,	da war zu sehn ein Himmelsglanz,
Der vmb gab evch beidev ganz.	der euch beide ganz umgab.
Da pei mag man merken wol,	Daraus man leicht erkennen kann,
Daz evr sel waz lihtes vol.	dass ganz von Licht erfüllt war eure Seele.
Man schol avch merken dar an,	So mag ein jeder merken,
Daz evr geist in got do pran.	dass euer Geist in Gott entbrannt war.[14]
Frev dich, der werlt versmeherinne,	10. Freu dich, Verächterin der Sündenwelt,
Dav hast in gŏtleicher minne	du hast in Gottes Liebe
Ein edlev stift gepawen:	gegründet ein besonderes Kloster:
Den orden der armen frawen.	den Orden der Armen Frauen.[15]

---

[13] LebKl 4,4.

[14] KlB 2; HaD 10; KaR 1; SaKl 4. Nach SETON, *A German Metrical* (s. Anm. 2), 386f., geht der Inhalt dieser Strophe zusammen mit dem in Fior 15 überlieferten Mahl in Portiunkula auf eine gemeinsame ältere Tradition zurück. OLIGER, *Gaudia S. Clarae* (s. Anm. 4), 116f., ihm folgend M. FASSBINDER, *Die heilige Clara von Assisi*, Freiburg 1934, 219 Anm. 73, vermuten eine Ausmalung von LebKl 6,3: Klara wurde durch das Gespräch mit Franziskus von himmlischem Feuer entzündet.

[15] LebKl 10,8.

Dar inne geper dv reiner kint,	Darin gebarst du reine Kinder,
Di als di lihten stern sint.	die wie die Sterne leuchten.
So wer dv als ein svnnen glast,	So warst du wie der Sonne Glanz,
Der fŭr si alle mit tvgenden prast.	der mit Tugend ihnen allen leuchtete.

Frev̂ dich, Clara, daz dv pist worden	11. Freu dich, Klara, dass du wurdest
Vnser libev mvter in disem orden.	unsere liebe Mutter in dem Orden.
Dich pitet vnsers herzen fleiz,	Dich bittet unsres Herzens Eifer,
Daz dv vns genedik seist.	du mögest gnädig uns doch sein.
Miltev mvter, versmeh vns niht	Milde Mutter, weise uns nicht ab,
In allem dem, daz vns geschiht.	was auch immer uns geschieht.
Volbring an vns daz ampte dein	Vollbring an uns dein Amt
Vnd tv vns, mvter, trewe schein.	und lass erscheinen, Mutter, deine Treue.

Frev̂ dich, Clara, ein meisterin gvt,	12. Freu dich, Klara, gute Meisterin,
Dv het dein tôhter in grozzer hvt.	du behütest sorgsam deine Töchter.
Dv werd in vor reht als ein kron,	Du warst vor ihnen einer Krone gleich,
Mit heilikeit levhtestv in schon,	mit Heiligkeit leuchtest du ihnen.
Nv pis hi vnser lihtvaz,	Wohlan, sei unsere Leuchte,
Daz wir gen di rehten straz	damit wir gehn auf rechtem Weg,
Zehimel zv dem svzzen Crist,	himmelwärts, hinauf zum süßen Christ,
Daz vns iht irre der veinde list.	und uns nicht hindere der Feinde List.

Frev̂ dich, Clara, ein nachvolgerein	13. Freu dich, Klara, du bist nachgefolgt
Gotes vnd der mvter sein,	Gott und der Mutter sein.[16]
Des heiligev werk hast dv volbraht	Seine heiligen Werke hast vollbracht
Mit begird nach aller deiner maht.	hingebungsvoll, wie du's nur konntest.
Dv twv̂gd vnd kŭste der dirn fŭz,	Wuschest und küsstest die Füße der Magd.
Diez werk waz deinem herzen sv̂z.	Dies tun war deinem Herzen süß,
Gesvnden vnd sichen dinest dv,	Kranken und Gesunden dientest du,
Ane alle trakeit spat vnd frv.	unverdrossen, spät und früh.[17]

---

[16] Zu Nachfolge Christi / Marias: KlReg Einl. 3; 6,7; 12,13; KlTest 46; 3 Agn 25; siehe auch FrKl 14 u. 44.
[17] LebKl 12,6-11.

Frev dich, daz dir irdisch gvt	14. Freu dich, dass das irdisch Gut
So fremd waz in deinem mvt,	deiner Absicht war so fremd,
Dein leip waz arm vnd avch dein geist	dein Leib war arm, dafür dein Geist
Reich an tvgenden allermeist.	an allen Tugenden reich.
Dv hilt in rehter stetikeit	Hieltest fest, ganz unbeirrt,
Di armvt, di dein Jesvs leit	die Armut, die dein Jesus litt
Vnd Maria sein mvter her:	und Maria, seine Mutter hehr:
Des frev dich hevt vnd immer mer.	Das freu' dich heute und für alle Zeit.[18]
Frev dich, daz dich dein liber got	15. Freu dich, dass dein lieber Gott,
Nie verliz in keiner not,	dich nie verließ, in keiner Not,
Wan alles des dein herz begert,	denn alles, was dein Herz begehrt',
Des werd dv pald von im gewert.	hat er dir gleich gewährt.
Er sant dir ein brot vnd zwen vische	Er sandte dir ein Brot und die zwei Fische
Zehilf deinem armen tische;	nachzuhelfen deinem armen Tische;[19]
Er fvllet mit ŏl daz lere vaz,	füllte mit Öl das leer' Gefäß,
Dein heiliges gepet verdinet daz.	das hat bewirkt das heilige Gebet.
Frev dich, Clara, miltev magt,	16. Freu dich, Klara, mildtätige Jungfrau,
Vnser hvnger, der sei dir geklagt.	unser Hunger, der sei dir geklagt.
Erwirb vns hi der gnaden kost,	Erwirb uns hier der Gnade Nahrung,
Daz wir emphahen gotes trost.	dass wir empfangen Gottes Trost.
Mit deiner hilf werd vns benvmen	Mit deiner Hilfe werde uns genommen
Der hvnger, der vns mag ŭbel kvmen,	der Hunger, der uns zum Verhängnis wird,
Daz vnser sel iht schande hab,	damit unsere Seele nicht in Schande dasteht,
Ob si wer mager an gotes gab.	wenngleich sie mager ist an Gottes Gaben.
Frev dich, daz dv hast pild gegeben	17. Freu dich, Klara, dass du Beispiel gabst
Gar mit einem strengen leben:	mit einem strengen Leben:
Dein kleit waz hert, dein speis waz klein	dein Kleid war hart, gering dein Essen.
Also qvelstu dein gepein;	Du quältest damit deine Glieder.[20]

---

[18] LebKl 13,1.7.
[19] KlB 3; HaD 11; KaR 7; SaKl 9; zum Ölwunder LebKl 16.
[20] LebKl 17-18.

Also hat deins leibes korn	So hat deines Leibes Korn
Fruht in rehter gedvlt geporn,	die Frucht wahrhaftig in Geduld geborn,[21]
Daz \<er\> in kestigvng erstorben	da er in Kasteiung abgestorben,
ist,	
Nach der lere Jesv Crist.	nach Jesu Christi Lehre.
Frev dich, dv vil zartev Clar,	18. Freu dich, zarte Klara,
Dv tet reht sam der adelar,	wahrlich wie dem Adler gleich
Vnd seh di waren svnnen an:	schautest du die wahre Sonne an:[22]
Got, in dem dein sel da pran.	Gott, in dem deine Seele brannte.
Ein gotleich fevr enpran in dir,	Ein göttlich Feuer fing in dir zu brennen an,
In dem dein herz vnd dein begir	in dem Herz und Willen dein
Wart kreftikleichen prinnen	mächtig da entbrannten
In dem oven der gŏtleichen min-	im Feuerherd der göttlichen Liebe.[23]
ne\<n\>.	
Frev dich, daz dv werde sigehaft	19. Freu dich, dass du siegreich warst!
Gar mit einer kvnen kraft.	Mit wahrlich kühner Kraft.
Dv versmehst des tevfels list,	hast du verschmäht des Teufels List,
Der dir oft begegent ist.	der dir oft begegnet ist.
Er straft dich vmb dein hesliges	Er strafte wegen deines heil'gen[24] Weinens
weinen,	dich:
Er wolt dich niht mit trewen	er wollte dir in böser Absicht raten,
meinen,	
Vil drot, dv in von dir vertribd,	und drohte immerzu; vertriebst ihn dann
	von dir
in gvtem frid dv do belibd.	und bliebst fortan in sicherem Frieden.[25]
Frev̊ dich, getrewev̊ mvter gvt,	20. Freu dich, treue Mutter gut,
Hab vns vast in deiner hvt,	halt uns fest in deiner Hut,

---

[21] Vgl. Joh 12,24.

[22] LebKl 19,2; das Bild vom Adler, der in die Sonne schaut, stammt aus dem mittelalterlichen Volksbuch *Physiologus*, einer aus der Antike stammenden Tierdeutung, die Naturbeobachtung, Mythos und Seelenvorgänge vermischt und die bereits frühchristlich zu einer Allegorie des Glaubens umgedeutet wurde.

[23] LebKl 20,1-2.

[24] Mhd. *hesliges* vielleicht Schreibfehler für *heiliges*.

[25] LebKl 19,6-10.

[26] Vgl. Eph 6,11.16.

Daz der tevfel seinev geschoz	dass der Teufel die Geschosse
Mit pôser lag in vns iht stoz,	nicht hinterlistig auf uns ziele,[26]
Daz wir allezeit beschirmt sein	dass allezeit wir sei'n beschirmt
Von der milten hilfe dein	von deiner reichen Hilfe
Vnd daz wir werden inne	und dass wir inne werden
Deiner mûterleichen minne.	deiner mütterlichen Liebe.

Frev dich, Clara, gotes gemahel,	21. Freu dich, Klara, Christi Braut,
Stet vnd fest reht als der stahel.	fest und beständig wie der Stahl.
Dvrch dein gepet so sint geschendet	Durch dein Gebet wurden zuschanden
Di heiden vnd sint avch geplendet,	die Heiden, die verblendet waren:
Dein gepet hat si veriagt.	Dein Gebet hat sie verjagt.
An got wer dv gar vnverzagt:	Vertrautest Gott ohn' alles Wanken,
Vor allem schaden belibd dv frei	hast selber Schaden nie gelitten,
Vnd alle, die dir wonten pei.	so wenig wie die Deinen.[27]

Frev̂ dich, daz der suzze Crist,	22. Freu dich, dass der süße Christ,
Der von der Jvnkfrawen geporn ist,	der von der Jungfrau geboren ist,
Frevntleich mit dir gekoset hat;	dir seine zarte Liebe zeigte.[28]
Er tet wes in dein minne pat.	Er tat, worum ihn deine Liebe bat.
Pit in, daz er vns wolle leisten,	Bitt' ihn, dass er uns erfüllen möge,
Daz er dir selber hat geheizzen,	was er dir selber hat verheißen,
Vnd daz er alle dein tôhter nem	und dass er alle deine Töchter hole
Zv seinem reich als im gezem.	in sein Reich, nach seinem Wohlgefallen.

Frev̂ dich, von deins gebetes kraft	23. Freu dich, durch dein's Gebetes Kraft
Der manne sterk wart zaghaft:	schwand hin der Männer Stärke,
Do dein swester mit irn frevnden streit	als deine Schwester mit den Verwandten rang,
Vnd gesigt in an ane alles leit.	sie diese überwand, ohne dass sie leiden musste.

Kein starkev sevl ward nie vester	Keine starke Säule war je fester
Denne do waz dein libev swester.	als damals deine liebe Schwester.

---

[27] LebKl 21-22.
[28] Vgl. Chorlegende *Venerabilis Christi sponsae*: BIHL, *Tres legendae* (s. Anm. 5), 44.
[29] LebKl 24-26.
[30] Vgl. Lk 10,42.

Si schiden hin mit swerem mut,
Ir peid erwelt daz peste gvt.

Frev dich, daz dv wirdikleich
Hast oft enpfangen vnd heilikleich
Den leichnam gotes mit heizzen
  weinen,
Mit dem so wolst dv dich vereinen.
Hilf vns, daz dicz himel brot
Sei vnser speis in todes not,
Daz vns got mache von svnden
  frei
Vnd vnser geleit hinz himel sei.

Frev̂ dich, Clara, ze aller stvnt
Mit waren zeichen ist worden kvnt,
Daz dv lobes wirdig pist,
Dein antlúcz liht erschinen ist
Vnd zwo vetach scheinend gar
Reht als di liht svnne clar
Bedekten deinen leip zemal,
Also schein der minnen stral.

Frev̂ dich, daz dv hast gesehen
Jesvm Crist, des muz ich iehen,
Als ein kleines kindelein
Spilt er in der schozze dein.
Dvrch dein fleh múz er sich vns
  zeigen
Vnd múz sein gnade zv vns nei-
  gen,
Daz wir von svnden werden rein,
Mit einander alle gemein.

Sie zogen voll Enttäuschung ab,[29]
ihr beide habt erwählt das Beste.[30]

24. Freu dich, dass mit Ehrfurcht, heilig,
du hast oft empfangen
den Leib des Herrn mit heißen Tränen,

mit dem du so vereint sein wolltest.[31]
Hilf uns, dass dies Himmelsbrot
uns Speise sei in Todesnot,
dass Gott uns mach' von Sünden frei,

und uns Geleit zum Himmel sei.

25. Freu dich, Klara, stets aufs neue
ist dir in wahren Zeichen kund geworden,
dass du des Lobes würdig bist.
Es erschien dein Angesicht hell strahlend
dazu zwei Fittiche, die leuchteten
ganz wie die helle Sonne,
die umhüllten deinen ganzen Leib.
So leuchteten der Liebe Strahlen.[32]

26. Freu dich, dass du hast geschaut
Jesus Christ, das muss ich sagen.
Als kleines Kind
spielt' er auf deinem Schoße.[33]
Durch dein Flehen mög' er sich uns zeigen,

seine Gnade uns zuneigen,

dass wir von Sünden werden rein,
wir alle miteinander.

---

31) LebKl 28; vom häufigen Kommunionempfang spricht nur ProKl II 11,38; nach
   KlReg 3,14 sollen die Schwestern sieben Mal im Jahr kommunizieren.
32) ProKl IX 4,38; KlB 11; HaD 7; KaR 6,4-5; SaKl 32.
33) ProKl IX 4,35-37; KlB 10; HaD 7; KaR 6,1-3; SaKl 32.

Frev̂ dich, wann got dein selber pflag,	27. Freu dich, denn Gott selber gab auf dich acht,
Da dein leip in sichtvm lag,	als du krank darniederlagst,
Vnd dich dein tôhter verlazzen heten	deine Töchter hatten dich allein gelassen,
Vnd alle gingen zv der metten;	als sie zu der Mette gingen.
Da sevfzest dv vil tevr zv got,	Da seufzest du ganz tief zu Gott,
Daz er dich trôst in deiner not.	er möge trösten dich in deiner Not.
Da kom das zarte Jesvslein	Da kommt das zarte Jesuskind
Vnd zeiget dir die krippen sein.	und zeigt dir seine Krippe.[34]
Frew dich, daz dv deiner begirde brot	28. Freu dich, dass das Brot der Wünsche
Hast gedvnket in di not	du getaucht hast in die Not
Vnd in di savren piterkeit	und in die herbe Bitterkeit,
Di Jesvs von der marter leit.	die Jesus in der Marter litt.
Di heiligen zeit der marter sein	Seine heil'ge Leidenszeit
Beging dv mit travren der sele dein.	begingst du mit Trauer in der Seele.
Got mitleiden in rehter trewe,	In wahrer Treue mit Gott leiden,
Daz waz deinem herzen newe.	das war jedes Mal Erfrischung für dein Herz.[35]
Frev dich, Clara, lavter vnd rein,	29. Freu dich Klara, rein und lauter,
Dv sezd in deiner cell allein,	du saßest in deiner Zell' allein,
In vnsers herren offenn wvnden	in unsres Herren offnen Wunden
Hest du dir ein herberg fvnden.	hast eine Herberg' du gefunden.
Der leipleich sin entweich von dir,	Dort wich das körperliche Sinnen,
In got beslozzen waz dein begir.	hast in Gott verschlossen dein Begehren.
Do winstv sicher ane vorht,	Hier wohnst du sicher, ohne Furcht,
Di himelisch gnad hat daz gewohrt.	des Himmels Gnade hat's gewirkt.[36]
Frev dich, daz dv all sichtagen	30. Freu dich, dass du jede Krankheit
Wol kondest mit dem kreucz	mit dem Kreuz vertreiben konntest.

---

[34] LebKl 29.

[35] LebKl 30-31. Das in die Bitterkeit getauchte Brot ist vielleicht eine Anspielung auf die Paschafeier, bei der Brot mit Bitterkräutern gegessen wurde (Ex 12,8; Num 9,11). In der lat. Version verweist der Essig (*acetum*) auf die Passion Jesu (Mt 27,48 par.).

[36] LebKl 31; vgl. 1 C 71,4: Franziskus „wohnte in den Wunden des Erlösers".

veriagen.

Dv gesegenst di sichen, daz waz	Du segnetest die Kranken, wie du warst
dein sit,	gewohnt, [37]
Vnd machest si gesvnt da mit.	und machtest sie gesund damit.
Nv mach vns an der sel gesvnd,	Nun mache an der Seele du auch uns
	gesund,
Daz wir volgen ze aller stvnt	damit wir folgen immerdar
Deinem tvgentleichen leben	deinem tugendreichen Leben
Vnd alzeit zv dem himel streben.	und allzeit zum Himmel streben.

Frev dich, daz dein minne zv got	31. Freu dich, dass die Gottesliebe
Waz als stark reht sam der tot.	in dir so stark war wie der Tod. [38]
Dv begerst ze leiden todes pein	Du wolltest leiden Todespein
Dvrch di minne des herren dein.	aus Liebe zu dem Herren dein.
Aber do kein mensch niht	Da nicht von Menschen kam die Marter,
gemartert dich,	
Da macht dich gotes wille so sich,	machte Gottes Wille dich so krank,
Daz dv mit leiden dinest lon	dass mit deinem Leiden du verdientest
	Lohn,
Mit grozzer gedvlt ein schonev	mit viel Geduld ein' schöne Kron'. [39]
kron.	

Frev dich, ein stein vil wol gevirt,	32. Freu dich, als ein wohl behauener Stein,
Mit sichtvm behawen vnd gezirt,	durch Krankheit so geformt und auch
	verziert
Der gelegt ist an des himels mavr;	bist an die Himmelsmauer du gelegt;
Daz ist dir dik worden savr.	das wurde dir sehr bitter.
In deiner ersten gesvndheit	Vorher, als du noch warst gesund,
Mit v̂bung waz dein lon bereit,	hast du durch Übung deinen Lohn errungen,
In dem sichtvm ist volpracht	in der Krankheit wurde dann vollendet
Di tvgent dar zv dein got gedaht.	die Tugend und dein betrachtendes Gebet. [40]

---

[37] LebKl 32,1-2.

[38] Vgl. Hld 8,6.

[39] Vielleicht Anspielung auf Klaras Sehnsucht nach dem Martyrium: ProKl VI 6; VII 2; XII 6; KlB 6; HaD 12; KaR 5; SaKl 19.

[40] Vgl. 2 Kor 12,9; LebKl 39,1-3; mit „Übung" ist die Askese, mit dem „betrachtenden Gebet" ihre „Mystik" (mhd. *got gedaht*) gemeint.

Freẑ dich, do dv geladen vẑrde
Zv got von des leibes pẑrde.
Da seh dv an deines endes zil
Jesvm deines herzen spil.
Sein mvter dir erpot di er,
Daz si praht ein grozzes her
Von himelischen meiden,
Do dv schȏlst verscheiden.

Freẑ dich, dv vil seligev Clar,
Maria, di gotes sun gebar,
Gar minnenkleich dich umbeving,
Do dir dein sel schir avz ging.
Di jvngfrawn, die mit ir kamen,
Einen himelischen mantel namen,
Der waz so schȏn, so liht, so clar,
Da mit bedekten si dich gar.

Freẑ dich, Clara, lihter schein,
Do nv verschid di sele dein,
Got selber dein geleite waz
Ze himeleich di rehte straz.
Erparm dich, sẑzzev, ẑber vns,
Gedenk der mẑterleichen gvnst.
Vnd fẑr si, dein arm weisen,
Di hi noch sint in manigen
    freisen.

Frev dich, Clara, treib hin dan
Alles, az vns geschaden kan.
Pis vns ein leiter, an der wir
    schon
Gen hin avf zv gotes tron.

33. Freu dich, die geladen wurde
von des Leibes Bürde hin zu Gott.
Da sieh nun an dein Ende und dein Ziel,
Jesus, deines Herzens Freund.
Seine Mutter hat die Ehre dir erwiesen,
und schickte dir ein großes Heer
von himmlischen Jungfrauen,
als du hinscheiden solltest.[41]

34. Freu dich, du ganz selige Klara,
Maria, die den Gottessohn gebar,
umfing dich voller Liebe,
als rein die Seele dich verließ.
Die Jungfrauen, die da mit ihr kamen,[42]
nahmen einen Himmelsmantel,
der war so schön, so licht und klar.
Damit bedeckten sie dich ganz und gar.[43]

35. Freu dich, Klara, heller Schein,
denn als verschied die Seele dein,
Gott selbst gab dir Geleit
geradewegs zum Himmelreich.[44]
Erbarme unser dich, o Süße,
gedenke deiner mütterlichen Gunst
und geleite deine armen Waisen,
die noch in mancher Drangsal sind.

36. Freu dich, Klara, vertreibe dann
alles, was uns schaden kann.
Sei eine Leiter uns, auf der wir ungefährdet

aufwärts steigen, hin zu Gottes Thron.

---

[41] LebKl 46,9-12.
[42] Mhd. *komen* sowohl bei Seton als auch in der Nürnberger Hs.
[43] LebKl 46,13-15.
[44] LebKl 46,1-7.

Daz wir dir reht nach volgen,	Oh, dass wir dir auf rechte Weise folgen,
Daz vns der leim nit mv̆g besol-	dass uns nicht der Lehm beschmutze,
gen,	
Daz ist vnser brŏder leip;	das ist unser Bruder Leib.[45]
Des hilf vns, Clara, leit vertreip.	Dazu hilf uns, Klara, und vertreib' das Böse!
Frev dich, daz dir erpoten ist	37. Freu dich, dass dir erwiesen wurde
Di ere, der dv wirdig pist,	die Ehre, die dir angemessen ist:
Daz der pabst wolt selb da sein,	Dass selbst der Papst zugegen wollte sein,
Do begraben wart der leichnam	als dein Leichnam ward begraben.
dein.	
Di kardinal komen avch dar	Auch die Kardinäle kamen her
Vnd anders volkes ein großev	und eine große Menschenschar.
schar.	
Di erten dich als pillich waz,	Sie ehrten dich, wie's billig war,
Ir manges ward von weinen naz.	und es vergoss gar mancher reichlich Tränen.[46]
Frev̆ dich, Clara, do dv nv werd	38. Freu dich, Klara, als du warst
Gescheiden hin von diser erd	aus dieser Welt geschieden
Vnd kvmen in daz himelreich,	und kamst in das Himmelreich,
Do dv dich frewest ev̆wikleich,	wo du dich auf ewig freust,
Da schin dv in dem iamertal	da erschienst du in dem Jammertal
Mit grozzen zeichen v̆beral,	mit großen Zeichen überall,
Di dvrch dich worht di gŏtleich	die Gottes Kraft um deinetwillen wirkte.
kraft;	
Si sint bewert vnd warhaft.	Sie sind geprüft und wahr.[47]
Frev dich, mit der gotes maht	39. Freu dich, dass mit Gottes Macht
Hastv daz gesiht wider praht	du die Sehkraft hast zurückgebracht
Der avgen, die da waren plint,	den Augen, die erblindet waren,
Daz si gesehen<d> worden sint.	so dass sie wieder sehend wurden.[48]
Nv hilf vns, daz wir mv̆zzen	Nun hilf uns, dass wir einmal dürfen
schawen	schauen

---

[45] So nennt Franziskus den Leib: 2 C 126,3; 129,1; 211,13.
[46] LebKl 47-48.
[47] LebKl 49.
[48] LebKl 53.

In der himelische awen
Mit den erwelten gotes glanz
Vnd tragen avf der eren kranz.

auf den himmlischen Auen
mit den Erwählten Gottes Glanz
und tragen dort den Ehrenkranz.

Frev̂ dich, miltev trrosterinne,
Den vnsinnigen geb dv sinne:

40. Freu dich, milde Trösterin,
den Geisteskranken gabst du den Verstand
  zurück,

Di krvmmen halzen vnd di lamen
Vvrden gesunt in deinem namen,
Di posen geist hast dv vertriben,
Daz si niht pei den menschen
  beliben.
Solhev zeichen hast dv getan,
Des haben enpfvnden kint, fravn
  vnd man.

die Gekrümmten und die Lahmen
wurden gesund in deinem Namen.
Die bösen Geister hast vertrieben,
dass sie nicht bei den Menschen blieben.

Solche Wunder hast du getan,
das erlebten Kinder, Frauen und Männer.[49]

Frev dich, di wolfe mvsten flihen
Vnd mohten niman hin gezihen,
Swenne nevr dein wirdiger nam
Ward von den levten gerv̂ft an,
Vnd so sis heten gezvket hin,
Si legtens senftikleich von in
Vnd flvhen si vil palde
Hin wider gen dem walde.

41. Freu dich, die Wölfe mussten fliehen
und konnten niemand überfallen,
wenn nur dein würdiger Name
von den Leuten angerufen wurde.
Wenn sie die Beute fortgezogen hatten,
legten sie mit Vorsicht diese wieder ab
und flohen dann sogleich
zurück in Richtung Wald.[50]

Frev dich, daz dv di drv̂s der kelen,
Dar an di levt ofte quelen,
Hast mit himelischer erznei
Geheilt vnd machst di menschen
  frei.
Disev gesvndheit laz vns vinden
Vnd volprings an deinen kinten,
Daz dv vns lôst von aller beswer,
Di an sel, an leib vns schedleich
  wer.

42. Freu dich, denn die Schilddrüse
die oft anschwillt bei den Leuten,
hast du geheilt mit himmlischer Arznei
und machst die Menschen davon frei.[51]

Diese Gesundheit lass uns finden
und wirke sie an deinen Kindern,
dass du uns löst von der Beschwer,
die an Seel' und Leib uns schädlich wär'.

---

[49] Vgl. LebKl 50-58.
[50] LebKl 60-61.
[51] LebKl 59; wahrscheinlich Kropf (lat. *tumor gutturis*).

Frev dich, daz dv hast vil toten	43. Freu dich, dass du vielen Toten
Mit gotes hilf des lebens beroten,	das Leben hast zurückgegeben,
Di dv lebendig hast gemachet	die du lebendig hast gemacht
Vnd von dem tode sint erwachet.	und die vom Tode sind erwacht.[52]
An vnserr sel ivngster vart	Auf der Seele letzter Fahrt
So pis vns, mvter, gegenwart	so bleib uns, Mutter, nahe
Mit mvterleicher trewe	in mütterlicher Treue
Vnd erwirb vns warev rewe.	und erwirb uns wahre Reue.
Frev dich, Clara, daz dv di pist,	44. Freu dich, Klara, dass du so lieb
Di lip ist gewesen dem suzzen	dem süßen Christ gewesen ist.
Crist.	
Des hat er dich besvnder geert	Er hat darum besonders dich geehrt
Vnd hat dein frevd zehimel ge-	und dir die Himmelsfreud' vermehrt.
mert.	
Er hat dich gesellet zv der mvter	Er hat dich seiner Mutter beigesellt.
sein,	
Wan dv werd ir nachvolgerein	Denn du bist ihr nachgefolgt
Mit deinem reinen kevschen	mit deinem reinen, keuschen Leben:
leben:	
Darumb ist dir der lon gegeben.	dafür wurde dir der Lohn gegeben.[53]
Frev dich, reinev magt, sand Clar,	45. Freu dich, reine Jungfrau, heil'ge Klara,
Daz di engelischen schar	dass die Engelsscharen
Dir haben ein stat pei in bereit	dir bei ihnen eine Statt bereitet haben
Vmb dein grozzev reinikeit.	für dein wahrhaft reines Leben.
Dv werd ir swester an der tvgent	Warst an Tugend ihre Schwester,
In dem alter vnd in der ivgent,	im Alter wie schon in der Jugend,
Wan dv englisch hast gelebt,	denn du hast engelhaft gelebt,
Darumb dein sel nv pei in swebt.	weshalb nun deine Seel' bei ihnen schwebt.
Frev dich, daz dv werd so tvgent-	46. Freu dich, die du warst so tugendhaft,
haft,	
Daz dv verdinst di geselleschaft	dass die Gesellschaft du verdienst
der patria\<r\>chen, di da waren	der Patriarchen, die da waren

---

[52] KlB 20; HaD 11,8; SaKl 50,6.

[53] Vgl. MahnKl 6; zur Nachfolge Mariens siehe FrKl 13.

Gotes frevnt vor mangen iaren,	Freunde Gottes schon vor langen Jahren,
Zv dem got redet seinev wort.	an die Gott seine Worte richtete.
Sam tet er dir dein liber hort:	Dasselbe tat auch dir dein göttlicher Geliebter:
Von mvnd zemvnd ret got mit dir	Von Mund zu Mund sprach Gott mit dir[54]
Nach veterleicher weise vnd gir.	voll Zuneigung wie ein Vater.
Frev̂ dich, daz dich enpfangen hat	47. Freu dich, dass dich aufgenommen hat
Der heiligen proffeten gemeiner rat	der Propheten heilige Versammlung,
Mit preiten armen minencleich	zu ihnen, in das Himmelreich
Zv in ein daz himmelreich.	mit offenen Armen, voller Liebe.
Den tet got seinev tavgen kvnt.	Gott tat ihnen seinen Ratschluss kund,
Sam tet er dir zemanger stvnt,	dasselbe hat er oft auch dir getan,
Daz er dir praht ze avgen	so dass er dich schauen ließ,
Di heimeleich seiner tavgen.	was sein geheimer Ratschluss war.
Frev dich, hochgelobtev Clar,	48. Freu dich, hochgelobte Klara,
Daz dich di erleich wirdig schar	dass die erleuchtete und würdige Schar
Der zwelfpoten hat enpfangen,	der zwölf Apostel dich hat empfangen,
Den dv mit tvgenden pist nach gegangen,	denen du an Tugenden bist nachgefolgt.
Ir leben hi an dir erschein,	Ihr Leben hat sich hier durch dich gezeigt,
Wan deinev werk, di waren rein	denn deine Werke waren ohne Sünde
Vnd deinev zeichen vvnderleich,	und deine Wunder unerklärlich,
Dar an so pist in geleich.	darin bist du ihnen gleich.
Frev dich, der marterer genoz,	49. Freu dich, der Märtyrer Gefährtin,
Mit den so ist dein lon gar groz,	wie sie empfingst du großen Lohn,
Wan dv marterst deinen leip	denn gemartert hast du deinen Leib
Mit kestigvng in diser zeit.	mit Kasteiung während deines Lebens.
Dv hast in gepeinigt vil,	Du hast ihn oft gepeinigt,
Ane zal vnd ane zil	unzählige Male, ohne aufzuhören,
Mit dem swert der strenkeit,	mit dem Schwert der Strenge.
Des lebst dv nv an alles leit.	Drum lebst du ohne Leiden jetzt.

---

54) Vgl. Num 12,8.

Frev dich, daz dv an alle beswer
Der lerer vnd der peihtiger
Wirdigkeit besitzest nv.
Dein leben lert hi spat vnd frv.
Dv pist auch der iunkfravn genoz,
Mit den so rvestv in der schoz
Deins liben gemahel Jesv Crist,
Der ewikleich dein frevde ist.

Frev̊ dich, Clara, daz alles dein
    leben
Also ist gezirt vil eben
Mit aller heiligen heilikeit,
Des ist dein lon groz vnd preit.
Darvmb frev̊stv dich immer mer
Mit in in der gotes er,
Di schawestv gar offenbar
Mit aller himelischen schar.

Frev̊ dich, Clara, lavte vnd rein,
Ein newͦes gestirn gar gemein.
Nach sand Laurencen des dritten
    tages schein
Kvndet vns die hohzeit dein.
Mache vns newͦ vnd lavter alle,
Daz vnser leben got gevalle,
Daz er vns geb ein seliges end
Vnd vnser not zefrevden wend.

Frev̊ dich, lihter metten stern,
Zv dir si flih wir allezeit gern.
Preit avf dein mv̊terleichev schoz,
Enphah vns in dein trewe groz.
Pis vnser trost, dv mvter zart,
In angsten, di vns ist gegenwart,

50. Freu dich, dass du ohne Last
der Lehrer und Beichtväter
Würde nun besitzt.
Dein Leben unterweist sie früh und spät.[55]
Du bist Gefährtin auch der Jungfrau'n,
mit ihnen ruhst du in dem Schoß
deines Bräut'gams Jesus Christ,
der auf immer deine Freude ist.

51. Freu dich, dass dein ganzes Leben

gleichmäßig ist geschmückt
mit der Heiligkeit der Heiligen alle,
dafür ist dein Lohn so groß und breit.
Darum freust du dich mit ihnen
immerdar in Gottes Ehre.
Die schaust du unverhüllt
zusammen mit der Himmelsschar.

52. Freu dich, Klara, rein und lauter,
du bist für alle wie ein neuer Stern.
Die dritte Morgenröte nach Sankt Lorenz

kündet uns den Festtag dein.
Mach uns neu und lauter alle,
dass unser Leben Gott gefalle,
dass er uns geb' ein selig's Ende
und unsre Not in Freude wende.

53. Freu dich, heller Morgenstern,
sieh, wir fliehen zu dir allzeit gern.
Nimm uns in deinen mütterlichen Schoß,
empfange uns in deiner großen Treue.
Sei unser Trost, du Mutter zart!
Wenn wir in Angst sind, ob es heute

---

[55] In Anlehnung an BulKl 14,60: „Ihr Leben war anderen Belehrung und Lehre", findet sich das Thema Klara als Lehrerin auch in HaD 10,2 u. KaR 5,8.

Oder ob si kvnftig sei,	oder auch in Zukunft sei,
So geste vns mit trewen pei.	stehe uns bei in deiner Treue.
Frev dich, miltev schenkerein,	54. Freu dich, die du ausschenkst unbegrenzt
Schenk vns avch den svzzen wein,	an uns den süßen Wein der Gnade,
Den du zehimel nev̂zzest,	den du genießt im Himmel:
Mit frevden v̂ber flevzzest.	Du fließt von Freuden über.
Daz wir vns nach disem ellende	Nach dem Leben in der Erdenfremde
Freẘen immer mer an ende,	mögen freuen wir uns ohne Ende,
Daz wir got nizzen vnd vinden	mögen Gott wir finden und genießen,[56]
Mit seinen erwelten kinden. Amen.	mit seinen auserwählten Kindern. Amen.

---

[56] Der augustinische Begriff des Genießens (lat. *frui, fruitio*) der göttlichen Dinge findet sich auch bei Franziskus: Vat 4.

KATHARINA HOFMANN

Die sieben Freuden der heiligen Klara [7FrKl]

Eingeleitet und übersetzt von Johannes Schneider OFM

Unter dem Titel „Die sieben Freuden der heiligen Klara" veröffentlichte Kurt Ruh ein Gebet zu Klara um ihre Fürbitte, das in seiner älteren Fassung (I) dem Schriftenbündel des Nürnberger St. Klara-Buches zuzurechnen ist. Es wurde wie das Klara-Buch (KlB) selbst und das Reimgedicht „Freu dich, Klara" (FrKl) von Schwester Katharina Hofmann um die Mitte des 14. Jahrhunderts geschrieben und wohl auch verfasst. Es fasst Ereignisse des Klara-Lebens unter dem Aspekt von sieben Freuden zusammen, die mit der franziskanischen Tradition der „Freuden Mariens" zusammenhängen.[1] Jedenfalls wird die hl. Klara durch gewisse Anklänge an die marianische Antiphon Salve Regina und durch den trinitarischen Bezug, der an die Marienantiphon aus dem Passionsoffizium des hl. Franziskus erinnert, als Abbild (vgl. LebKl Einl. 5,14: vestigium) und „Nachfolgerin der Muttergottes" verehrt.

Quelle: K. RUH, *Franziskanisches Schrifttum im deutschen Mittelalter*, Bd. II: Texte, München 1985, 336-344 (Fassung I).

---

[1] Nach der *Legenda Versificata* des Heinrich von Avranches habe Franziskus den Brüdern nahegelegt, besonders die Freuden Mariens zu erwägen, „damit Christus ihnen einmal die ewigen Freuden verleihen möge": Kap. VII 9-15, in: AF X, 405-521, hier 449; vgl. K. ESSER, *Die Marienfrömmigkeit des hl. Franziskus von Assisi*, in: WiWei 17 (1954) 176-190, hier 189 Anm. 88: „Diese Stelle ist wohl das älteste Zeugnis für die Verehrung der ‚Freuden Mariens' im Minderbrüderorden und legt nahe, deren Ursprung auf Franziskus selbst zurückzuführen." Die Legende der Entstehung des „Rosenkranzes von den *sieben* Freuden Mariens" ist jedoch erst um 1422 greifbar: L. WADDING, *Annales Minorum*, ad. an. 1422, Nr. 8; vgl. B. BARBAN, *La corona dei sette Gaudi*, in: *La Madonna nella Spiritualità francescana* [Quaderni di spiritualità francescana, Bd. 5], Assisi 1963, 124-133; G. EGGER, *Mit Maria die Freuden betrachten. Meditationen zum Franziskaner-Rosenkranz*, Freiburg (CH) 1999.

Dies ist ein schönes Gebet zu unserer lieben Mutter, der heiligen Klara

< Eingangsgebet >

1. [1]O du allergetreueste Mutter, heilige Klara! Ich allerärmste Sünderin flehe dich jetzt mutig an mit der ganzen Sehnsucht meines Herzens, mit reiner Absicht meines Wollens und mit einem festen Vertrauen. [2]Ich empfehle dir all meine Not und lege sie in deinen mütterlichen Schoß.

[3]Nun bitte ich dich, du milde und du gütige Mutter, heilige Klara, dass du mir deine barmherzigen Augen zuwendest,[2] um meine Tränen und meine Traurigkeit anzusehen! [4]Neige die Ohren deiner Güte mir zu, um den flehentlichen Ruf meines Gebetes zu hören! [5]Biete mir dar das Herz deines mütterlichen Mitleids, um dich der Angst meines Herzens zu erbarmen! [6]Tu mir auf den Schoß deiner Sanftmut, um mich darin aufzunehmen und allezeit vor allen Bedrängnissen zu bergen.

[7]O du allerwürdigste Tochter des höchsten himmlischen Vaters, Braut unseres Herrn Jesus Christus, Wohnung des Heiligen Geistes, Bild der Heiligen Dreifaltigkeit, Nachfolgerin der Muttergottes, Anführerin aller Frauen.[3] [8]Du bist meine Mutter und Frau, die ich eine arme Sünderin bin, du bist meine Zuflucht, mein Trost und meine Wiederaufrichtung in meiner Verzagtheit!

< Die erste Freude >

2. [1]Ich bitte dich, dass du durch all den Trost, mit dem dich dein Bräutigam Jesus Christus je getröstet hat, mich tröstest in all meinen Nöten und aller Trübsal. [2]Ich bitte dich um der sieben besonderen Freuden willen, mit denen dich die göttliche Milde getröstet hat:

[3]Durch die erste Freude, die du hattest, als du die Welt verschmähtest und den heiligen Orden anfingst, als du siegtest über deine nächsten Verwandten, die dich von dem Lauf, den du begonnen hattest, zurückziehen wollten: [4]Hilf mir, dass ich dir in gleicher Weise nachfolge und

---

[2]   Erinnert an die marianische Antiphon *Salve Regina*: „wende deine barmherzigen Augen uns zu".

[3]   Die marianischen Attribute aus MarAnt etwas verändert auf Klara angewandt; vgl. KlReg 6,3 (= FormKl); als „Nachbild der Mutter Gottes" und „neue Führerin der Frauen" in LebKl Einl. 5,14.

dass ich der unreinen Welt widersage, hilf mir zu einem guten Vorsatz und dass ich alle Hindernisse auf dem Weg unseres Herrn überwinde.

< Die zweite Freude >

3. [1]Ich bitte dich um deiner zweiten Freude willen, die du hattest, als Gott dein Gebet für deine liebe Schwester Agnes erhörte, dass sie sich mit dir dem himmlischen Gemahl anschließe: [2]Hilf mir, dass unser Herr mich durch dein Gebet erhöre für alle meine lieben Freunde, seien sie lebendig oder tot, dass er uns alle ihm selber zuführe, damit wir auf ewig nimmer von ihm geschieden werden.

< Die dritte Freude >

4. [1]Ich bitte dich um der dritten Freude willen, die du hattest durch das freundschaftliche Gespräch, das der Sohn Gottes mit dir hatte, als er dir versicherte, er wolle dich vor der Feindseligkeit der Heiden beschützen. [2]Ebenso hat er dir verheißen, dass er alle deine Töchter, die entschieden in deinem Orden ausharren wollten, in das ewige Leben aufnehmen wolle:[4] [3]Du mögest diesen unseren Herrn Jesus Christus allezeit für mich anrufen, dass er mich vor aller Anfechtung der Untugend beschütze und mich zur Zeit meines Hinscheidens in die Wohnung des himmlischen Vaterlandes aufnehme.

< Die vierte Freude >

5. [1]Ich bitte dich um der vierten Freude willen, die du hattest, als das allerliebste Jesus-Kindlein dich durch die Erscheinung mit seiner Krippe tröstete: [2]Du mögest ihn mit deinem heiligen Gebet auch mir zuneigen, auf dass er sich aus meiner Seele eine ihm angenehme Krippe mache.[5]

< Die fünfte Freude >

6. [1]Ich bitte dich um der fünften Freude willen, die du hattest in der Nacht des Gründonnerstags, als du einst in Gott versenkt wurdest und kein äußeres Ding mehr wahrgenommen hast: [2]Hilf mir, dass mir durch

---

[4] Mhd. *willikleiche*; vgl. KlB 5,4.
[5] Zur Seele als Wohnung Gottes im Menschen: 3 Agn 22; vgl. die spätere 2. Fassung des Gebets: „das er gaistlich ynn meiner sel geboren werd".

dein Gebet die Wunden Christi aufgetan werden, dass sie mir Zuflucht seien im Zustand meines Elends, Trost in der Zeit meiner Trübsal und die Aufnahme meiner Seele im Augenblick meines Verscheidens.[6]

< Die sechste Freude >

7. [1]Ich bitte dich, allerliebste Mutter, heilige Klara, flehentlich um der sechsten Freude willen, die du hattest zur Zeit deines Todes durch die freudvolle Gegenwart und das Angesicht des himmlischen Königs, [2]und auch durch die süße Umarmung, welche dir die zarte Mutter Gottes schenkte, und durch die Ankunft der himmlischen Jungfrauen: [3]Du mögest mir mit deinem Gebet helfen, dass der ewige Sohn Gottes mit seiner allergütigsten Mutter Maria mir gnädig erscheine an meinem Ende, [4]dass ich also die Gegenwart meines Gottes sehe und der Güte seiner Mutter inne werde, dass ich auch deine mütterliche Milde erfahre und so mit euch zur Klarheit des himmlischen Reiches geführt werde.

< Die siebte Freude >

8. [1]Ich bitte dich, meine allergütigste Mutter, heilige Klara, und meine herzliebste Frau, um deiner siebten Freude willen: [2]du hast dich am Ende auf das Himmelreich gefreut und bist dem unbefleckten Lämmlein nachgefolgt, das da einhergeht mit den heiligen Jungfrauen.[7] [3]Deren Zahl hast du gemehrt, indem du in deinem Orden viele Töchter geboren hast durch das Vorbild deines allerlautersten Lebens. [4]Jetzt kannst du ohne Unterlass das göttliche Antlitz genießen. [5]Hilf mir, dass deine große Ehre, mit der dich der himmlische König in aller Würde erhöht hat, dass[8] diese Ehre nicht deine Erinnerung an mich vertreibe, deine arme Dienerin, die da klägliche Seufzer zu dir sendet.

---

[6] Vom Gebet Klaras zu den fünf Wunden Jesu berichten: LebKl 30,7; ProKl X 10,43; Sr. Battista ALFANI, *Vita et Leggenda della seraphica Vergine Sancta Chiara,* a cura di G. M. BOCCALI, Cannara 2004, Nr. XXIV 3; XLI 2; vgl. Z. LAZZERI, *L'Orazione delle cinque piaghe recitata da S. Chiara,* in: AFH 16 (1923) 246-249.

[7] Vgl. Klara an Agnes: „du mögest mit den übrigen heiligen Jungfrauen ... dem Lamm folgen, wohin es geht" (4 Agn 2).

[8] Nach einer anderen Hs.: „dass du durch diese Ehre mich bewahrest vor der List des bösen Geistes, und bewahre mich, dein unwürdiges Kind und deine Dienerin".

< Schlussgebet >

9. [1]Nun, siehe, ich falle nieder vor dir, nun siehe, ich empfehle mich dir in allen meinen Nöten! [2]Ich bekenne Gott und seiner lieben Mutter und dir, dass ich gesündigt habe. [3]Ich bin nicht würdig, dass ich deine Tochter heißen darf, da doch meine Sünden unzählig sind.

[4]Erlange Vergebung[9] mir, die ich bereue! Erlange Gnade mir, die ich flehe! Erlange sie mir und hilf mir, die ich dich anrufe! [5]Erlange mir Trost, die ich betrübt bin, und reiche deiner Tochter die Hand deiner mütterlichen Güte in aller Angst und in der Zeit meines Todes! [6]Hilf mir, dass ich hier in diesem Leben den Fußspuren deiner Heiligkeit so nachfolge, dass ich von Rechts wegen deine Tochter heißen darf. [7]Hilf mir auch, dass ich in der Zeit meines Todes würdig mit dem Sakrament des heiligen Leibes unseres Herrn Jesus Christus und seines heiligen Blutes sowie mit der Salbung des heiligen Öles versehen werde [8]und dass ich nach diesem Elend[10] mich ewiglich freue in der Gemeinschaft deines Volkes mit allen Heiligen. Amen.

---

[9] Mhd. *antlazze*; eine Variante: *erwirbe mir ablas und ein rewiges hertz*; vielleicht war mit diesem Gebet ein Ablass verbunden.

[10] Vgl. wieder die Antiphon *Salve Regina*: „und nach diesem Elend zeige uns Jesus".

Aus dem Klara-Traktat
„Der herr aller ding" [HaD]

Eingeleitet von Johannes Schneider OFM,
übersetzt von Bruno Klammer OFM und Johannes Schneider OFM

Eine „schöne Predigt"

Der volle Titel des Klara-Traktates lautet mit einem Wort aus Weish 8,3-4:
Omnium dominus dilexit illam – *„Der Herr aller Dinge hat sie lieb gehabt,*
denn sie ist Lehrerin der Zucht Gottes und Erwählerin seiner Werke." Dieser
Schriftvers als Titel gibt zu verstehen, dass es im Folgenden um die Ausfaltung
eines Schriftwortes geht, also um eine schöni bredig, *wie man das lateinische*
sermo *wiederzugeben pflegte. Dabei kann es sich allein schon aufgrund der*
Länge nicht um eine Predigt im herkömmlichen Sinne handeln, sondern um
eine Art kleinen Lese-Predigt-Zyklus, der sowohl zur Vorlesung bei Tisch als
auch für die private Lektüre konzipiert ist. Deshalb passt auch die Bezeichnung
„Traktat", wenn man darunter nicht eine scholastische Abhandlung versteht. In
der heutigen geistlichen Literatur würde man wahrscheinlich von „Medita-
tionen" oder „Betrachtungen" zum Klara-Leben sprechen.

Von der literarischen Überlieferung her gehört der Traktat Der herr aller
ding *zum Anhang jenes mittelhochdeutschen Schriftenbündels, das sich selbst*
als Sand Claren bvch *bezeichnet.[1] Während das St. Klara-Buch alle verfüg-*
baren Quellen über Klaras Leben sammelt und ins Mittelhochdeutsche über-
setzt, greift der Traktat das vorbildliche Leben Klaras als exemplar aller
geistlichkeit vnd hailigkeit [2] *noch einmal in Form einer lehrhaften biblischen*
Betrachtung auf. Mit dem St. Klara-Buch teilt es das bis auf eine Ausnahme
(HaD 6; KlB 8) nur nördlich der Alpen überlieferte Sondergut. Es verwebt
dieses aber wie andere Elemente ihrer Vita unter dem Leitfaden des Titels mit
markanten Worten der Heiligen Schrift, besonders des Evangeliums.

Franziskanisch-Klarianische Minne-Mystik

Franziskanisch ist der Traktat nicht nur, weil er wahrscheinlich von einem
Franziskaner verfasst ist und es um die „erste franziskanische Frau" geht,
sondern weil darin alles auf das exemplarische Vorbild rückbezogen ist, das es

---

[1] H. WEILER, *St. Clara-Vita. Textkritische Edition und Wortschatzuntersuchung*, Innsbruck 1972 (Diss. masch.).

[2] J. B. KLAMMER, *Untersuchung und textkritische Edition des mhd. Klaratraktates 'Der herr aller ding der hat sie lip gehabt'*, Innsbruck 1969 (Diss. masch.), 30.

nachzuahmen gilt. Schon „rein vom Sprachlichen her sind Leben und Wirken Klaras ständig angeglichen an das Leben und Wirken Christi: alles spielt in biblischer Analogie und Terminologie."[3] Wie es Franziskus in seinem Testament beschreibt, steht am Anfang die unverdiente, geschenkhafte Gnade: „So hat der Herr mir, dem Bruder Franziskus, gegeben *[...]." Aus dieser Gabe der Gnade des Herrn aber erwächst unmittelbar die Auf-Gabe des Menschen in seinem Tun: „[...] damit ich beginne, Buße zu* tun" *(Test 1). Nach diesem doppelten, göttlich-menschlichen Prinzip von Gnaden-Gabe und Buße-Tun baut sich der Klara-Traktat auf.*

Bei aller Betonung der asketischen Anstrengung Klaras in der Nachahmung der Tugenden Christi, ja seines ganzen Lebens, sind dennoch ständig Primat und Überhang der Gnade als bedingungsloses Geliebtsein durch Gott hindurchzuspüren: Daz erst ist daz sie lib wart gehabt von vnserm herrn – „das erste ist, dass sie von unserem Herrn geliebt wurde."[4] Erst daraus hervorquellend erwächst ihre Christusnachfolge, die sich als Gegen-Liebe zur Minne des Bräutigams erweist. Gleichzeitig ist dieses angestrengte Tun des Menschen nicht nur Gebot und Pflicht, sondern die Möglichkeit, sich reale „Verdienste" und angemessenen „Lohn" zu erwerben, aber im Lohn und Entgelt innerhalb der Kriterien der freien, erwählenden Liebe Gottes, der den Menschen befähigt und ermächtigt, gleichsam „partnerschaftlich" (bräutlich) und ebenbürtig an seinem eigenen Heil und an der Rettung der Welt mitzuwirken. Dies zeigen immer wieder die Wunder, die nach dem Typos der Wunder Jesu im Alltag der Mühen und Anstrengungen Klaras geschenkhaft hindurchbrechen. Urbild dieser den Menschen in seinem eigenen Wirken aktivierenden Begnadung ist Maria, die sich selbst durch ihr ganzes Ja, das in ihrer Christus-Mutterschaft verkörpert wird, als Ganze einbringt und aktiv wird.

Franziskanisch-Klarianische Mystik ist Minne-Mystik, die aber nicht passiv „von einem mystischen ‚Seelenfunken' ihren Ausgang (nimmt), sondern [...] in asketischer Bußtätigkeit" errungen werden muss.[5] Der ganze Mensch wird vom Feuer der Liebe Gottes ergriffen, um dadurch im Feuer mitmenschlicher Liebe zu entbrennen, wie der Bericht von den Feuerstrahlen über Franz und Klara andeutet (HaD 10). In der bibeltheologischen Deutung des „Sterbe-Dialogs" Klaras (HaD 9) mit ihrer Seele „wird sogar der Transitus Klaras zum Minnetransitus umgeprägt. Die Todesstunde wird zum Brautschaftserlebnis."[6]

---

[3] KLAMMER, *Der herr aller ding* (s. Anm. 2), 38.
[4] KLAMMER, *Der herr aller ding* (s. Anm. 2), 30.
[5] KLAMMER, *Der herr aller ding* (s. Anm. 2), 41.
[6] KLAMMER, *Der herr aller ding* (s. Anm. 2), 41.

Eine lateinische Vorlage aus Italien?

Der Text des Traktates entspricht inhaltlich und machmal auch dem Wortlaut nach dem St. Klara-Buch, so dass vermutet wurde, ob nicht beide denselben Verfasser haben.[7] Allerdings wurde ein älterer lateinischer Text gefunden, der die Vorlage des mittelhochdeutschen Textes sein könnte. Er findet sich in einer theologisch-aszetischen Sammelhandschrift franziskanischen Ursprungs aus Landshut, die als 2° Cod. ms. 136 an der Universitätsbibliothek München aufbewahrt wird.[8] Während der 1. und 3. Teil der Handschrift deutscher Herkunft sind, lassen Schrift, Tinte und einige Schreibungen des mittleren Teiles seine Entstehung um die Mitte des 14. Jahrhunderts in Italien vermuten. Innerhalb eines Abschnittes über Heilige und Feste (Sermones de Sanctis et de Festis) folgt nach Predigten über Maria Magdalena und das Altarsakrament auf den Blättern 121rb-122ra eine Predigt über das Thema: Omnium dominus dilexit eam (Weish 8,3). Aus der schwer leserlichen Handschrift lässt sich dennoch erkennen, dass der Inhalt – wenn auch in wesentlich knapperer Form – dem mittelhochdeutschen Traktat Der herr aller ding entspricht. Da die Handschrift fast alle Elemente des Sondergutes enthält, welches der Traktat auch mit dem St. Klara-Buch teilt (HaD 6-8; 11-12; KlB 3; 5-6; 8; 10-11; 20), stellt sie ein Zeugnis für eine lateinische Vorlage desselben dar, deren Spuren in das Ursprungsland Italien führen. Einige auffällige Abweichungen des Traktates (z. B. HaD 6,2; 11,4) stellen allerdings die Handschrift als unmittelbare Vorlage wieder in Frage.

Aus der Feder eines Nürnberger Franziskaners

Die kunstvolle Ausfaltung der Lebensdaten der Heiligen unter dem Aspekt der Gottesliebe „verrät einen geübten Prediger und erfahrenen Seelsorger" und entspricht in Stil und Aufbau bester franziskanischer Tradition. „Irgendein unbedeutender Mann, der ad hoc dieses meisterhafte Stück deutscher Prosa geschaffen hat, kann der Autor nicht sein."[9] Es liegt nahe, in ihm einen Beichtvater der Klarissen in Nürnberg zu vermuten, dem auch das Amt der Predigt und geistlichen Unterweisung der Schwestern zukam. So wird für das Jahr 1394 ein Beichtvater namens Johannes von Landsberg bezeugt. Wenn dieser identisch ist mit dem im Jahre 1372 urkundlich bezeugten Lektor P. Johannes, dann könnte er als möglicher Autor des Traktates in Betracht kommen, obwohl jeder

---

[7] K. RUH, Das 'St. Klara-Buch', in: WiWei 46 (1983) 192-206, hier 200f.

[8] N. DANIEL / G. KORNRUMPF / G. SCHOTT, Die lateinischen mittelalterlichen Handschriften der Universitätsbibliothek München: Die Handschriften aus der Folioreihe, Hälfte 1, Wiesbaden 1974, 231-237. Die Lesung der Hs. verdanke ich einer vorläufigen Transkription durch P. Giovanni Boccali OFM.

[9] RUH, Das St. Klara-Buch (s. Anm. 7), 201.

sonstige Nachweis literarischer Tätigkeit fehlt.[10] Zeitlich und formal käme auch der berühmte Franziskanerprediger Marquard von Lindau († 1392) in Frage, der in Straßburg und Würzburg Lektor war und als Provinzial der Oberdeutschen Provinz am Fest Mariä Himmelfahrt 1390 in Nürnberg ein großes Kapitel hielt.[11] Allerdings sind von ihm keine Schriften über Klara bekannt. Der Autor des Traktates dürfte ein Nürnberger Franziskaner sein, der jedenfalls mit den Schriften Marquards von Lindau vertraut war.[12]

Im Folgenden werden zwölf Abschnitte in neuhochdeutscher Übertragung vorgestellt, die zum Großteil das Sondergut des St. Klara-Buches und der diesem verwandten Schriften beinhalten und nach den Zielsetzungen des Traktates bibeltheologisch deuten.

Quelle: J. B. KLAMMER, *Untersuchung und textkritische Edition des mhd. Klaratraktates 'Der herr aller ding der hat sie lip gehabt'*, Innsbruck 1969 (Diss. masch.); vgl. K. RUH, *Franziskanisches Schrifttum im deutschen Mittelalter*, Bd. 1, München 1965, 57-65.

Studien: K. RUH, *Das 'St. Klara-Buch'*, in: WiWei 46 (1983) 192-206; K. RUH, *Klara von Assisi*, in: VerfLex², Bd. IV, Berlin / New York ²1983, Sp. 1172-1184; R. MEYER, *Junckfraw – Muter – Helferin. Das Bild der hl. Klara im „St. Klara-Buch" und seine Rezeption im 15. Jahrhundert*, in: CFr 62 (1992) 507-532.

---

[10] N. GLASSBERGER, *Chronik des Observantenordens*, AF II, 205, nennt zum Jahr 1372 einen *frater Ioannes lector* im Haus der Brüder in Nürnberg.

[11] GLASSBERGER, *Chronik*, AF II, 220.

[12] RUH, *Das St. Klara-Buch* (s. Anm. 7), 202.

1. Klaras Mutter betet in Geburtsnöten vor einem Kreuzbild

Während das St. Klara-Buch mit der Legende (LebKl 2,3) einfach von einem „Kreuz in der Kirche" spricht, handelt es sich hier um ein „Kreuzbild" (pild dez creucze).[13] Auch nach Sr. Battista Alfani und Marianus von Florenz betet Klaras Mutter Hortulana vor einem „Bild des Gekreuzigten".[14] Dieses wird bei Konrad von Bondorf mit dem Kreuzbild von San Damiano gleichgesetzt (KonB 8; vgl. Gef 13,7). Der Traktat sieht in der Verheißung Klaras als „Licht" das Zeichen einer besonderen Erwählung und persönlichen Liebe Gottes zu ihr.[15]

[1]Als diese Frau nun schwanger wurde und mit der heiligen Sankt Klara gesegnet[16] ward, da suchte sie eine Kirche auf, um vor einem Bild des Gekreuzigten inniglich zu beten, dass sie von der Sorge um ihre Geburt erlöst werden möge. [2]Da erwies ihr der Herr selbst das erste Zeichen seiner Liebe, indem er überaus liebreich von seiner geliebten Freundin[17] redete. [3]Auch wollte er nicht warten, bis sie geboren ward; aus echter und tiefer Liebe nämlich wollte er nicht länger auf ihre Liebe verzichten. [4]Und obwohl sie noch im Schoße ihrer Mutter wohnte, weissagte er bereits ihrer Mutter: [5]„Frau, du sollst nicht erschrecken, denn du wirst ohne Schaden ein Licht gebären, das die Welt hell erleuchten wird." [ProKl III 28; VI 12; LebKl 2,2-4]

2. Der Auftrag, der vom Kreuzbild aus an Klara erging

Die Ankündigung der Geburt Klaras durch das Kreuzbild mündet mit einem aus ihrem 3. Brief an Agnes entlehnten Wort in den Auftrag, „aufheberin der fallenden Glieder des Leibes Christi" (vgl. 3 Agn 8) und „Sammlerin" (zusammerin) der durch Christi Blut erworbenen Seelen zu sein (vgl. 2 C 11,12; LM II

---

[13] Auch Codex ms. 136 liest: *coram ymanginem crucifixi* – vor einem Bild des Gekreuzigten.

[14] Sr. Battista ALFANI, *Vita et Leggenda della seraphica Vergine Sancta Chiara*, a cura di G. M. BOCCALI, Cannara 2004, Kap. I, 4: *inmagine del Crocefixo*; MARIANO da Firenze, *Libro delle degnità et excellentie del Ordine della seraphica Madre delle Povere Donne santa Chiara da Assisi*, a cura di G. M. BOCCALI, Santa Maria degli Angeli 1986, Nr. 17 u. 220.

[15] Text: KLAMMER, *Der herr aller ding* (s. Anm. 2), 83.

[16] Mhd. *beswert*, beschwert (vgl. ProKl III 28,91; VI 12,34: *gravida*; LebKl 2,3: *praegnans*) oder bedrängt, d. h. in Geburtsnöten; *besweren* heißt auch (be-)schwören, von daher vielleicht die Bedeutung „gesegneten Leibes".

[17] Mhd. *liphaberin*, Liebhaberin; darin kommt der Titel wieder durch: *hat si lip gehabt*.

1,5). Damit wird der Auftrag des Herrn, der vom Kreuzbild an Franziskus erging, sein Haus wiederaufzubauen, auf Klara übertragen (2 C 10,4) und die beiden Kreuzbilder in eins geschaut (vgl. zu HaD 1,1).[18]

[1]Das Dritte, das ihre Ankündigung auszeichnet, ist, dass sie von einem Bild des ehrwürdigen Kreuzes verkündet worden ist:[19] [2]durch das Bild unserer Erlösung, unserer Wiedereinsetzung in die Gnade und unserer Wiederaufrichtung von unserem Falle. [3]Von diesem Bild ist sie geweissagt worden, da auch sie die fallenden Glieder des Leibes Christi aufzurichten bestimmt war,[20] und die durch das Blut Christi erlösten Seelen aus der ganzen Welt zusammengeführt und ihrem himmlischen Bräutigam zugeführt hat. [4]Und noch heute in diesen Tagen grünt und blüht die Welt durch sie in den zarten Blumen und keuschen Lilien, die sie im Garten der heiligen Christenheit gesetzt hat.

3. Klara schon im Mutterleib von der Erbsünde gereinigt

Klara selbst scheint ihre Heiligung vor der Geburt anzudeuten, wenn sie bei ihrem Sterben zu ihrer Seele spricht: „Der dich erschaffen hat, hat dich zuerst geheiligt, und nachdem er dich erschaffen hat, hat er dir den Heiligen Geist gesandt" (ProKl III 20,72; vgl. XI 3,15). Eine Heiligung und Erwählung im Mutterschoß erfahren in der Bibel Jeremia (Jer 1,5), Johannes der Täufer (Lk 1,15) und Paulus (Gal 1,15), der die Berufung zur Heiligkeit „schon vor Grundlegung der Welt" universal ausdehnt (Röm 8,29; Eph 1,3-4). Schon bei der Empfängnis von aller Erbschuld gereinigt ist nach kirchlicher Lehre nur Maria, als deren Nachbild (vgl. LebKl Prol 14) Klara hier gezeichnet wird.[21]

[1]Dass aber unser Herr an seiner geliebten Braut Sankt Klara großes Wohlgefallen hatte, das wird uns dadurch offenbart, dass er sie ein Licht nannte, indem er sprach: „Du gebierst ein Licht." [2]Was ist klarer und lichter als das Licht? Was ist köstlicher als das Licht? Kein Ding ist schön, wenn es nicht in der Gegenwart des Lichtes steht. [3]Und was ist

---

[18] Text: KLAMMER, *Der herr aller ding* (s. Anm. 2), 85; Die Briefe an Agnes befinden sich in mehreren Hss. des Klara-Buches: W. SETON, *Some new Sources for the life of blessed Agnes of Bohemia*, Aberdeen 1915, 151-164, 158.

[19] Anspielung auf Mariä Verkündigung, da es unmittelbar vorher heißt, Christus wollte vom Engel verkündet werden: KLAMMER, *Der herr aller ding* (s. Anm. 2), 84.

[20] Mhd. *aufheberin der vallenden gelider von dem leib iesu cristi*; Cod. ms. 136: *sublevatrix menbrorum de corpore Christi (?) cadentium*; vgl. 3 Agn 8.

[21] Text: KLAMMER, *Der herr aller ding* (s. Anm. 2), 85f.

das Licht? Das ist Gott selber, denn er ist das ewige Licht, das da Himmel und Erde erleuchtet. [4]So spricht er selber durch den hoch fliegenden Adler Johannes im achten Kapitel: *Ich bin das Licht der Welt* (Joh 8,12). [5]Und weil unser Herr auch sie ein Licht nennt, so hat er sie mit diesem Wort sich selbst und seinen Jüngern gleich gestellt. [6]Denn er selber sprach zu ihnen, wie uns der Evangelist Matthäus im fünften Kapitel schreibt: *Ihr seid das Licht der Welt* (Mt 5,8). [7]Dadurch dass die Stimme unseres Herrn Jesus Christus selbst zu dieser Frau sprach, wird uns aufgezeigt, dass das hell strahlende Licht, die heilige Sankt Klara, bereits im Mutterleib durch das Gnadenwirken des Heiligen Geistes von aller Erbschuld geheiligt und gereinigt worden ist. [8]Andernfalls hätte sie schwerlich zu Recht ein Licht genannt werden können.

4. Licht auf dem Antlitz Klaras

Das leuchtende Antlitz Klaras, wenn sie vom Gebet kam, wird biblisch eingeordnet in die Erfahrung des Mose, dessen Gesicht „Licht ausstrahlte, weil er mit dem Herrn geredet hatte" (Ex 34,29). Das Lichtphänomen ist in der Mystik keine Seltenheit, weil das Gebet den ganzen Menschen umfasst und so durch Teilhabe an der Verklärung Jesu, dessen Antlitz „wie die Sonne leuchtete" (Mt 17,2), „der ganze Körper von Licht erfüllt wird" (Lk 11,36).[22)]

[1]Wir lesen über den heiligen Propheten Mose im zehnten Kapitel des Buches Exodus, dass sein Antlitz durch die Erfahrung[23)] der Rede Gottes leuchtend wurde (Ex 34,29). [2]Aber über die beschauliche[24)], reine und heilige Klara lesen wir: [3]Wenn sie sich von ihrem andächtigen Gebet erhob und sie zu ihren Schwestern ging, da schien ihr in Andacht versunkenes Antlitz für gewöhnlich heller zu leuchten. [4]Dann redete sie überaus süße Worte zu ihnen, so dass sie sich über die Süßigkeit[25)] wunderten, die aus ihrem Mund hervorging. [5]Und durch die Worte, die sie mit ihnen *sprach*, begannen *die Herzen* der Schwestern leidenschaftlich

---

[22)] Text: KLAMMER, *Der herr aller ding* (s. Anm. 2), 90.

[23)] Mhd. *ebengenossung*, Genuss, viell. abgeleitet von lat. *consortio* in Ex 34,29 (Vg.): Teilhabe, Gemeinschaft.

[24)] Mhd. *contemplirerin*. Auch der Ausdruck *contemplare / contemplatio* fehlt in der Klara-Legende, findet sich hingegen häufig in Klaras Briefen: 2 Agn 20; 3,13; 4,11.18.23.28.33.

[25)] Mhd. *sussikeit*, das lat. *dulcedo* wiedergebend (LebKl 20,3; vgl. ProKl IV 4,11: *dolceçça*), ist ein Grundwort der Minne-Mystik.

zu *brennen* (Lk 24,32). [6]Nun sag doch, was meinst du, welche Klarheit, welche Süßigkeit und welche Inbrunst sie in ihrer Seele hatte, dass sie so aus ihr hervorbrach und auch äußerlich an ihr erschien. [ProKl IV 4; VI 3; LebKl 20,2-4]

5. Dreifacher Friede in Klara

Im Unterschied zu den Franziskus-Quellen kommt das Thema des Friedens in jenen zu Klara kaum vor. So spricht die Klara-Legende nie von „Frieden", sie übernimmt nicht einmal das „Geh sicher in Frieden" aus dem Sterbegebet Klaras (ProKl III 20,72; XI 3,15). Nur im negativen Sinn heißt es einmal, dass die Verwandten vorgaben, „friedlich" zu kommen, um dann ihre Schwester Agnes mit Gewalt wegzuholen (LebKl 25,3). Allein die Heiligsprechungsbulle nennt Klara mit Anspielung auf Eph 4,3 „Band des Friedens" (nexus pacis: BulKl 14,63). Klara selbst jedoch mahnt zur „Einheit der Liebe und des Friedens" (KlReg 4,22) und übernimmt von Franziskus den aaronitischen Friedenswunsch aus dem Segen für Br. Leo (KlSeg 4; vgl. Ermen 1: Num 6,24-26). Der Traktat, dem es nicht so sehr um eine wörtliche Wiedergabe der historischen Quellen geht, sondern um die biblisch-spirituelle Deutung derselben, sieht die Verheißung des Friedens Jesu (Joh 14,27) in Klara als Frucht ihrer Gottesschau und Nächstenliebe erfüllt.[26]

[1]Jetzt spreche ich davon, dass der Herr eine Botschaft des Friedens in sie gelegt und durch sie verkündet hat. [2]Und zwar den nämlichen Frieden, den er seinen Jüngern versprochen hat: Meinen *Frieden hinterlasse ich euch. Meinen Frieden gebe ich euch* (Joh 14,27). [3]Es sind dreierlei Arten des Friedens, die wir in uns haben sollen. [4]Die erste Form des Friedens ist jener Friede, der uns aus der Betrachtung[27] unseres Herrn zukommt. [5]Die zweite Art des Friedens ist jene aus der Liebe, die wir zu unserem Nächsten haben sollen. [6]Die dritte Gestalt des Friedens ist jene des reinen Gewissens (vgl. 1 Tim 1,5), das unseren inneren Menschen erfüllt. [7]Diesen dreifachen Frieden hat unser Herr der heiligen Jungfrau Sankt Klara versprochen, so wie es uns in in ihrem Lebensbericht verlässlich aufgezeichnet worden ist.[28]

---

[26] Text: KLAMMER, *Der herr aller ding* (s. Anm. 2), 90.

[27] Mhd. *daz contemplirn*, d.h. die Kontemplation.

[28] KLAMMER, *Der herr aller ding* (s. Anm. 2), 90 Anm. 19: „Die Angabe nimmt auf keine konkrete Stelle in der Legenda Bezug, sondern muss wohl als freie Interpre-

6. Früchte für eine kranke Schwester

Außer in der lateinischen Vorlage des Traktates und im Klarabuch wird dieses Speisenwunder auch in der gleichaltrigen lateinischen Handschrift Ms 442 der Stadtbibliothek von Assisi als Bericht einer gewissen Schwester Balvina, die „von der hl. Klara selbst in den Orden aufgenommen wurde und mit ihr zugleich im Kloster war", überliefert.[29] Die Begebenheit soll den „Frieden" zeigen, den Klara durch ihre barmherzige Liebe vor allem den kranken Schwestern gegenüber und durch ihr mitfühlendes Gebet für sie in sich trug.[30]

[1]Es geschah aber einmal, dass die demütige Dienerin, die heilige Klara, sich um eine Dienstschwester[31] kümmerte, die in ihrem Kloster krank war. [2]Diese kranke Frau gelüstete nach zwei besonderen Früchten,[32] von denen sie sagte, sie befänden sich im Tal des Topino und zu Nocera, die aber weder im Kloster noch in der Stadt zu bekommen waren. [3]Allein die getreue Dienerin, die heilige Klara, war von Mitleid für die Kranke erfüllt, so wie es ihre Gewohnheit war.[33] [4]Da ruft sie in ihrem Gebet zu unserem Herrn, er möchte das Begehren jener kranken Frau erfüllen. [5]Kaum war Klara von ihrem Gebet aufgestanden, und obwohl kein Mensch in der Nähe war, läutete an der Pforte der allerschönste Jüngling und brachte die zweierlei Sorten von Früchten aus [dem Tal des] Topino und von Nocera. [6]Und er sandte sie durch die Pförtnerin der heiligen Klara. Woher der Jüngling gekommen war und wohin er hernach wieder verschwand, dessen wurde niemand gewahr. [7]An diesem Wunder mag uns wohl klar werden, wie groß die Kraft ihres mitfühlenden Gebetes gewesen ist. [KlB 8; SaKl 26]

---

tation der Haltung Klaras in der Legenda gedacht werden."

[29] B. BUGHETTI, *Miraculum S. Clarae adhuc viventis, in eius Legenda praetermissum,* in: AFH 5 (1912) 383f.

[30] Text: KLAMMER, *Der herr aller ding* (s. Anm. 2), 92; vgl. die Münchener Hs. Clm 23846, in: G. M. BOCCALI, *Santa Chiara d'Assisi sotto processo,* S. Maria degli Angeli 2002, 320ff.

[31] Mhd. *serviczialen;* Cod. ms. 136: *serviciali;* der Ausdruck *serviziale* findet sich schon in ProKl II 3,12 (III 9,24; VI 2,9; X 6,16) und bezeichnet eine zum Außendienst bestellte Schwester. Klara selbst vermeidet diesen Begriff und spricht von „Schwestern, die außerhalb des Klosters dienen": KlReg 2,21; 3,10; 5,1; 9,11.

[32] Wie Clm 23846 (BOCCALI, *Chiara sotto processo* (s. Anm. 30), 322) liest Cod. ms. 136 italienisierend *trutas et focacias* u. erklärt: *id est duo genera pissium* – „das sind zwei Arten von Fischen". HaD 6,2 u. KlB 8,2 sprechen aber – viell. *tructus* als *fructus* lesend – von *zweyerlei frucht,* was den genannten Codex als unmittelbare Vorlage fraglich macht. Gemeint sind Forellen des Topino-Flusses u. Kuchen aus Nocera: BUGHETTI, *Miraculum* (s. Anm. 29), 384.

[33] Vgl. ProKl I 12,35; II 16,54; III 7,19; VI 2,8

7. Klara durfte schon in diesem Leben Gott schauen

Die Seligpreisung Jesu, dass Menschen reinen Herzens „Gott sehen werden" (Mt 5,8), erfüllt sich für Klara schon in ihrem irdischen Leben durch Visionen und mystische Erfahrungen, die ihr geschenkt werden. Das Kind auf dem Schoß Klaras während einer Predigt und die leuchtenden Flügel über ihr werden nur im Heiligsprechungsprozess und von der deutschen Tradition überliefert, die Weihnachtsvision und die Ereignisse bei ihrem Sterben finden sich auch in der Legende (LebKl 29; 46).[34]

[1]Weil die selige Klara von Kindheit auf rein war und sich zu allen Zeiten vor Sünden gehütet hat, darum hat sie verdient, nach ihrem sehnlichsten Wunsch schon hier in diesem Leben Gott zu sehen.[35] [2]So spielt einmal unser Herr mit ihr während der Predigt in der Gestalt eines Kindes, und er nimmt Platz auf ihrem Schoße. [3]Ein anderes Mal wurde sie bedeckt mit zwei Fittichen, und diese leuchteten wie die Sonne. [4]Und am Hochfest der heiligen Geburt Jesu Christi sah sie das Kindlein in der Krippe liegen. [5]Schließlich wurde zur Zeit ihres Hinscheidens im Tod ihre Seele zum Himmelreich geleitet. [6]Denn gewiss können nur die Augen eines reinen Herzens Gott sehen, wie uns der heilige Evangelist Matthäus schreibt: *Selig, die reinen Herzens sind, denn sie werden Gott sehen* (Mt 5,8). [2-3: ProKl IX 4; KlB 10-11; FrKl 25; KaR 6,1-5; SaKl 32]

8. Trostworte aus dem Ziborium

Im Anschluss an die Nennung von Gottesbegegnungen, die Klara aufgrund ihres reinen Herzens erfahren durfte, wird als Beispiel jene tröstende Stimme angeführt, die aus dem Altar-Sakrament zu Klara gesprochen hat, als sie davor um Schutz vor den eindringenden Soldaten Kaiser Friedrichs II. gebetet hatte. Wie im St. Klara-Buch ist es auch hier die Stimme eines funfierigen kindleins, dessen tröstliche Verheißung allen Schwestern gilt, die freiwillig in ihrem Orden ausharren. Biblisch wird dieses Gespräch mit freundschaftlichem Dialog Gottes mit den Patriarchen und Propheten begründet. Aber weil Inkarnation und Eucharistie eine vollkommenere Gegenwart Gottes bedeuten, redet in dem Maß auch der menschgewordene und eucharistische Herr mit Klara „wirklicher" (gegenwertiklicher) als mit den Alten. Indem diese Worte nicht nur

---

[34] Text: KLAMMER, *Der herr aller ding* (s. Anm. 2), 93f.

[35] Die wörtl. Übersetzung des lat. *videbunt* aus Mt 5,8 mit „sehen" verweist in die Früh-Mystik, während später „schauen" verwendet wird (Eckhart, Tauler).

innerlich, sondern auch leiblich vernehmbar gesprochen wurden, konnten es die anderen Schwestern hören, wie in Prozess und Legende bezeugt wird.[36)]

[1]In den obengesagten Worten wird uns dargelegt, wie freundschaftlich unser Herr in seiner geliebten Braut Sankt Klara von seinem Frieden geredet hat. [2]Dies geschah nicht allein geistlich, sondern auch leiblich, so dass man hören konnte, wie er von Angesicht zu Angesicht mit ihr redete, wie es ein Freund mit dem anderen tut. [3]So hat unser Herr mit ihr geredet, wie er einst mit unsern Altvätern und den heiligen Propheten geredet hat, mit Abraham, Mose, David und Samuel. [4]Aber in dem Maße, wie er jetzt durch seine heilige Menschheit, die er angenommen hat, und durch das Sakrament seines heiligen Leibes vollkommener bei uns ist, in dem Maße hat er mit dieser heiligen Jungfrau noch viel unmittelbarer geredet. [5]So lesen wir im Bericht ihres heiligen Lebens, dass zur Zeit Kaiser Friedrichs die Heiden zur Stadt Assisi kamen und in das Kloster der heiligen Sankt Klara einfielen. [6]Ihre Töchter weinten und bebten vor Furcht. [7]Aber die gütige Mutter fiel mit ihren frommen Tränen vor dem Sakrament des heiligen Leibes unseres Herrn nieder und betete zu ihm für ihre Schwestern und für die ganze Stadt. [8]Da antwortete ihr unser Herr aus dem Sakrament seines heiligen Leibes in der Stimme eines fünfjährigen Kindes mit den Worten: [9]„Tochter, sei ohne Furcht. Ich lasse dich nicht im Stich. [10]Habe ich dich doch zu allen Zeiten beschirmt und werde dich weiter beschirmen als meine geliebte Braut. [11]Und alle deine Schwestern, die freiwillig in deinem Orden ausharren werden, will ich mit dir zum ewigen Leben geleiten. Und ich werde euch immer beschützen." [12]Da bat sie unseren Herrn, er möge nicht nur ihre Schwestern behüten, sondern auch die Stadt beschirmen. Dies versprach ihr unser Herr durch seine feste Zusicherung. [LebKl 22; ProKl IX 2; KlB 5; KaR 3; SaKl 12]

9. Klara wird bei ihrem Sterben das Himmelreich gezeigt

Besonders im Sterben erfährt Klara die unmittelbare und liebende Gegenwart des Herrn, von der sie in ihren letzten Worten Zeugnis gibt. Diese werden im Folgenden mit Bildern der Brautmystik aus dem Hohenlied betrachtet und paraphrasiert.[37)]

[36)] Text: KLAMMER, *Der herr aller ding* (s. Anm. 2), 94f.
[37)] Text: KLAMMER, *Der herr aller ding* (s. Anm. 2), 101f.

[1]Schon als sie noch auf Erden lebte, da zeigte ihr unser Herr die Herrlichkeit seines himmlischen Reiches. [2]Er wollte nicht so lange warten, bis sie aus dem Leib geschieden wäre, sondern noch während ihres Sterbens zeigen, dass er ihr ehrenvoller[38] Gefährte sei. [3]Er wollte sich ihr auch als ein himmlischer König voller Ehre und Würde erweisen. [4]Diesen schaute sie mit lauterem Angesicht, während sie zu einer ihrer Schwestern sprach: „Tochter, siehst du nicht den König der Ehren, den ich da sehe?" [5]Nun wollte er sich ihr auch erzeigen, als ob er ihr liebender Gemahl wäre. [6]Darum redete sie so sicher mit ihrer lauteren Seele und sprach: „Geh hin in Sicherheit, denn du hast ein gutes Weggeleit." [7]Damit wollte sie gleichsam sagen: „Der König des Himmels und der Erde, den du jetzt anschaust mit lauterem Angesicht, will dich als seine Geliebte in seinen wonnevollen Weingarten hineinleiten. [8]Er will dich hineinleiten in sein himmlisches Vaterland als dein liebender Gemahl. [9]Er will dich hingeleiten zu seinem himmlischen Brautbett als seine auserwählte Braut und zarte Verlobte." – [10]„Geh hin," sprach sie, „denn der dich geschaffen hat, der hat dich geheiligt, und er hat dich behütet zu allen Zeiten und hat dich lieb gehabt mit zarter Liebe wie eine Mutter ihr Kind." [11]So als ob sie sagen wollte: „Geh hin zu dem, der dich geschaffen und als ein Licht in diese Welt gesandt hat (vgl. Jes 42,6; Mt 5,14), *um allen zu leuchten, die da sitzen im Schatten dieser finsteren Welt* (Lk 1,79). [12]Er hat dich geheiligt mit der überaus großen Heiligkeit eines vollkommenen Lebens, das du vierzig Jahre lang in vollkommenster Armut und allergrößter Übung deines Leibes geführt hast. [13]Zu allen Zeiten hat er dich behütet vor Sünden und vor jedem Übel der Seele und des Leibes. [14]Und er hat dir das ewige Leben zugesichert. [15]Er hat dich mit so zarter Liebe geliebt, dass er jetzt selber dein Geleit sein will aus diesem Elend in das ewige Leben." [16]Und aus diesem Grunde konnte sie es auch wagen, die Worte zu sprechen: „Gelobt seist du, Herr, dass du mich geschaffen hast!" [17]So als ob sie damit sagen wollte: „Du hast mich dazu geschaffen, dass ich dir deinen Garten bepflanze mit vielen keuschen Lilien und mannigfaltigen Blumen. [18]Das sind die unzähligen Seelen, die ich dir in dein Himmelreich geboren habe aus allen Ländern dieser Welt." [19]Ebenso wird uns dargelegt, wie sie [uns] den Besitz des himmlischen Vaterlandes wieder gebracht hat. [20]Denn der himmlische König wollte sich ihr nicht allein zeigen, sondern brachte seine allerheiligste Mutter mit sich herein, samt einer großen Schar himmlischer Jungfrauen, die sichtbar um sie herum standen und bei ihr waren. [21]Und

---

[38]   Im mhd. Tugendkatalog ist *ehrsam* ein Synonym für keusch.

da wurde sie von der allerliebsten Jungfrau Maria ganz wonnesam umarmt, die sich mit ihrer süßen Umarmung überaus liebevoll über sie neigte. [22]Die anderen himmlischen Jungfrauen aber bedeckten sie und zierten ihr Bett mit einem wunderbaren, schönen Mantel und dienten ihr alle im liebevollen Wetteifer. [23]Und auch *die Nacht*, die ins Klosters eingezogen war, wurde verwandelt *zum lichten Tag* (vgl. Ps 139,12) durch die hell leuchtende Krone der lautersten[39] und allerreinsten unter allen Jungfrauen, der Jungfrau Maria. [vgl. ProKl III 20-22; XI 3-4; XIV 7; LebKl 46]

10. Klara und Franziskus in Portiunkula

In der Betrachtung über die Verheißung der Geburt Klaras, sie werde ein Licht sein, wird ein weiteres Lichtphänomen angeführt, das noch aus der Zeit ihres „weltlichen Lebens" stammte. Die „feurigen Strahlen", die als „göttliches Licht" auf Franziskus und Klara niederfallen, sind nur Zeichen des Lichtes der Heiligkeit, wodurch Klara mit der Predigt ihres Lebens als „überaus nützliche Lehrerin" viele Menschen zum Licht Gottes selbst führt. Die Begegnung Klaras mit Franziskus im Wald bei Portiunkula, „bevor sie in den Orden eintrat und als sie noch in der Welt war", ist trotz mancher Ähnlichkeit nicht mit jener in den Fioretti überlieferten identisch (Fior 15). Sie wird in dieser Form nur im deutschen Sprachraum überliefert, fehlt aber im Codex ms. 136, der möglichen Vorlage des Traktates.[40]

[1]Wenn ein guter Lehrer mit seiner Predigt hundert oder tausend Menschen zu unserem Herrn bekehrte, dann wäre er wohl großen Lobes würdig. [2]Doch diese überaus nützliche Lehrerin[41] hat nicht nur hundert oder tausend Menschen zu Gott bekehrt, sie hat unzählig viel Volk unserem Herrn zugeführt und führt es ihm noch zu bis zum Jüngsten Tag. [3]Und deshalb ist sie wohl zu Recht von unserem Herrn ein Licht genannt worden. [4]Denn unzählig viele Jungfrauen sind aus der Finsternis der Sünden in das Licht ihres Ordens geflohen. [5]Das Licht leuchtet nämlich nicht allein den Guten, es leuchtet auch allgemein allen Men-

---

[39] Mhd. *clersten*, wie mit dem lat. *clara* auch hier Anspielung auf den Namen Klara, in der sich das klare Licht Marias widerspiegelt.

[40] Text: KLAMMER, *Der herr aller ding* (s. Anm. 2), 114; lateinisch auch in der Münchener Hs. Clm 23846 (BOCCALI, *Chiara sotto processo* [s. Anm. 30], 316).

[41] In Anlehnung an BulKl 14,60: „Ihr Leben war anderen Belehrung und Lehre", findet sich das Thema Klara als Lehrerin auch in FrKl 50 u. KaR 5,8.

schen. [6]Bevor sie in den Orden eintrat und als sie noch in der Welt war, da weilte sie einst bei Sankt Franziskus in dem Walde bei der Kirche Unserer Lieben Frau, die Portiunkula heißt. [7]Und als sie dort mit ihm über ihr Seelenheil sprach, da sah man, dass feurige Strahlen aus dem Himmel auf sie beide herabfielen, während sie beieinander standen. [8]Aber auf Grund des göttlichen Lichtes durfte niemand so vermessen sein, sich ihnen zu nahen. [9]Also war diese Jungfrau Sankt Klara nicht nur ihren Töchtern ein Licht, sondern hat durch ihre Heiligkeit auch öffentlich allen Menschen geleuchtet, die gegen sie Verehrung hegten. [KlB 2; FrKl 9; KaR 1; SaKl 4]

11. Die Bitte um Brot und Fische

Die Wunder, die durch Klara geschehen sind, werden als Frucht ihrer Nachahmung Christi gesehen und biblisch mit dem Wort Jesu begründet: „Wer an mich glaubt, wird die Werke, die ich vollbringe, auch vollbringen" (Joh 14,12). Unter diesen Zeichen finden sich die Fastnachtspeisung und die Erweckung von zwanzig Toten, wie sie in den übrigen deutschen Quellen überliefert werden.[42)]

[1]Nun wollen wir in Kürze schildern, auf welche Weise sie erwählt hat, die Wunderwerke und Zeichen unseres Herrn Jesus Christus nachzuahmen. [2]Denn in ihrem Leben und nach ihrem Tod hat sie viele Zeichen gewirkt. [3]Sie hat das Brot vermehrt, wie oben beschrieben ist. [4]Ein anderes Mal, am Sonntag vor der Fasnacht,[43)] speiste sie einen ganzen Konvent mit einem Laib weißen Brotes und mit zwei Fischen, die ihr vom Himmel gesandt wurden. [5]Sie hat auch die Lahmen und Blinden geheilt, die Gehörlosen und Wassersüchtigen und an den Drüsen Erkrankten. [6]Sie hat die Feinde vertrieben und die Kranken mit dem Zeichen des heiligen Kreuzes gesund gemacht. [7]Jenen, die ihre Stimme verloren hatten, brachte sie diese wieder zurück, und allen, die sie anriefen, half sie ihren Wünschen entsprechend. [8]Darüber hinaus hat sie mehr als zwanzig Tote auferweckt. [9]Es hat sich an ihr wohl das Wort erfüllt, das unser Herr gesprochen hat: [10]*Wahrlich, ich sage euch: Wer an mich glaubt und an die Werke, die ich tue, der wird diese Werke*

[42)] Text: KLAMMER, *Der herr aller ding* (s. Anm. 2), 121f.

[43)] Cod. ms. 136 liest wie Clm 23846 (BOCCALI, *Chiara sotto processo* (s. Anm. 30), 318): *in sero carnis privii* – am Abend der Fastnacht, d. h. heißt am Faschingsdienstag.

auch tun und noch größere als diese (Joh 14,12). [11]Dies hat er an der heiligen Jungfrau Sankt Klara vortrefflich erwiesen. [KlB 3; 20; FrKl 15; 43; KaR 7; SaKl 9; 50,6]

12. Klara will nach Marokko

Mit den Worten des St. Klara-Buches (KlB 6) schildert der Traktat die Trauer Klaras über den für sie als Klosterfrau unerfüllbaren Wunsch, wie die Brüder das Martyrium erleiden zu können. Doch war ihre lange Krankheit ihr eigentliches Martyrium, das sie nicht wie andere Märtyrer nur einige Tage, „sondern alle Tage ihres Lebens, nämlich sechzig Jahre lang" (V. 14) erlitten und dafür auch „den Lohn des Martyriums empfangen" hat (V. 9).[44]

[1]Als sie hörte, dass einige Minderbrüder in Marokko das Martyrium erlitten hatten, da entbrannte sie selbst in wunderbarer Begierde, dass auch sie den Siegeskranz des Martyriums erlangen möchte. [2]Als sie aber sah, dass sie ihr Verlangen nicht zu erreichen vermochte, weil es sich für Frauen nicht ziemte und eine unangebrachte Sache war, dorthin zu fahren, und besonders für Klosterfrauen, da weinte sie gar sehr und wurde von maßloser Trauer erfüllt. [3]Sie hatte nämlich von ganzem Herzen begehrt, sich für unseren Herrn, der für uns gemartert worden ist, als ein lebendiges Opfer darzubringen, indem sie die Qualen des Todes erdulden wollte. [4]Gott, der Ewige, aber hat ihren jungfräulichen Leib bereits im Mutterleib durch seine göttliche Gnade von Sünden gereinigt. Er hat sie auch allezeit beschirmt und in ihrer Jungfräulichkeit bewahrt. [5]Dieser starke Gott wollte auch nicht, dass sie von den unreinen Händen ihrer sündigen Peiniger berührt würde. [6]Sie ist darob aber um den Lohn ihres Martyriums nicht beraubt worden. [7]Vielmehr wollte unser Herr, der ihre Geburt vorherverkündet hatte, selbst ihren inbrünstigen Wunsch erfüllen. [8]Denn die Hand des Herrn kam über sie mit schwerer Krankheit, an der sie achtundzwanzig Jahre lang Tag für Tag litt. [9]So sollte Klara nicht nur, als sie noch gesund war, mit den Verdiensten[45] und dem Lohn der guten Werke ausgezeichnet werden, sondern auch dann als Kranke den Lohn des Martyriums empfangen. [10]In all ihrem Leiden bewahrte sie die Tugend der Geduld, so dass in der ganzen Zeit ihrer

---

[44] Text: KLAMMER, *Der herr aller ding* (s. Anm. 2), 122ff.

[45] Mhd. *garenden*, von *garnen*, „verdienen"; vgl. KLAMMER, *Der herr aller ding* (s. Anm. 2), 164 u. 207.

langen Krankheit, an der sie litt, aus ihrem Mund nie ein Murren oder Klagen zu hören war. [11]Vielmehr kamen aus ihrem Mund immerfort erbauliche Rede und Dankbarkeit gegen Gott hervor. [12]Sie ertrug ihr Leiden mit solcher Geduld und mit solch bewusster Annahme, dass sie zur Zeit ihres Todes, als sie von schwerem Leiden und von langer Marter der Krankheit geplagt ward und ein Bruder sie zu Geduld ermahnen wollte, diesem freimütig antwortete: [13]„Geliebter Bruder, nachdem ich die Gnade Jesu Christi an mir am Beispiel seines heiligen Dieners Franziskus erkannt habe, war mir seitdem keine Qual und keine Bußübung zu schwer und keine Krankheit zu hart." [14]So betrachte denn[46] dieses Vorbild der Geduld. Sie hat nicht wie andere Märtyrer zehn oder zwölf Tage an ihrem Martyrium gelitten, sondern alle Tage ihres Lebens, nämlich sechzig Jahre lang. [15]Bereits in ihrer Kindheit hat sie angefangen und ihren Leib gezüchtigt. Mit achtzehn Jahren verließ sie ihr Vaterhaus, ihre Angehörigen und alle irdischen Belange. [16]Und sie gründete den heiligen Orden, in dem sie zweiundvierzig Jahre ein äußerst hartes und vollkommenes Leben gelebt hat, um so *den Fußspuren* Christi *nachzufolgen* (1 Petr 2,21).[47] [ProKl VI 6; VII 2; XII 6; KlB 6; KaR 5; SaKl 19]

---

[46] Zu ergänzen „liebe Leserin", da der Text als Tischlesung und Betrachtungslektüre diente.

[47] Mhd. *an gehaft hat den fuszporen*; aus der mhd. Übersetzung von 2 Agn 7: *eius adhaesisti vestigiis – hast an gehaftet irn fvzsporn*: SETON, *Some new Sources* (s. Anm. 18), 155 (vgl. 159; 162). Klara verwendet *adhaerere*, „anhaften, ankleben, anhangen" als biblischen Ausdruck innigster bräutlicher Verbindung (Gen 2,24; Ps 63,9; Mt 19,5; Eph 5,31; 1 Kor 6,17) dreimal in ihren Briefen (2 Agn 7; 3 Agn 18; 4 Agn 9).

II.

FRÜHNEUHOCHDEUTSCHE ZEUGNISSE

Von sant Klarn [SaKl]

Das Klara-Leben im frühneuhochdeutschen Legendar „Der Heiligen Leben"

Eingeleitet und übersetzt von Volker Stadler OFM

Das volkssprachliche Legendar[1] „Der Heiligen Leben" gilt aufgrund seiner weiten Verbreitung und bedeutsamen Wirkung als ein Zentralwerk der deutschen Literatur des 15. Jahrhunderts. Knapp 200 Handschriften und 40 Druckauflagen bis 1521 unterstreichen die starke Nachfrage nach diesem Werk.[2] Die hohe Auflagenzahl der Inkunabeln und Frühdrucke lassen eine Ausweitung über den deutschen Sprachraum hinaus bis nach Skandinavien und die Niederlande belegen. Als Entstehungsort und -zeit werden das Nürnberger Dominikanerkloster um 1400 angenommen, wobei der Verfasser namentlich unbekannt ist. Neben dem größeren Umfang liegt die Besonderheit des Buches gegenüber seinen Vorgängersammlungen in den zahlreichen Heiligenlegenden des Dominikanerordens sowie in den süddeutschen Lokaltraditionen.[3] Mehrheitlich wurden volkssprachliche Quellen in einem schlichten Stil verarbeitet, der sich für die Tischlesung im Kloster eignete. Mit seinen beiden Bänden, Sommer- und Winterteil, deckte das Legendar das gesamte Kirchenjahr ohne Sonn- und Feiertage mit Heiligenlegenden ab. Der überwiegende Anteil an Handschriften stammt aus der Zeit nach 1440; im Anschluss der ersten Drucklegung 1471/72 setzten sich die Buchdruckausgaben durch.[4]

Die Quellenverhältnisse des Buches „Der Heiligen Leben" erweisen sich als sehr komplex.[5] Sehr wahrscheinlich gilt, dass das „Bamberger Legendar" als ein Erstentwurf zu sehen ist und weitere deutschsprachige Vers- und Prosalegendenbücher der damaligen Zeit hinzugezogen wurden. Dazu wurden lateinische Quellen, besonders die bekannte „Goldene Legende" (Legenda Aurea) *des Dominikaners Jakobus von Voragine, mitverarbeitet. Für den kritisch edierten Text „Von sant Klarn", der als Nr. 84 des Sommerteils gezählt wird, werden*

---

[1] Ein Legendar ist eine Sammlung von Heiligenlegenden.

[2] M. BRAND u. a. (Hg.), *Der Heiligen Leben. Band I. Der Sommerteil*, Tübingen 1996, XIII-XVII.

[3] Zum Beispiel die Vita des im Nürnberger Raum verehrten Sebald.

[4] E. SCHEIBER, *Die erste gedruckte deutsche Legende der hl. Klara*, in: *Icones Clarae. Kunst aus dem Brixner Klarissenkloster*, hg. von L. ANDERGASSEN, Brixen 1999, 87-91, hier 87.

[5] BRAND, *Der Heiligen Leben I* (s. Anm. 2), XXXII-XXXVII.

drei Handschriften als Grundlage angeführt.[6] *Als Vorlage diente mit großer Wahrscheinlichkeit die Vita aus dem „St. Klara-Buch" (KlB), das ein paar Jahrzehnte zuvor für das Nürnberger Klarissenkloster geschrieben und zusammengestellt worden war.*[7] *Wenn auch der Verfasser von SaKl manches von der volkssprachlichen Grundlage reduzierte, übernahm er doch alle wichtigen Begebenheiten aus dem Leben der heiligen Klara, im Besonderen die Wundererzählungen. Dazu gehören auch 14 der 21 Sondergutteile des St. Klara-Buches. Die straffe Erzählweise bringt das Bild der Nothelferin Klara, die über den Kreis des Klosters und ihrer Mitschwestern hinaus allen Menschen tatkräftig zur Seite stand. Der einfache und knappe Stil wurde durch direkte Reden aufgelockert und eignete sich so zum Vorlesen während der Mahlzeiten. Aber auch für heutige Leser gibt diese Kurzbiographie einen ersten Vorgeschmack auf die Person und das Leben der heiligen Klara.*

Quellen: *Von sant Klarn,* in: M. BRAND / K. FREIENHAGEN-BAUMGARDT / R. MEYER / W. WILLIAMS-KRAPP (Hg.), *Der Heiligen Leben. Band I. Der Sommerteil,* Tübingen 1996, 387-397 [krit. Ausgabe, nach der übersetzt wurde]; E. SCHEIBER, *Die erste gedruckte deutsche Legende der hl. Klara,* in: *Icones Clarae. Kunst aus dem Brixner Klarissenkloster,* hg. von L. ANDERGASSEN, Brixen 1999, 87-91.

Studien: W. WILLIAMS-KRAPP, *Die deutschen und niederländischen Legendare des Mittelalters. Studien zu ihrer Überlieferungs-, Text- und Wirkungsgeschichte,* Tübingen 1986; R. MEYER, *Junckfraw – Muter – Helferin. Das Bild der hl. Klara im „St. Klara-Buch" und seine Rezeption im 15. Jahrhundert,* in: CFr (1992) 507-532.

---

[6] BRAND, *Der Heiligen Leben I* (s. Anm. 2), 387-397. Für eine speziellere Beschreibung der Handschriften siehe die Seiten XXXIX-XLIV.

[7] W. WILLIAMS-KRAPP, *Die deutschen und niederländischen Legendare des Mittelalters. Studien zu ihrer Überlieferungs-, Text- und Wirkungsgeschichte,* Tübingen 1986, 274-300.

Von sant Klarn [SaKl]

< Herkunft und Leben im Elternhaus >

1. [1]In der Stadt Assisi wohnte ein reicher edler Ritter, der eine selige, edle Frau mit Namen Hortulana hatte. [2]Diese wurde schwanger mit dem Kind Sankt Klara. [3]Als sie das Kind nun gebären sollte, ging sie in eine Kirche vor ein Kreuz und bat Gott inständig[8], dass er ihr bei ihrer Geburt gnädig helfe. Eine Stimme sprach zu ihr: „Frau, du wirst ein heilsames Licht gebären, das die Welt erleuchten wird." Da war die Frau sehr froh. [4]Als das Kind geboren war, ließ sie es Klara nennen. Denn sie hatte die Hoffnung, sie würde die Welt mit Klarheit erleuchten, wie ihr die Stimme gesagt hatte. [LebKl 1-2; ProKl I 4; III 28; VI 12]

2. [1]Als das Kind heranwuchs, lebte es sehr tugendvoll und verschenkte viel um Gottes willen.[9] [2]Sie tötete sich ab und betete gern. Sie trug Kleider, die außen schön verziert waren, dagegen trug sie direkt am Leib ein raues Hemd. [3]Ihr Herz und ihr Leib waren rein und keusch, und sie war weise und hatte einen heiligen Lebenswandel. [4]Ihre Verwandten wollten sie zur Ehe geben, was sie nicht befolgen wollte. Sie empfahl ihre Keuschheit unserem Herrn. [LebKl 3-4; ProKl XVIII 2; XIX 2]

< Führung zur entschiedenen Christusnachfolge durch den hl. Franziskus >

3. [1]Die liebe Frau Sankt Klara hörte vom heiligen Leben des Sankt Franziskus. Da wünschte sie, ihn zu sehen. [2]Auch Sankt Franziskus hörte von ihrem heiligen Leben. Er begehrte sie zu sehen und mit ihr zu reden. So kam er zu ihr, was Sankt Klara sehr freute.[10] [3]Sankt Franziskus redete sehr liebevoll mit ihr und lehrte sie, dass sie die Welt verschmähen sollte. Er sagte, sie sollte Gott zum Gemahl haben an Stelle eines Mannes. [4]Diese Lehre beherzte sie und kam oft wegen seiner guten Lehre zu ihm. Sie wünschte, allein Gott zu dienen und alle Lust der Welt zu verachten. [LebKl 5-6]

---

[8] Im Originaltext liest man „mit Ernst", was wohl auf ein intensives Gebet schließen lässt.

[9] Wörtl. *gab vil durch got*; im Sinne des lat. *propter*, wegen, um willen.

[10] Diese Treffen geschahen im Beisein von Bona di Guelfuccio und Bruder Filippo (ProKl XVII 3,7-8).

4. [1]Einst war Sankt Klara bei Sankt Franziskus im Wald bei der Kirche Unserer Lieben Frau, die Portiunkula heißt, und redete mit ihm von ihrem Seelenheil. [2]Da sahen die Menschen, die dabei waren, dass feurige Strahlen vom Himmel herab gingen. [3]Niemand redete dazu, weil es so Gottes Wille war.[11] [KlB 2; KaR 1]

5. [1]Sankt Franziskus wies Sankt Klara an, wie sie sich aus der Welt zurückziehen sollte. [2]Das war vor dem Palmsonntag, und er sprach zu ihr: „Du sollst am Palmsonntag in schönen Kleidern zur Palmweihe in die Kirche gehen und sollst an diesem Abend aus der Wohnung deines Vaters gehen und dich so zu Gott bekehren."[12] [3]Sankt Klara war ihm gehorsam und ging gut gekleidet zur Kirche. [4]Als jedermann ging, einen Palmzweig zu holen, stand Sankt Klara scheu und still an ihrem Platz. [5]Das bemerkte der Bischof,[13] ging vom Altar weg und gab ihr den Palmzweig in die Hand. [6]Danach, am Abend, floh sie aus dem Haus ihres Vaters, verließ all ihre Angehörigen und kam zur Kirche Unserer Lieben Frau von Portiunkula. [7]Dort wachten die Brüder andächtig, empfingen die Jungfrau Sankt Klara fröhlich und schnitten ihr das Haar ab. Sie legte sich mit großem Bußgeist vor den Altar Unserer Lieben Frau nieder und vermählte sich unserem Herrn. [8]Danach führte Sankt Franziskus sie zur Kirche Sankt Paul[14] und wies sie an, dort eine Weile zu bleiben. [9]Als das ihre Verwandten erfuhren, wurden diese sehr zornig, gingen zu ihr und sprachen: „Du sollst dich über solch eine Schmach hinweg setzen, denn es ziemt sich nicht für dein edles Geschlecht." [10]Da antwortete Sankt Klara: „Vom Dienst unseres Herrn kann mich in Zukunft niemand mehr abbringen", und zeigte ihnen ihr abgeschnittenes Haar. Sie kümmerte sich nicht mehr um die Rede ihrer Verwandten und richtete ihren Sinn mit ganzer Hoffnung solange auf Gott, bis ihre Verwandten von ihrem Zorn gegen sie abließen. [11]Dann kam sie gemäß dem Rat von Sankt Franziskus zur Damian-Kirche, wo sie auf engstem Raum wohnte. Dort gründete sie eine Gemeinschaft, begann mit vielen Frauen den Orden und lebte dort 42 Jahre. [LebKl 7-10; ProKl XII 4-5]

---

[11] Wörtl. *Doch rett niemant dor zu.* Vielleicht sollte es heißen: „es *rannte* niemand hinzu", ähnlich wie im KlB 2,3: „Gott wollte, dass niemand es wagte und so kühn sei, zu ihnen zu gehen." Vgl. Anm. zu KaR 1,4.

[12] Bekehrung = Eintritt ins Ordensleben; vgl. KlTest 8.

[13] Bischof Guido II. von Assisi (1204-30).

[14] Benediktinerinnenkloster S. Paolo delle Abbadesse bei Bastia, ca. 4 Kilometer westlich von Assisi.

< Ihr Vorbild und ihr Dienst an den Schwestern>

6. [1]Bald verbreitete sich der Ruf ihrer Heiligkeit überall, so dass Herzoginnen und Gräfinnen von ihrer Heiligkeit angezogen wurden und in ihren Orden kamen. Auch viele Klöster ihres Ordens wurden gegründet. [2]Sankt Klara war allezeit demütig und gelobte Sankt Franziskus Gehorsam. Das behielt sie bei, solange sie lebte. [3]So gab es in ihrem Herzen Furcht und nicht Hoffart. Je höher sie an Amt und Würde erschien, desto niedriger achtete sie sich selbst, desto bereiter war sie zu dienen und trug umso demütigere Kleider. [4]Sie goss den Schwestern oft Wasser auf ihre Hände und diente ihnen bei Tisch, wusch den kranken Frauen ihren Nachtstuhl, wusch oft ihren Dienstschwestern[15] die Füße und küsste sie. [5]Einmal zog eine Schwester ihren Fuß zurück und wollte nicht, dass sie ihn küsste. Dabei stieß der Fuß an den Mund von Sankt Klara. Sie nahm ihn gütig wieder an sich und küsste ihn unten auf die Sohle. [6]Sie lehrte auch ihre Töchter, dass sie Christus in Armut nachfolgen sollten, und wollte, dass dies von Papst Innozenz III. bestätigt würde. Das bat sie ihn nachdrücklich. [7]Dieser freute sich darüber und schrieb selber diesen Brief. Später bestätigte diesen Brief Papst Gregor.[16] [LebKl 10a-14; ProKl I 12; II 3; III 14]

< Ihr Vertrauen auf die Vorsehung Gottes >

7. [1]Einmal gab es ein Hungerjahr,[17] und die Frauen hatten alle nur ein Brot. [2]Sankt Klara gebot, dass man das Brot teilte und den Brüdern die Hälfte gäbe. Sie wies an, aus dem anderen Teil fünfzig Stücke zu machen, damit jede der Frauen ein Stück bekam. Dann sagte sie, man solle die Stücke auf den Tisch legen. [3]Da sagte die Refektor-Schwester:[18] „Es wäre notwendig, dass es unser Herr vermehrt, sollten aus dem halben Brot fünfzig Stücke werden." [4]Darauf sagte Sankt Klara: „Tue, was ich dir auftrage." Sodann rief sie inständig unseren Herrn an und bat ihn, sie zu erhören. [5]Als die Refektor-Schwester das Brot teilte,

---

[15] Wörtlich *maiden*, zum Außendienst bestellte Schwestern (vgl. KlReg 2,21).

[16] Bestätigung des sogenannten Armutsprivilegs *(privilegium paupertatis)*, die Zusicherung seitens des Papstes für die arme Lebensweise der hl. Klara. Vgl. Priv 1/2.

[17] Von einer Hungersnot ist nur hier und in der umbrischen Reimlegende die Rede: G. BOCCALI, *„Legenda" in rima su s. Chiara d'Assisi nel Cod. A. 23 dell'archivio della Curia Generale dei Frati Minori in Roma*, in: Frate Francesco 71 (2005) 389-414, hier 411, Str. 48.

[18] Wörtlich *kelnerin*, bezeichnet jene Schwester, die Refektor(ium) und Vorratskammer verwaltete.

wuchs es in ihren Händen, so dass alle genug bekamen. [LebKl 15; ProKl VI 16]

8. ¹Eines Tages ging das Öl aus. ²Da stellte Sankt Klara das Ölkännchen an den Platz, wo es der Bruder nehmen sollte, und bat den Bruder, das Kännchen zu nehmen. ³Er fand es voller Öl. ⁴Als er ihr das sagte, freute sie sich und dankte unserem Herrn für seine Gnade. [LebKl 16; ProKl I 15]

9. ¹Einmal zur Fastnacht da hätte Sankt Klara ihren Frauen gerne etwas Gutes zu essen gegeben. Sie fragte die Kellermeisterin, ob sie etwas hätte. ²Diese antwortete: „Ich habe nichts." ³Da deckte Sankt Klara den Tisch, kniete sich davor nieder und bat unseren Herren, dass er einem Menschen den Auftrag gebe, ihnen ein Brot und zwei Fische zu bringen. ⁴Gleich darauf kam eine Frau mit einem strahlenden Antlitz, war gut gekleidet[19] und trug ein Körbchen auf dem Haupt. Das gab sie der Pförtnerin und sprach: „Gib das Sankt Klara." ⁵Da sprach diese: „Wer hat es ihr gesandt?" ⁶Die Frau antwortete: „Sankt Klara weiß es wohl, wer es ihr gesandt hat." Dann verschwand die schöne Frau. ⁷Die Pförtnerin brachte Sankt Klara das Körbchen und sagte ihr, was die Frau gesprochen hatte. ⁸Sankt Klara machte das Körbchen auf. Sie fand zwei gebratene Fische und ein Brot darin. Sie freute sich sehr und dankte Gott für seine Gnade. ⁹Das Brot hatte einen sehr guten Geschmack. Man teilte es unter den Frauen und alle bekamen genug. [KlB 3; KaR 7]

< Ihr Fasten und Beten >

10. ¹Sankt Klara nahm in der Fastenzeit nur Wasser und Brot zu sich. Am Montag, Mittwoch und Freitag aß sie überhaupt nichts. ²Sie trug nie Schuhe und fastete viel, lag nicht auf Federn, sondern auf der Erde und hatte ein Stück Holz als Kissen unter ihrem Haupt. ³Die lange Fastenzeit nach dem Martinstag fastete sie bei Wasser und Brot, die drei Tage fastete sie vollständig. ⁴Da sie ihren Leib sehr kasteite, wurde sie sehr krank. Darum geboten ihr Sankt Franziskus und der Bischof von Assisi, dass sie an keinem Fasttag mehr vollständig fasten dürfe.[20] [LebKl 17-18; ProKl I 7-8; III 5]

11. ¹Die liebe Frau Sankt Klara verbrachte ihre Zeit mit dem Lobe Gottes und betete voller Innigkeit. Sie betete lange noch nach der

---

[19] Während in KlB 3,8 die Frau das „Kleid der Enthaltsamen" trug, war sie hier wie in KaR 7,5 „gut gekleidet".

[20] Nach LebKl 17 gebot ihr Franziskus auch auf einem Strohsack zu liegen.

Komplet, weinte viel bei ihrer Andacht und betete mit Eifer für die Sünder.[21] [2]Und eines Nachts, als sie betete, da erschien ihr der böse Geist als schwarzes Kindlein und sprach zu ihr: „Du sollst nicht so viel weinen, sonst wirst du blind." [3]Da erwiderte sie: „Der Blinde ist nicht zu beklagen, der Gott anschauen wird." Sofort verschwand der böse Geist. [4]Noch in der selben Nacht zur Matutin, als sie im Gebet verweilte, erschien ihr wieder der böse Geist und sprach zu ihr: „Du sollst nicht so viel weinen, damit dein Hirn nicht zerfließt und du es aus deiner Nase herausziehen kannst. Davon bekommst du nämlich eine krumme Nase." [5]Sie sprach: „Wer unserem Herrn dient, wird nicht krumm." Da verschwand der Feind. [6]Sankt Klara war mit dem Leib auf der Erde und mit dem Gemüt im Himmel. [LebKl 19; ProKl III 7; VI 4]

< Gebetserhörung in Zeiten der Bedrängnis >

12. [1]Zur Zeit Kaiser Friedrichs waren die Heiden den Christen besonders feindselig gesinnt. [2]Sie zogen gegen die Stadt Assisi und fielen bei Sankt Damian, dem Kloster von Sankt Klara, in die Stadt ein. Da erschraken die Frauen sehr und weinten. Sie zitterten vor Furcht und klagten es Sankt Klara. [3]Diese ließ sich krank zum Tor geleiten und vor den Feinden niederlegen. Bei sich trug sie eine silberne Büchse, worin unseres Herrn Leib war. [4]Sie fiel vor unseres Herrn Leib nieder und sprach: „Herr, ich bitte dich durch deine Güte, dass du deine Dienerin behütest in diesem Leiden." [5]Sofort erklang die Stimme eines kleinen Kindes in ihren Ohren, die sprach: „Meine liebe Tochter, du sollst dich nicht fürchten, ich werde dich nicht verlassen. Ich habe dich allezeit beschirmt und will dich weiterhin beschirmen als meine Geliebte, ebenso alle deine Schwestern." [6]Da sagte sie: „Herr, beschirme auch die Stadt, die uns ernährt." [7]Es erwiderte unser Herr: „Sie wird ein wenig leiden, doch ich will ihr helfen." [8]Getröstet und froh stand sie auf, tröstete ihre Schwestern und sprach: „Habt nur Mut, es geschieht euch nichts, vertraut allein auf Gott!" [9]Da bewirkte unser Herr, dass die Heiden über die Mauer nach außen fielen, erschraken und alle erblindeten. So wurden alle durch ihr heiliges Gebet vertrieben. [10]Sankt Klara gebot ihren Frauen,[22] solange sie lebe, niemandem etwas von der Stimme, die sie gehört hatten, zu sagen. [LebKl 21-22; KlB 5; ProKl IX 2]

---

[21] Vgl. KlB 4.
[22] Im Originaltext heißt es immer wieder *fravn* (=*Frauen*), wenn ihre Schwestern gemeint sind.

13. [1]Zu dieser Zeit lebte ein Mann, der Vitalis hieß, ein tapferer Streiter. [2]Er zog gegen die Stadt Assisi, stellte sich vor der Stadt auf und schwor, er werde sie besiegen. [3]Da fürchteten sich die Bürger sehr. [4]Als die liebe Frau Sankt Klara dies hörte, sprach sie zu allen ihren Töchtern: „Uns geschieht viel Gutes von der Stadt, darum sollten wir eifrig für sie bei Gott bitten." [5]Dann legte sie Asche auf ihr Haupt sowie auf das der anderen und sprach: „Bittet Gott eifrig für die Stadt, dass sie von ihren Feinden befreit werde." [6]Das taten sie und beteten mit großer Andacht. [7]Gott erhörte sie und bewirkte, dass sie am anderen Tag wieder wegritten. [LebKl 23; ProKl III 19]

< Ihre Schwester Agnes >

14. [1]Sankt Klara hatte eine reine Schwester, die sie sehr lieb hatte. Für sie bat sie eifrig unseren Herrn, dass er sie zu einem geistlichen Leben führe.[23] [2]Dies gewährte ihr unser Herr am sechzehnten Tag, nachdem Sankt Klara Nonne geworden war. Da wurde ihre Schwester Sankt Agnes vom Heiligen Geist getrieben, kam zu ihrer Schwester und sprach zu ihr: „Ich will zukünftig unserem Herrn dienen." [3]Das freute Sankt Klara sehr, und sie sagte zu ihr: „Du meine allerliebste Schwester, ich danke Gott sehr, dass er mein Gebet für dich erhört hat." So kam sie zu ihr in das Kloster. [4]Als dies ihre Verwandten merkten, wurden sie sehr zornig. Sie liefen ihrer Zwölf zu ihr in das Kloster, gaben sich zunächst noch freundlich und sprachen zu Sankt Agnes: „Warum bist du hierher gekommen? Beeile dich und gehe gleich wieder mit uns heim." [5]Sankt Agnes aber sagte: „Ich will mich nicht von meiner Schwester trennen." [6]Da griff sie ein Ritter im Zorn an und schlug sie mit Fäusten. Er wollte sie am Haar aus dem Kloster ziehen und hob sie an den Armen auf. [7]Sie erschrak sehr und sprach: „Liebe Schwester, hilf mir und lass mich unserem Herrn Jesus Christus nicht weggenommen werden!" [8]Da rief Sankt Klara unseren Herrn mit großer Inbrunst an. [9]Auf einmal wurde der Leib von Sankt Agnes so schwer, dass sie von vielen Menschen nicht über ein kleines Bächlein gebracht werden konnte. [10]Als sie das sahen, spotteten sie und sprachen: „Sie hat Blei gegessen, darum ist sie so schwer." Und ihr Vetter[24] hob die Faust und wollte sie voller Zorn tot schlagen. Da fuhr ein großer Schmerz in seine Hand, der lange andauerte. [11]Sankt Klara bat nun ihre Verwandten, dass sie weggehen und ihre Schwester Agnes in Frieden lassen sollten. [12]Diese lag da, als ob

---

[23] Das heißt zum Ordensleben.
[24] In LebKl 26,5 ist es ihr Onkel Monald.

sie sterben würde. [13]Im Zorn gingen sie von ihr weg. [14]Da stand Sankt Agnes fröhlich auf, und Sankt Franziskus weihte[25] sie auch für den Orden. [LebKl 24-26]

< Verschiedene Gebetserhörungen >

15. [1]Einmal kam eine Frau zu Sankt Klara und dankte ihr, dass sie von fünf bösen Geistern befreit wurde. [2]Denn diese hatten ihr gesagt, dass das Gebet von Sankt Klara so sehr brannte, dass sie aus ihr ausfahren mussten. [3]Als der Papst Sankt Gregor ein Leiden hatte, ließ er Sankt Klara ausrichten, dass sie für ihn bei Gott bitte. [4]Und so wurde er von seinem Leiden erlöst. [LebKl 27; ProKl IV 20]

< Ihre Verehrung unseres Herrn Jesus Christus >

16. [1]Als Sankt Klara krank war, ließ sie sich aufrichten und anlehnen. [2]Sie spann ein gutes Tuch, woraus man zum Lob unseres Herrn fünfzig Korporalien machte. [LebKl 28; ProKl I 11; II 12]

17. [1]Zur Christnacht gingen die Schwestern alle zur Mette und ließen die kranke Sankt Klara allein zurück. Da betrachtete sie, wie das kleine Kindlein Jesus Christus geboren wurde, und wäre gerne zur Mette beim Lob gewesen. [2]Sogleich hallte der Gesang in ihren Ohren, den die Brüder in der Sankt Franziskus-Kirche sangen. Sie hörte auch die Orgel, obwohl doch die Kirche weit weg war von ihr. [3]Dies hatte ihr Gott aus Gnade getan. Und sie erzählte es am Morgen ihren Töchtern. [LebKl 29; ProKl III 30]

18. [1]Sie lehrte auch ihre Schwestern, dass sie unserem Herrn für seine Marter[26] danken sollten und weinte sehr, wenn sie davon redete. [2]Ein anderes Mal betete sie in ihrer Zelle. Da schlug sie der böse Geist auf die Wange, so dass sich ihr Auge mit Blut mischte, und machte ihr ein Mal auf die Wange. [LebKl 30]

19. [1]Sankt Klara gürtete auch ein Seil mit dreizehn Knoten um ihren bloßen Leib. [27] [2]Und als sie hörte, dass man die Menschen marterte,[28] so

---

[25] Wörtlich *segent*, segnete. Damit ist wohl an die Nonnenweihe gedacht (vgl. KlReg 11,9).

[26] Das heißt für sein Leiden.

[27] Zu dieser Form der Bußübung siehe die Anmerkung in LebKl 30.

[28] Klara hat von den ersten Märtyrern der Minderbrüder gehört.

begehrte sie von ganzem Herzen, dass auch sie gemartert würde. [KlB 6; ProKl VI 6; VII 2]

20. [1]An einem Gründonnerstag[29] dachte sie sehnsüchtig an das Leiden unseres Herrn, so dass sie zwei Nächte und einen Tag entrückt war. [2]Weder aß noch trank sie vor lauter Liebe, die sie zum Leiden unseres Herrn hatte. [LebKl 31]

< Die Kraft ihres Gebetes um Heilung >

21. [1]Einmal sandte Sankt Franziskus einen Bruder zu ihr, der Stephanus hieß und tobsüchtig war. [2]Er bat sie, dass sie ihn gesund mache, denn er wusste um ihre Heiligkeit. [3]Da segnete sie ihn mit dem heiligen Kreuz und ließ ihn eine Weile an jener Stätte schlafen, wo sie betete. [4]Danach stand er auf und war wieder ganz bei Sinnen. [LebKl 32; ProKl II 15]

22. [1]Ein Kind hatte ein Steinchen in die Nase geschoben, das niemand mehr heraus zu bringen vermochte. [2]Da führte man das Kind zu Sankt Klara. Sie segnete das Kind mit dem heiligen Kreuz, da fiel der Stein heraus, und es war wieder gesund. [3]Es war auch ein anderes Kind, das ein Mal auf dem Auge hatte, welches das ganze Auge bedeckte. [4]Man führte es zu Sankt Klara. Sie machte ihm ein Kreuz auf das Auge, berührte es und sprach: „Führt es zu meiner Mutter", – diese war auch eine Nonne bei ihr geworden – „damit sie ihm auch ein Kreuzzeichen darüber mache." [5]Auch ihre Mutter machte ihm ein Kreuz über das Auge. Das Mal ging vom Auge des Kindes weg, und es sah wieder gut. [6]Da sprach Sankt Klara: „Das Kind ist aufgrund der Heiligkeit meiner Mutter gesund geworden." Die Mutter sagte: „Dazu bin ich nicht würdig, Gott hat es durch deinen Willen getan." [LebKl 33; ProKl II 18; IV 11]

23. [1]Einmal war da eine Gräfin, die war so verkrümmt, dass ihr Haupt fast schon zu den Füßen reichte. Sie ließ sich zu Sankt Klara tragen und bat sie inständig, Gott zu bitten, dass er sie gesund mache. [2]So sprach Sankt Klara ihr Gebet zu Gott, machte ein Kreuz über sie und berührte sie mit ihren Händen. [3]Da streckten sich alle Glieder gerade, krachten sehr und wurden gesund. Diese Gräfin freute sich sehr und dankte Gott und Sankt Klara für ihre Gunst. [KlB 7]

24. [1]Einmal war eine Schwester zwölf Jahre krank gewesen, da sie ein Geschwür unter ihrem Arm hatte, das aus fünf Öffnungen nässte.

---

[29] Im Original heißt es *Antlassnacht*.

Als sie von Sankt Klara gesegnet wurde, war sie wieder gesund. [2]Es war auch eine andere Schwester, die Amata hieß. Sie litt dreizehn Monate lang an Wassersucht, Husten und einer offenen Seite. Viele Arzneien hatte sie schon versucht, alles half nichts. [3]Als sie von Sankt Klara gesegnet wurde, wurde sie gesund. [LebKl 34; ProKl XI 1]

25. [1]Eine ihrer Schwestern hatte zwölf Jahre lang ihre Stimme verloren, so dass man ihre Rede kaum hörte. [2]In der Nacht zu Mariä Himmelfahrt war ihr von Gott geweissagt worden, dass sie von Sankt Klara gesund gemacht würde. Sie erwartete es kaum, dass es Tag wurde, ging zu Sankt Klara und bat sie, sie gesund zu machen. Da machte Sankt Klara ein Kreuzzeichen über sie, und sie wurde gesund. [3]Eine Schwester, die Christina hieß, hatte lange auf einem Ohr nichts gehört. Als Sankt Klara sie gesegnet und ihr Ohr berührt hatte, konnte sie sofort wieder hören. [4]Fünf Schwestern im Kloster waren krank. Da machte Sankt Klara fünf Kreuzzeichen über sie, und sie waren gesund. [LebKl 35; ProKl II 13; III 17]

< Ihre Sorge für die Kranken >

26. [1]Es gab eine Schwester im Kloster, die krank war und ungern aß. Da fragte sie Sankt Klara, was sie essen wollte. [2]Diese sprach: „Die Früchte von Nicerin."[30] Diese Stadt lag aber weit von ihnen entfernt. [3]Da richtete Sankt Klara ein Gebet zu Gott. [4]Gleich anschließend kam ein schöner Jüngling an die Pforte und brachte ein Tuch. Darin waren die zweierlei Früchte, welche die Kranke begehrt hatte. [5]Diese gab Sankt Klara der Kranken und dankte Gott dabei. Davon wurde jene mit süßem Geschmack gespeist und starb. Ihre Seele fuhr zu Gott. [KlB 8]

< Ihre Liebe zum Wort Gottes >

27. [1]Die liebe Frau Sankt Klara hörte mit großer Andacht das Wort Gottes. [2]Einmal predigte Bruder Philippus. [3]Da stand das allerschönste Kind lange bei Sankt Klara. [4]Das sahen einige Frauen, die Gott lieb hatten, und erfuhren dabei eine große Süßigkeit. [LebKl 37]

---

[30] SaKl übernimmt die Missdeutung von KlB 8,2, wo aus Forellen (*tructi*) des Flusses Topino, der in der Nähe von Nocera entspringt, Früchte (*fructus*) werden.

< Ihre schwere und geduldig ertragene Krankheit >

28. [1]Von vierzig Jahren im Kloster war Sankt Klara achtundzwanzig krank gewesen. [2]Als Gott sie nun von dieser Welt nehmen wollte, hatte eine Jungfrau vom Kloster Sankt Paul eine Vision. Es schien ihr, sie sei im Kloster von Sankt Klara und sähe ihre Töchter um sie weinen. [3]Da erschien eine schöne Frau am Bett von Sankt Klara bei ihrem Haupt. Diese sprach zu ihnen: „Ihr sollt nicht weinen um Sankt Klara, denn sie wird nicht sterben, bis unser Herr kommt mit seinen Jüngern." [4]Gleich darauf kam der Papst[31] und gab ihr den Leib unseres Herrn. Da bat ihn Sankt Klara, dass er sich ihrer Gemeinschaft annehmen wolle. Dies versprach er ihr und tat es dann auch. [LebKl 39-40]

29. [1]Als sie in ihrer Krankheit dalag, baten sie ihre Töchter, etwas zu essen. [2]Da sprach sie: „Hätte ich Kirschen, würde ich sie versuchen." Es war aber um Weihnachten, wo es keine Kirschen gibt. [3]Einer der Brüder blickte zum Kirschbaum und sah dort einen Ast voller reifer Kirschen. Diese brach er ab und brachte sie Sankt Klara. [4]Sie aß sie und sandte sie auch den anderen Kranken. [KlB 13]

< Ihre Hilfe in jeder Notlage >

30. [1]Zu jener Zeit hatte ein Kardinal kranke Füße. Er ließ sich zu Sankt Klara tragen und bat sie, ihm von Gott zu erlangen, dass er gesund werde. [2]Da sprach sie ihr Gebet zu Gott und gab ihm ein wenig Latwerge.[32] [3]Davon kam er wieder zu Kräften und wurde durch ihr Gebet gesund. Dafür dankte er Gott und Sankt Klara. [KlB 14]

31. [1]Einmal kamen viele Herren zu ihr. Das Wetter war sehr heiß. Sie baten Sankt Klara, Gott für sie zu bitten, dass er ihnen Regen gäbe. [2]Sankt Klara hatte Erbarmen, weil sie in der großen Hitze gegangen waren, und sprach ihr Gebet zu Gott. [3]Da ließ unser Herr einen starken Regen kommen, und es wurde kühl. [4]Die Herren gingen mit Freuden wieder weg und lobten Gott. [KlB 15]

---

[31] Nach LebKl 40,6 war es Kardinal Rainald, der spätere Papst Alexander IV., der Nachfolger von Papst Innozenz IV.

[32] Lat. *electuarium*, brei- oder teigförmige Arzneimasse.

< Ihre Vertrautheit mit dem Jesuskind >

32. [1]Eine Frau namens Franziska[33) sah einmal ein schönes Kind in Sankt Klaras Schoß stehen, dazu zwei Fittiche[34) über ihrem Haupt. Eine Weile bedeckten sie ihr Haupt und schienen wie die Sonne. [2]Dabei empfand die Frau eine große Wonne. [KlB 10-11; ProKl IX 4; FrKl 25-26; HaD 7; KaR 6,4-5]

< Ihre Ehrerbietung gegenüber dem Papst >

33. [1]Sankt Klara wünschte sich von Gott, ins ewige Leben eingehen zu dürfen, denn sie war sehr krank. [2]Da kam der Papst[35) zu ihrem Krankenbett und bot ihr die Hand, damit sie diese küsse. [3]Sie sagte aber, sie wolle ihm auch seinen Fuß küssen. So hielt er ihr seinen Fuß hin. [4]Sie küsste ihn sehr demütig und bat ihn, ihr die Sünden zu vergeben. Dies tat der Papst und ging wieder von ihr weg. [5]Da erhob Sankt Klara ihre Augen und Hände auf zu Gott und sprach zu ihren Töchtern: „Lobt Gott, denn er hat mir so viele Gnaden geschenkt, dass ich sie nicht aussprechen kann." [LebKl 41-42; ProKl III 24]

< Die Sorge der Schwestern und der Trost durch die hl. Klara >

34. [1]Ihren Schwestern war es so leid um sie, dass sie weder essen noch trinken noch schlafen konnten. [2]Besonders ihre Schwester Agnes bat Sankt Klara, nicht von ihnen zu scheiden und sie hier zurück zu lassen. [3]Da antwortete sie: „Liebe Schwester, sei guten Mutes, du kommst bald nach mir zu Gott. Er wird dich trösten, ehe du stirbst." [LebKl 43]

35. [1]Obwohl sie nun siebzehn Tage in schwerer Krankheit gelegen hatte, ohne jegliche Speise zu sich zu nehmen, bestärkte sie dennoch ihre Brüder und ihre Schwestern im Dienste Gottes. [2]Da sagte ein Bruder zu ihr, sie sollte geduldig in ihrer Krankheit sein. [3]Sie antwortete: „Seit ich Sankt Franziskus gekannt habe, ist mir keine Krankheit oder Buße zu schwer gewesen." Sie wandte sich ihren Töchtern zu und segnete sie alle. [LebKl 44]

---

33) Wahrscheinlich Schwester Francesca von Col de Mezzo. Vgl. dazu KlB 10.
34) Das heißt Flügel.
35) Nach LebKl 41,4 Innozenz IV.

< Ihr seliges Sterben >

36. [1]Gleich danach gingen viele Jungfrauen in weißen Kleidern an ihr Bett. Diese hatten goldene Kränze auf. [2]Unter ihnen ging unsere Liebe Frau, die eine Krone trug, die wie ein durchbrochenes Gefäß war.[36] Es ging ein lichter Glanz von ihr aus, so dass in dieser Nacht das Kloster so hell war, als ob es Tag wäre. [3]Unsere Liebe Frau neigte sich zu Sankt Klara nieder. [4]Alsbald gab diese ihren Geist auf, und ihre Seele fuhr zu den ewigen Freuden auf. [5]Das war im Jahr 1253 nach Christi Geburt. [6]Da waren ihre Töchter sehr um sie betrübt, und alle von der ganzen Stadt, die es hörten. Es gab einen großen Zulauf des Volkes. [7]Am nächsten Tag kam der Papst mit den Kardinälen und besangen Sankt Klara mit Andacht. [8]Sie trugen sie nach Sankt Georg,[37] damit sie den Bürgern näher war. Dort begrub man sie in Ehrfurcht. [9]Bald darauf wurde Sankt Agnes krank, ging hinüber zu Sankt Klara und starb. Sie hat den Trost empfangen, den ihr ihre Schwester zugesagt hatte. Und ihre Seele fuhr zu den ewigen Freuden. [LebKl 46-48; ProKl XI 4]

< Gebetserhörungen nach ihrem Tod >

37. [1]Einmal war da ein Kind namens Jakobinus. [2]Es war krank und sehr stark vom Feind besessen. Dieser warf es entweder ins Feuer oder auf die Erde und peinigte es alle Tage zweimal. Niemand konnte ihm helfen. [3]Da war es seinem Vater sehr leid und er brachte es zu Sankt Klara. [4]Er legte es auf ihren Sarg und rief sie hingebungsvoll an. Da wurde das Kind gesund und vom Feind erlöst. [5]Sein Vater freute sich sehr und dankte Gott und Sankt Klara für ihre Gnaden. [LebKl 50]

38. [1]Ein Frau namens Alexandria[38] war vom Feind besessen. [2]Dieser ließ sie wie einen Vogel über einen hohen Felsen fliegen und auf einem kleinen Ast in einem Baum herabkommen, der über das Wasser des Tibers hing. [3]Die Frau hatte auch eine Krankheit am Oberkörper[39] und an einer Hand. Keine Arznei konnte ihr helfen. [4]Da kam sie zum Grab

---

[36] Wörtlich *von ergraben werk*. Vgl. LebKl 46,13: „die Form eines *durchbrochenen* Rauchgefäßes" (*fenestrati thuribili*); das St. Klara-Buch übersetzt: „gestalt ains *gevensterten* oder *ergraben* rauchvezleins", in: H. WEILER, *St. Clara-Vita. Textkritische Edition und Wortschatzuntersuchung*, Innsbruck 1972, 197.

[37] Die Pfarrkirche S. Giorgio in Assisi, in der Franziskus von 1226-30 begraben lag. Heute steht an dieser Stelle die Basilika S. Chiara mit dem Klarissenkloster.

[38] Nach LebKl 51,1 aus Fratta, dem heutigen Umbertide, ca. 34 km nordwestlich von Assisi.

[39] Wörtlich *ain pösev seiten,* eine böse Seite.

von Sankt Klara und rief sie hingebungsvoll an. Sie wurde am Oberkörper und an ihrer Hand gesund und vom Feind erlöst. [5]Darüber freute sie sich sehr und dankte Gott und Sankt Klara für ihre Gunst. [LebKl 51]

39. [1]Ein Kind aus Frankreich hatte die Tobsucht und konnte am Schluss nicht mehr reden. [2]Man trug es zur Kirche unserer Frau und legte es auf ihr Grab. Und es war sofort gesund. [3]Ein Mann namens Valentin hatte die Fallsucht und fiel sechs Mal am Tag. Er hatte auch ein lahmes Bein. [4]Man führte ihn zum Grab von Sankt Klara. Dort blieb er drei Tage und Nächte und rief sie mit Hingabe an. [5]Am dritten Tag krachten seine Glieder und er wurde gesund. [6]Er freute sich sehr und dankte Gott und Sankt Klara für ihre Gunst. [LebKl 52]

40. [1]Es war da auch ein Mann mit Namen Jakobellus, der zwölf Jahre blind gewesen war. [2]Als er eines Nachts einschlief, erschien ihm Sankt Klara und sprach zu ihm: „Warum kommst du nicht zu mir nach Assisi, dann wirst du wieder sehen." [3]Er stand am Morgen auf und eilte nach Assisi zu ihrem Grab. [4]Und als er nach Assisi kam, war eine Menge Volk bei ihrem Grab, so dass er nicht hinzu kam. Er legte sich vor die Kirchentür und schlief ein. [5]Da sprach aber eine Stimme zu ihm: „Komm zum Grab und der Herr wird dir helfen, dass du sehend wirst." [6]Er erwachte und bat die Menschen, ihm zum Grab hin zu helfen. Das taten sie. [7]Dann schlief er beim Grab ein. Da sprach Sankt Klara: „Steh auf, du bist erlöst!" [8]Sofort fuhr er auf und sah wieder gut. Er freute sich sehr und dankte Gott und Sankt Klara für ihre Gunst. [LebKl 53]

41. [1]Einem Mann, der der gute Johannes hieß, hatte ein Stein die Hand zerschlagen, so dass keine Arznei mehr half. [2]Er kam zum Grab von Sankt Klara, brachte eine Hand aus Wachs mit und ruhte auf ihrem Grab. [3]Da wurde er sofort gesund. [LebKl 54]

42. [1]Ein Mann namens Petrolus[40] war drei Jahre krank gewesen und war jetzt ganz gekrümmt. [2]Dies bereitete auch seinem Vater viel Leid und er gab viel von seinem Gut für ihn aus. Aber es half ihm nichts. [4]Da ließ er ihn zum Grab von Sankt Klara tragen. Dort wurde er sofort gesund. [LebKl 55]

43. [1]Ein Kind hatte krumme Schienbeine. [2]Man trug es zum Grab von Sankt Klara. Dort wurden seine Schienbeine unter Krachen wieder gerade. [LebKl 56]

---

[40] LebKl 55,1: Petriolus aus der Stadt Bettona.

44. [1]Ein Bürger hieß Jakob von Franken, der hatte ein Kind, das fünf Jahre alt war und nicht gehen konnte.[41] [2]Da machte man am Grab von Sankt Klara ein Gelübde: Würde es gesund, wolle man es in den Orden geben. [3]Da machte Sankt Klara das Kind gesund, da tat man es in den Orden. [LebKl 57]

45. [1]Eine Frau, die Pleniaria[42] hieß, war an Händen und Füßen lahm. [2]Sie kam an einem Freitag zum Grab von Sankt Klara und bat sie hingebungsvoll, sie gesund zu machen. [3]Da wurde sie sogleich am Samstag gesund. Sie freute sich sehr und dankte Gott und Sankt Klara. [4]Eine Jungfrau hatte eine Drüsenschwellung am Hals. [5]Ihre Mutter fuhr mit ihr zum Grab von Sankt Klara. In der Nacht beim Grab begann sie zu schwitzen, die Knoten wurden weich und verschwanden alsbald mit der Hilfe von Sankt Klara. [LebKl 58]

46. [1]Eine Frau hieß Bona und hatte zwei Söhne. [2]Den einen fraß ein Wolf, den anderen stahl ein Wolf. Die Leute hörten das Kind schreien und sagten es seiner Mutter. [3]Diese weinte sehr in ihrem Leid und rief Sankt Klara hingebungsvoll an. Sie bat sie, ihr ihren Sohn wieder zu geben. [4]Ihre Nachbarn liefen dem Wolf nach und nahmen ihm das Kind weg, denn der Wolf hatte es niedergelegt. Sie brachten es der Mutter nach Hause. [5]Diese freute sich sehr und trug das Kind zum Grab von Sankt Klara. Dort wurde es gesund. Allen, die dabei waren, zeigte sie die Wunden des Kindes. [LebKl 60]

47. [1]Eine Jungfrau saß auf einem Acker. [2]Da kam ein Wolf und zerrte sie an ihrem Antlitz weg. [3]Als dies eine Frau sah, rief sie Sankt Klara an und sprach: „Heilige Jungfrau Sankt Klara, hilf dieser Jungfrau!" [4]Sofort legte der Wolf die Jungfrau nieder. Da war sie sehr froh. [LebKl 61]

48. [1]Eine Frau hatte ein Kind von sieben Jahren. Das Kind ging am Wasser entlang. [2]Bei einer Mühle fiel es ins Wasser. Sein Vater und seine Mutter wussten nicht, wo das Kind hingekommen war. [3]Als es nun zwei Tage im Wasser gelegen hatte, fand es der Müller. [4]Da kamen Vater und Mutter herbei und weinten sehr um das Kind. [5]Sie riefen Sankt Klara an und gelobten ihr, zu ihrem Grab zu pilgern, wenn sie ihnen helfe und es wieder lebendig würde. Da wurde das Kind wieder lebendig. [6]Sie kamen

---

[41] LebKl 57,1: Jakob de Franco aus Gubbio, ca. 30 km nördlich von Assisi. Nach dem St. Klara-Buch sollte das Kind durch das Gelöbnis ein „Mann der heiligen Klara sein" (*daz ez ir mensch wer*): WEILER, *St. Clara-Vita* (s. Anm. 36), 218; dies versteht SaKl als Ordenseintritt.

[42] LebKl 58,1: Pleneria aus Bevagna, ca. 14 km nördlich von Assisi.

zu ihrem Grab und bezeugten unter Eid vor allen Schwestern, dass Sankt Klara dieses Zeichen an ihrem Kind getan hatte. [KlB 17]

49. [1]Eine Frau hatte ein Kind, das sie sehr lieb hatte. Dieses starb ihr, und sie war sehr betrübt. [2]Sie gelobte Sankt Klara, wenn sie ihr helfe, dass es lebendig würde, wolle sie jedes Jahr den Frauen Nahrungsmittel[43] und zwei Kerzen geben. Da wurde es wieder lebendig. [3]Die Frau erfüllte, was sie gelobt hatte, und dankte Gott und Sankt Klara. [KlB 18]

50. [1]Eine Frau hatte einen einzigen Sohn, der ihr aber starb. Sie weinte so sehr, dass die Tränen auf das Antlitz des Kindes fielen. [2]Hingebungsvoll rief sie Sankt Klara an und gelobte ihr, sie wolle es zu einem Barfüßer[44] machen, wenn sie ihr helfe, dass es wieder lebendig würde. [3]So schlief sie ein. Da erschienen ihr Sankt Klara und Sankt Franziskus und sprachen zu ihr: „Sieh, dein Sohn lebt. Halte dein Gelübde, denn Gott hat ihm sein Leben durch mich gegeben." Dann erwachte die Frau. [4]Ihr Kind war wieder lebendig und sprach: „Ich habe Sankt Franziskus und Sankt Klara gesehen. Sie nahmen mich bei der Hand und sprachen: Steh auf und erfreue deine Mutter!" [5]Als das Kind herangewachsen war, wurde es ein Barfüßer. [6]In Spanien gibt es eine Kirche zu Sankt Klara. Es ist bezeugt, dass Sankt Klara in dieser Kirche zwanzig Tote erweckt hatte, ebenso auch etliche Tote in welschen Landen.[45] [KlB 19-20; FrKl 43; HaD 11,8]

< Die Heiligsprechung der hl. Klara >

51. [1]Der heilige Papst Alexander IV. hörte von den großen Zeichen, die Sankt Klara tat. [2]Er nahm die Kardinäle, die Bischöfe und die Priester mit sich und erhöhte Sankt Klara mit großer Würdigkeit.[46] Das war zwei Jahre nach ihrem Tod. [3]Man beging dieses Fest sehr würdig und setzte fest, dass man es jedes Jahr am dritten Tag nach dem Sankt Laurentius-Tag begehen sollte. [LebKl 62]

---

[43] Wörtl. *pitantz* (lat. *pitantia*), nach monastischem Sprachgebrauch eine Aufbesserung der Gemüsespeise mit Eiern, Fisch oder Fleisch.

[44] So hießen die Minderbrüder nördlich der Alpen.

[45] Mit den „welschen Landen" sind allgemein romanische Länder gemeint, hier vielleicht Frankreich.

[46] Damit ist Klaras Heiligsprechung gemeint.

< Das Abschlussgebet um die Fürbitte der hl. Klara >

52. Nun hilf uns, Sankt Klara, von Gott zu erlangen, damit wir gesund werden an Seele und Leib, damit wir aufstehen von allen unseren Gebrechen und nach diesem Leben das ewige Leben besitzen. Amen.

Aus dem Klara-Leben
im Karlsruher Codex [KaR]

Eingeleitet und übersetzt von Johannes Schneider OFM

Das vom Herausgeber als „Karlsruher Codex" bezeichnete Manuskript[1] stammt dem Dialekt und der Schrift nach aus der 2. Hälfte des 15. Jh. (vielleicht um 1485). Die flüchtig auf Papier geschriebene Handschrift enthält die Lebensbeschreibungen der hl. Märtyrin Katharina von Alexandrien und der hl. Klara von Assisi. Das Klara-Leben ist das jüngste Zeugnis einer um 1400 entstandenen Übertragung der Klara-Legende ins Nieder-Alemannische, von der etwa neun Handschriften bekannt sind. Die Übersetzung der Klara-Legende ist sehr frei, mit vielen Auslassungen und einigen interessanten Hinzufügungen, die im Folgenden in neuhochdeutscher Übertragung wiedergegeben werden. Dieses Sondergut stimmt mit dem des Nürnberger Klara-Buches (KlB) weitgehend überein. Demzufolge hängen entweder beide Übertragungen von einer gemeinsamen lateinischen Vorlage ab oder die alemannische Übertragung ist eine kürzere und neuere Fassung der Nürnberger Sammlung. Im Unterschied zu dieser Sammlung, die auf den Kreis der Nürnberger Klarissen und den diesen nahestehenden Klöstern beschränkt blieb, fand die alemannische Übersetzung im ganzen süddeutschen Raum Verbreitung.

Bemerkenswert ist jedenfalls, dass sich das Sondergut zum Großteil nicht in den lateinischen Quellen findet. Auch aus dem Heiligsprechungsprozess stammen einige Elemente, die in die offizielle lateinische Legende nicht aufgenommen wurden. Offenbar gab es im deutschen Sprachraum eine Überlieferung der Prozessakten, die älter ist als die umbrische Übersetzung des Heiligsprechungsprozesses durch Sr. Battista Alfani gegen Ende des 15. Jh. in Perugia.

In der Einleitung zum Klara-Leben wird das „fröhliche Sterben" Klaras hervorgehoben. Ihre Bezeichnung als Krone „unseres geistlichen Standes" weist darauf hin, dass die Übersetzung für und vielleicht auch von Ordensfrauen geschaffen wurde: „Hier beginnt das überaus würdige und heiligste Leben und liebreiche, fröhliche Sterben unserer allergeliebtesten engelgleichen Mutter Sankt Klara, die eine immergrünende Pflanzung, Zier und goldene Krone unseres seligen geistlichen Standes ist. "[2]

---

[1] Mit dem Siegel Cod. Pap. Germ. IC.: *Die Handschriften der Badischen Landesbibliothek in Karlsruhe*, Beilage II, 2: TH. LÄNGIN, *Deutsche Handschriften*, Neudruck, Wiesbaden 1974, 67.

[2] Text: K. Groos, *Die alemannische Sprache zu Villingen in Baden am Ende des 15. Jahrhunderts, bearbeitet nach einer Handschrift d. Großhzgl. Bad. Hof- und Landesbibliothek*, Lüttich 1904, 14.

Quelle: K. Groos, *Die alemannische Sprache zu Villingen in Baden am Ende des 15. Jahrhunderts, bearbeitet nach einer Handschrift d. Großhzgl. Bad. Hof- und Landesbibliothek*, Lüttich 1904.

Studien: K. Ruh, *Klara von Assisi*, in: VerfLex[2] IV, 1172-1184, hier 1176; DERS., *Bonaventura deutsch. Ein Beitrag zur Deutschen Franziskaner-Mystik und Scholastik*, Bern 1956, 239.

1. Klara und Franziskus in Portiunkula

Als Klara zusammen mit einer Gefährtin den hl. Franziskus besuchte, schienen ihr „dessen flammende Worte und Taten übermenschlich" (LebKl 5,4). Der Ausdruck „feurig" (lat. flammantia) gibt das Stichwort für den folgenden Einschub. Der letzte Satz wird verständlich im Licht von KlB 2,3: „Aber Gott wollte, dass niemand es wagte und so kühn sei, zu ihnen zu gehen. "[3]

[1]Mit einer vertrauten Gefährtin ging sie aus ihrem Vaterhaus zu dem Mann Gottes, dessen Worte ihr feurig dünkten. [2]Nun war sie einmal bei Sankt Franziskus in dem Wald bei der Kirche Unserer Lieben Frau, die Portiunkula heißt, und redete mit ihm vom Heil der Seele. [3]Da sahen die Menschen, die zugegen waren, dass Feuerstrahlen vom Himmel herabkamen. [4]Es redete niemand darüber, weil es so Gottes Wille war.[4] [KlB 2; FrKl 9; HaD 10; SaKl 4]

2. Klara weint und betet für die Sünder

Obwohl die alemannische Legende die lateinische Klara-Vita verkürzt wiedergibt, hält sie es für wichtig, die dort nicht genannte Fürbitte Klaras für die Bekehrung der Sünder im Zusammenhang mit ihrem einsamen nächtlichen Gebet einzufügen (vgl. LebKl 19,4-5).[5]

[1]Die an ihrem Fleisch schon tot und von der Welt abgesondert war, kümmerte sich in ihrer Seele durch ihr ständiges Gebet[6] um Gott. [2]Nach der Komplet betete sie lange mit ihren Schwestern, und ihre Tränen bewegten die anderen zur Andacht. [3]Während die anderen schliefen, wachte sie, und während diese sich niederlegten, liebkoste sie die Nacht hindurch mit Gott. [4]Sie weinte auch unaussprechlich in ihrem Gebet um die Bekehrung der Sünder. [KlB 4; SaKl 11,2]

---

[3] Text: GROOS, *Die alemannische Sprache* (s. Anm. 2), 19.
[4] Wörtl. *do rett niement darzuo*. GROOS hält den Satz für schlecht passend und eingeschoben; vielleicht sollte es heißen: „es *rannte* niemand hinzu", ähnlich wie im KlB 2,3: „Gott wollte, dass niemand es wagte und so kühn sei, zu ihnen zu gehen."
[5] Text: GROOS, *Die alemannische Sprache* (s. Anm. 2), 40.
[6] Wörtl. *geflüssigen*, eigentlich „fließendes", d. h. unaufhörliches Gebet.

3. Stimme eines Kindes aus dem Ziborium

Während nach ProKl IX 2,9 und LebKl 22,4 die kindliche Stimme aus dem Hostienkästchen nur sagt: „Ich werde dich / euch immer behüten", kennen die alemannische Legende und das Klara-Buch einen längeren Zuspruch samt Verheißung ewigen Lebens für alle Schwestern, die mit Klara freiwillig im Orden ausharren, ohne aber das Detail von der Stimme wie der „eines fünf-jährigen Kindes" (KlB 5,3) zu nennen.[7]

¹Sie sprach in ihrem Gebet zu Christus mit Tränen: „Gefällt es dir, Herr, dass deine unbewaffneten Dienerinnen, die ich zu dir gezogen habe,[8] in die Hände der Heiden geraten? ²Herr, ich bitte dich, dass du deine Dienerinnen beschirmest, die ich zur Stunde nicht mehr zu beschir-men vermag." ³Plötzlich hörte sie eine Stimme wie die eines Kindleins, das aus der Büchse[9] sprach: „Ich will euch allezeit beschirmen, dich und alle deine Schwestern, die in deinem Orden freiwillig ausharren; und diese will ich mit dir in das ewige Leben aufnehmen." [ProKl IX 2,6-9; LebKl 22,1-4; KlB 5; HaD 8; SaKl 12]

4. Klara sieht, wie ihre Schwester Agnes eine Vision hat

An die Erzählung von der dramatischen Befreiung von Klaras Schwester Agnes und deren Tonsur durch Franziskus (KlB 26,8) werden einige Elemente aus ihrer Lebensbeschreibung angefügt, wie sie in der „Chronik der 24 Gene-ralminister" oder – wahrscheinlicher – in der erweiterten Fassung des Nürn-berger Klara-Buches überliefert sind.[10] Berichtet werden vor allem eine Gebetserfahrung, die Agnes während einer Ekstase (Levitation) machen durfte, und ein Heilungswunder an einer Ordensfrau.[11]

---

[7] Text: GROOS, *Die alemannische Sprache* (s. Anm. 2), 42.

[8] Wörtl. *die ich zuo dir gezogen hab*, im Sinne von Vat 5: „indem wir alle nach Kräf-ten zu deiner Liebe hinziehen"; oder: „die ich dir aufgezogen habe", wie KlB 5,1 nach LebKl 22,1 übersetzt: „die ich in Deiner Liebe erzogen habe." Vgl. KaR 5,8: Klara hat *alle cristenhait nach ir gezogen mit irem hailgen leben und guotten bild.*

[9] LebKl 21,6 lat.: *capsa argentea* (ProKl IX 2,5: *cassecta*), silbernes Gefäß (*Pyxis*) für die Hostien.

[10] AF III, 173-182; der mhd.Text wurde teilweise ediert von K. RUH, *Franziskanisches Schrifttum im deutschen Mittelalter*, Bd. 1: Texte, München 1965, 66ff.

[11] Text: GROOS, *Die alemannische Sprache* (s. Anm. 2), 47f.

[1]Als sie mit bitteren Herzen weggingen, da stand Agnes mit Freuden auf, weil sie um Christi willen gekämpft und gesiegt hatte, und weihte sich mit freiem Willen dem Dienste Gottes. [2]Dann schnitt ihr der heilige Franziskus ihr Haar ab. [3]Danach wurde sie nach Florenz gesandt, um dort Äbtissin zu sein und den Orden einzupflanzen. [4]Dort bekehrte sie viele Leute zu Gott und zum geistlichen Leben.[12)]

[5]Dann kam sie wieder zur heiligen Klara in ihr erstes Kloster. [6]Als sie einmal in ihrem Gebet verweilte, da sah die heilige Klara, dass Agnes über die Erde erhoben war[13)] und dass ihr ein Engel Gottes drei wunderbare Kronen aufsetzte, nicht alle auf einmal zusammen, sondern in längeren Intervallen. [7]Da drängte die heilige Klara sie, sie müsse ihr verraten, was sie währenddessen gebetet und gedacht habe. [8]Diese sagte, sie habe drei Betrachtungen gehabt: Die erste, dass sie die Marter unseres Herrn überdacht und dadurch Mitleid gewonnen habe, weil er den Tod um der Sünder willen erlitten hat. [9]Die zweite, dass sie seine große Güte und Geduld betrachtet habe, weil er täglich so grässlich erzürnt wird und dennoch seine Barmherzigkeit uns so gütig zuteilt. [10]Die dritte Betrachtung war die Not und Pein, welche die Seelen im Fegefeuer leiden; und sie bat Gott sehnsuchtsvoll für sie.[14)]

[11]Sie trug auch bis zu ihrem Tod ein härenes Hemd auf ihrem bloßen Leib. [12]Ihre Speise war selten etwas anderes als Brot und Wasser. [13]Sie war so sehr heilig, dass sie durch ihr Gebet an Lebenden und Toten viele Zeichen wirkte, von denen ich um der Kürze willen nur eines erzählen

---

12) Vgl. AF III, 175. Vielleicht war dies 1219, eher 1228-30, möglicherweise nach Monticelli: Fior 15,18; BARTHOLOMÄUS VON PISA, *Liber de conformitatibus vitae beati Francisci ad vitam Domini Jesu*, in: AF IV-V, Quaracchi 1906/12, hier AF IV, 356; Sr. Battista ALFANI, *Vita et Leggenda della seraphica Vergine Sancta Chiara,* a cura di G. M. BOCCALI, Cannara 2004, Kap. XLII 6. Es könnte aber auch Monteluce oder ein anderes Kloster in Florenz gewesen sein. Anfang 1253 kam sie nach San Damiano zurück, wo sie der sterbenden Klara „nach wenigen Tagen" nachfolgte (LebKl 43. 48,7-10). Zu Beginn des Heiligsprechungsprozesses am 24. Nov. 1253 war sie „erst vor kurzem" gestorben (ProKl I 15,55; VI 15,49). ALFANI, *Vita*, XLII 6 gibt den 97. Tag nach Klaras Tod an, d.h. den 16. November 1253; ebenso MARIA-NO DA FIRENZE, *Libro delle degnità et excellentie del Ordine della seraphica Madre delle Povere Donne santa Chiara da Assisi*, Introduzione, note e indice del G. M. BOCCALI, Santa Maria degli Angeli 1986, Nr. 203 u. L. WADDING, *Annales Minorum*, ad. an. 1253, Nr. 23. Dies ist im deutschen Sprachraum bis heute ihr Festtag, anderswo der 19. November.

13) Eine „Levitation" beobachten Br. Leo und Gefährten auch am hl. Franziskus (Cons 2,23; 2,33). Br. Masseo erlebt Ähnliches bei Br. Bentivoglia (Fior 42,3). Vgl. G. VAN BROCKHUSEN, *Levitation*, in: *Wörterbuch der Mystik*, hg. v. P. DINZELBACHER, Stuttgart 1989, 321f.

14) Vgl. AF III, 177.

will. [14]Es war da eine Frau in einem Kloster,[15)] die ganz eitrige Fisteln vor ihrem Herzen hatte, sodass sie dem Tod nahegekommen war und niemand ihr helfen konnte. [15]Da befahl sie sich andächtig der heiligen Agnes und auch der heiligen Klara an. [16]Eines Nachts, als sie in ihrem Bett lag und wach war, da sah sie die heilige Klara und die heilige Agnes zu ihr hineingehen. [17]Sie trugen Büchsen mit Salben in ihren Händen, und es folgte ihnen eine große Schar heiliger Mägde. [18]Sie gingen zu ihrem Bett, und die heilige Agnes bestrich ihre fauligen Wunden mit ihrer Salbe. [19]Sogleich war sie gesund. Da schieden sie von ihr. [20]Weil man aber ihr ganzes Leben, ihre Tugend und Heiligkeit mit kurzen Worten nicht zu beschreiben vermag, wenden wir das Gespräch wieder ihrer Schwester Klara zu.[16)]

5. Klaras Sehnsucht nach dem Martyrium

Klaras unerfüllbarer Wunsch, ihr Leben im Martyrium hinzugeben, „weil es besonders für Klosterfrauen nicht geziemend war, zu den Stätten der Märtyrer zu gehen", erfährt hier – ähnlich wie in HaD 12 – eine geistliche Deutung: sie erhält die Krone der Märtyrer, „weil sie dem Willen nach eine Märtyrin war", aber ebenso die Krone der Jungfrauen und bezeichnenderweise auch der Lehrer (der Kirche).[17)]

[1]Zu einer bestimmten Zeit hörte sie, dass durch den König von Marokko einige Barfüßer gemartert wurden. [2]Da empfand sie große Sehnsucht, dorthin zu gehen, um ihr Blut zu vergießen. [3]Als sie sah, dass ihre Sehnsucht nicht erfüllt werden konnte, weil es besonders für Klosterfrauen nicht war, zu den Stätten der Märtyrer zu gehen, da weinte sie sehr und wurde betrübt. [4]Denn sie sehnte sich aus innerstem Herzen danach, sich um des gekreuzigten Jesus Christus willen, der sich auch für uns in den Tod gab, als ein lebendiges Opfer in den Tod und die Pein des Martyriums hineinzuopfern. [5]Dafür ist sie mit der Krone der Märtyrer gekrönt, weil sie dem Willen nach eine Märtyrin war. [6]Sie ist auch geziert mit der Krone der reinen Jungfrauen, da sie von Kindheitstagen an mit ganz vollkommener Lauterkeit geschmückt war. [7]Denn man liest von ihr nicht, dass sie je an einem Tag eine große

---

[15)] Nach AF III, 178 eine Ordensfrau aus einem Kloster in Venedig, der sich die beiden Schwestern als „Ärztinnen aus Assisi" vorstellten.

[16)] Der letzte Satz kehrt wieder zu LebKl 26,9 zurück.

[17)] Text: GROOS, *Die alemannische Sprache* (s. Anm. 2), 55.

Sünde begangen hätte.[18] [8]Sie ist auch gekrönt mit der Krone der Lehrer, denn sie hat nicht nur mit Worten gelehrt, vielmehr hat sie mit ihrem heiligen Leben und guten Vorbild gelehrt und die ganze Christenheit hinter sich hergezogen.[19] [9]Darum ist sie jetzt nach Unserer Lieben Frau, der Mutter Gottes, vor allen Jungfrauen zu loben.[20] [10]Denn sie ist diejenige, die mehr als alle Jungfrauen unserem Herrn eine bunt gemischte Schar und eine große Menge von Heiligen und reinen Menschen gesammelt hat.[21] [11]Und so viele Nachfolgerinnen sie auf Erden hatte, so viele Ehren und Würden hat sie im Himmelreich erhalten. [ProKl VI 6; VII 2; XII 6; KlB 6; HaD 12; SaKl 19,2]

6. Das Kind, die Flügel und das schwere Tor

Unter dem eigenen Kapitel XX mit der Überschrift Von ainem Zaichen *werden drei wunderbare Begebenheiten berichtet, die auch in den Prozessakten überliefert werden. Wie im Klara-Buch wird Schwester Francesca von Col di Mezzo mit ihrem lateinischen Namen Francisca genannt. Sie wird darüber hinaus als* gar hailig *und* andächtig *bezeichnet, wie überhaupt die beiden Visionen von Schwester Francesca etwas breiter geschildert werden.*[22]

[1]Von einem Zeichen. – Eine Schwester namens Franziska, die sehr heilig und fromm war, sah einmal unseren Herrn in der Gestalt eines kleinen Kindleins. [2]Dieses war so unermesslich schön und anmutig, dass seiner Schönheit nichts gleichen mochte. [3]Es saß im Schoß der heiligen Klara, und von diesem Anblick empfing die Schwester großen Trost und Wonne in ihrem Herzen. – [4]Sie sah auch zwei Fittiche über der heiligen Klara, die hell und klar waren wie die Sonne. [5]Manchmal waren sie aufgerichtet, als ob sie fliegen wollten, manchmal ließen sie sich wieder herab und breiteten sich über die heilige Klara aus, so dass sie von wunderbarem Licht und großer Klarheit umfangen war. – [6]Ein anderes

---

[18] Wörtl. *daz si ie grosse tägliche sünd getät*; vielleicht große (schwere) und / oder alltägliche (lässliche) Sünden; oder es handelt sich um einen Lesefehler und soll heißen: „große *tödliche* Sünde".

[19] Vgl. BulKl 14,60: „Ihr Leben war anderen Belehrung und Lehre"; s. auch Anm. zu KaR 3,1.

[20] Der Vergleich mit der Heiligkeit Marias auch in: ProKl V 2,8; VII 11,24; XV 3,14; XI 5,37.

[21] Hinweis auf den großen Einfluss Klaras auf die religiösen Bewegungen ihrer Zeit und Nachwelt (vgl. LebKl 10a-11).

[22] Text: GROOS, *Die alemannische Sprache* (s. Anm. 2), 66.

Mal fiel ein großes, schweres Tor auf die heilige Klara, das so schwer und groß war, dass es drei starke Brüder kaum von ihr aufheben konnten. [7]Da ruhte sie darunter ohne allen Schaden wie unter einem Mantel. [ProKl IX 4; V 5; VI 17; XIV 6; XV 3; KlB 10-12]

7. Die Fastnachtsspeise

Wieder unter einem eigenen Kapitel XXII erzählt die Legende „von besonderen Zeichen, die ihr Gott zum Trost werden ließ." Diesmal handelt es sich aber nur um ein einziges Wunder, das die menschliche Liebe Klaras zu ihren Schwestern zeigt. Die Erzählung ist gegenüber dem Klara-Buch deutlich vereinfacht. Während in jenem die Frau an der Pforte eine Art Bußkleid trug, war sie hier „gut gekleidet" und „ihr Antlitz leuchtete wie die Sonne", was noch stärker auf ein himmlisches Wesen deuten soll (vgl. Offb 10,1; 12,1).[23)]

[1]Von besonderen Zeichen, die ihr Gott zum Trost werden ließ. – [2]Einmal in der Fastnacht da hätte die heilige Klara ihren Schwestern und Kindern gerne gut aufgewartet. [3]Sie rief die Kellermeisterin und fragte sie, ob sie nichts hätte. Darauf sagte diese: „Ich habe nichts." [4]Da richtete die heilige Klara selber den Tisch, kniete dort nieder und bat unseren Herrn, einen Menschen zu beauftragen, ein Brot und zwei Fische zu bringen. [5]Sogleich kam eine Frau, deren *Antlitz wie die Sonne leuchtete* (vgl. Offb 10,1). Sie war gut gekleidet und trug ein Körbchen auf dem Haupt. [6]Dieses gab sie der Pförtnerin mit den Worten: „Gib das der heiligen Klara!" [7]Diese fragte: „Wer hat es ihr geschickt?" Da antwortete sie: „Die heilige Klara weiß es wohl, wer es ihr geschickt hat." [8]Da brachte die Pförtnerin der heiligen Klara das Körbchen und erzählte ihr, was die Frau gesagt hatte. [9]Die heilige Klara öffnete das Körbchen und fand darin zwei gebratene Fische und ein Brot. [10]Sie freute sich sehr darüber und dankte Gott wegen seiner Gnade. [11]Das Brot aber hatte einen süßen Geschmack; dann teilte man es unter den Frauen, und alle hatten genug. [KlB 3; FrKl 15; HaD 11; SaKl 9]

[23)] Text: GROOS, *Die alemannische Sprache* (s. Anm. 2), 70.

8. Die Ringe der Prälaten

Trotz der Tendenz zur Kürzung gegenüber der Vorlage wird hier die Bemerkung übernommen, die in vielen Handschriften der lateinischen Klara-Legende fehlt, hohe Kirchenfürsten hätten in volkstümlicher Frömmigkeit ihre Ringe an die Finger von Klaras Leichnam gesteckt.[24]

Die Andacht des Volkes gegen den heiligen Leichnam nahm dermaßen zu, dass die Herren Kardinäle und andere Prälaten der Kirche ihre kostbaren Ringe an die Hände der Jungfrau steckten, damit sie dort umso mehr durch die Tugend und Kraft ihrer heiligen Finger gesegnet würden. [KlB 16]

---

[24] Text: GROOS, *Die alemannische Sprache*, 82. Dieses Detail findet sich auch in der Verslegende der hl. Klara: B. BUGHETTI, *Legenda versificata S. Clarae Virginis (saec. XIII)*, in: AFH 5 (1912) 237-260; 459-481; 621-623, hier 430, Verse 1406-10; *Fontes*, 2339-2399, hier 2389.

Magdalena Steimerin

Aus der „Legende der auserwählten Jungfrau St. Klara" [ThB]

Eingeleitet und übersetzt von Susanne Ernst

Mit dem Namen „Thennenbach 4" wird eine Handschrift bezeichnet, die sich derzeit in der Badischen Landesbibliothek in Karlsruhe befindet. Dorthin wurde sie zusammen mit acht anderen Handschriften aus der Sammlung von Johann Zimmermann, einem Theologieprofessor aus Freiburg im Breisgau, 1809 verkauft. Das Zisterzienserkloster Thennenbach hatte diese im Jahre 1631 von dem früheren Klarissenkloster in Freiburg erworben.[1] Das Manuskript Thennenbach 4 ist ein oktavformatiges Büchlein[2] von 261 Pergamentblättern, dessen Text in gotischer Buchschrift abgefasst ist. Die Handschrift enthält eine poetisch freie Übersetzung der lateinischen Klara-Vita des Thomas von Celano in alemannischem Frühneuhochdeutsch mit geringfügigen Auslassungen und einigen Zusätzen, die sich in anderen Quellen nicht finden und im Folgenden vorgestellt werden. Weiter beinhaltet diese Handschrift die vier Briefe an die hl. Agnes von Böhmen, den Segen der hl. Klara, einige Hymnen und Gebete zu Ehren Klaras, eine Klara-Predigt und die Übersetzung eines Wunderberichtes durch den Minderbruder Jörg Ringli von 1492.

Als Schreiberin gilt die auf Blatt 231 genannte Klarisse Magdalena Steimerin.[3] Die Handschrift enthält über dreißig[4] Miniaturen, die so eingefügt sind, dass sie den Text illustrieren, zum kleineren Teil aber in keinem sichtbaren Zusammenhang zum Text stehen, und drei figürliche Initialen, die nicht von der Schreiberin stammen dürften.[5] Möglicherweise sind diese in den Jahren 1480-

---

[1] J. C. BALSON, *The Life and legend of St. Clara of Assisi in the MS. Thennenbach 4. A dissertation submitted to the faculty of the University of North Carolina*, Chapel Hill 1973, XXVIII Anm. 5.

[2] Buchhöhe von ca. 22,5 cm.

[3] BALSON, *The Life* (s. Anm. 1), XXVIII Anm. 6: *hie bi gedenken durch gott swester Magdalena Steimerin ein unwirdige swester sant Claren ordens die diß buoch geschriben hett mit einem ave Maria;* vgl. F. A. SCHMITT / F. MÜHLENWEG, *Clara und Franciscus von Assisi. Eine spätmittelalterliche Legende der Magdalena Steimerin. Mit acht Miniaturen aus einer Pergamenthandschrift der Badischen Landesbibliothek Karlsruhe*, Konstanz 1959, 105.

[4] HEUSINGER spricht von 33 Miniaturen, BRUINS von 34 und BALSON von 35.

[5] Eine Auflistung und Beschreibung der Schriftbänder mit lateinischem oder frühneuhochdeutschem Text findet sich bei BALSON, *The Life* (s. Anm. 1), 115-116, eine vollständige Darstellung und Liste der Miniaturen bei C. BRUINS, *Chiara d'Assisi*

92 im Klarissenkloster Wörth in Straßburg aus der Hand der Klarisse Sibilla von Bondorf entstanden.[6] Als Hintergrund der kostbaren und aufwändigen Ausstattung dieser Handschrift wird man die Reformbewegung der Observanz des 15. Jahrhunderts sehen müssen, in der man auch durch schriftstellerische Tätigkeit versuchte, sich wieder auf die ursprünglichen Quellen der Gründungsgestalten zu besinnen. Am Oberrhein betraf das vor allem die Dominikanerinnen und Klarissen. Mit der Wiederkehr tiefer religiöser Erfahrung wuchs die Nachfrage nach spiritueller Literatur. Darum wurden von Schwestern auch Abschriften von Quellenwerken und anderen geistlichen Schriften, welche die Gründergestalten betrafen, sowie Miniaturen hergestellt. Zu den wichtigen Zentren zählte das Klarissenkloster von Freiburg, wo vermutlich auch unsere Handschrift ihren Entstehungsort hat.

Die Zusätze, die über die Klara-Vita des Thomas von Celano hinausgehen, lassen die eigentliche Akzentuierung dieser Übersetzung erkennen: der Vorrang des Geistlichen vor dem Materiellen, geschildert in der wundersamen Mahlgemeinschaft Klaras mit dem Papst, Franziskus und anderen (in Anklang an die Fioretti); die Liebe Klaras zur Passion in der Erzählung über das Blühen des Rutenzweiges; die Verbundenheit Klaras mit Franziskus im Leben und über das Leben hinaus in der gemeinsamen Fürbitte für Assisi sowie Klaras Kampf um die Nennung des hl. Franziskus in ihrer Regel und um seine Heiligsprechung; die Betonung der Armut in der Erzählung von der Regelannahme; der rechte Umgang zwischen den Brüdern und Schwestern. Vermutlich handelt es sich in diesen Zusätzen auch um aktuelle Probleme, welche die Schwestern in der Observanz bewegten. Dieses Büchlein von Schwester Magdalena Steimerin, das wegen der vorhandenen Miniaturen wahrscheinlich auch zum privaten Lesen bestimmt war,[7] zeichnet die hl. Klara als Ansporn, Beispiel und Spiegel für das Leben der Schwestern, die in der Observanz leben wollten.

Die folgende Übertragung des Sondergutes der Thennenbacher Handschrift ins Neuhochdeutsche wurde möglichst wörtlich dem spätmittelalterlichen Text angeglichen, in der Hoffnung, dass der Charme und die feinen Nuancen dieser Sprache noch ein wenig durchzuschimmern vermögen.

Quelle: J. C. BALSON, *The Life and legend of St. Clara of Assisi in the MS. Thennenbach 4. A dissertation submitted to the faculty of the University of North Carolina*, Chapel Hill 1973.

---

come altera Maria. Le miniature della Vita di santa Chiara nel manoscritto Thennenbach-4 di Karlsruhe, Roma 1999, 37.

[6] BRUINS, *Chiara d'Assisi* (s. Anm. 5), 12.

[7] BALSON, *The Life* (s. Anm. 1), VIII.

Übersetzung: F. A. SCHMITT / F. MÜHLENWEG, *Clara und Franciscus von Assisi. Eine spätmittelalterliche Legende der Magdalena Steimerin. Mit acht Miniaturen aus einer Pergamenthandschrift der Badischen Landesbibliothek Karlsruhe*, Konstanz 1959.

Studien: CH. HEUSINGER, *Nachschrift*, in: SCHMITT / MÜHLENWEG, *Clara und Franciscus*, 93-104; DERS., *Spätmittelalterliche Buchmalerei in oberrheinischen Frauenklöstern*, in: Zeitschrift für die Geschichte des Oberrheins 107 (1959) 136-160; K. RUH, *Klara von Assisi*, in: VerfLex² IV, 1172-1184, hier 1173f.; E. VAVRA, *Buchbesitz- Buchproduktion. Überlegungen zur Geschichte des Buchwesens innerhalb der franziskanischen Orden*, in: *Niederösterreichische Landesausstellung. 800 Jahre Franz von Assisi. Franziskanische Kunst und Kultur des Mittelalters*, Wien 1982, 623-637; C. BRUINS, *Chiara d'Assisi come altera Maria. Le miniature della Vita di santa Chiara nel manoscritto Thennenbach-4 di Karlsruhe*, Roma 1999; G. M. BOCCALI, *Tradizione manoscritta delle leggende di Santa Chiara di Assisi*, in: *Convivium Assisiense* N.S. 6 (2004) 419-500; U. BODEMANN, *Katalog der deutschsprachigen illustrierten Handschriften des Mittelalters*, Bd. 6, Lieferung 3/4, 51. Heiligenleben, München 2005, 279-282.

Aus der „Legende der auserwählten Jungfrau St. Klara"

< Zweites Vorwort >

1. [1]O selige, von Gott auserwählte, heilige Sankt Klara! [2]Gemäß deinem Namen bist du klar gewesen und noch viel klarer an Verdiensten. [3]Aber nun scheinst du am hellsten im himmlischen Vaterland, und wenn du klar warst, als du in deinem Vaterhaus wohntest durch das Verdienst deiner jungfräulichen Lauterkeit und der Barmherzigkeit, die du allen armen Menschen erwiesen hast, dann warst du noch viel klarer in deinem geistlichen Leben[8] durch das Verdienst deiner großen Enthaltsamkeit, die du bis ans Ende durchgehalten hast. [vgl. BulKl 2]

[4]Aber nun erscheinst du am klarsten im Himmel dadurch, dass du die höchste Freude erlangt hast, und durch die unzähligen Wunder, die der ewige Gott durch dich wirkt an all denen, die dich anrufen und dir dienen. [6]Denn du hast große Wunder getan, solange du in deinem Vaterhaus lebtest, und noch viel größere Wunder, als du in das geistliche Leben eintratst. [7]Nach deinem Tod aber erstrahlst du am allerhellsten mit unzähligen Wundern, die hell in der heiligen Christenheit leuchten. [vgl. BulKl 3]

[8]Darum wirst du zu Recht zum einen ein hoch aufragender Baum genannt, der seine strahlenden Äste weit und breit in den Garten der heiligen Christenheit ausgestreckt hat. [9]Unter den *Schatten* (vgl. Ps 17,18; 91,1-6) dieses froh machenden Baumes eilt eine unzählige Schar von Gläubigen mit dem Verlangen, sich unter dem Schatten dieses liebenswürdigen, schönen und blühenden Baumes vor dem großen Gewitter dieser falschen Welt und vor den vielfältigen Schlingen und Nachstellungen des Bösen zu schützen und von diesem gnadenreichen Baum die süße und köstliche Frucht des geistlichen Lebens zu pflücken, mit dem Ziel, die süße Frucht des Paradieses zu genießen (vgl. Gen 3,22; Ez 47,12). [BulKl 11,46-47]

[10]Zum anderen wirst du zu Recht ein klarer Quellbrunnen im Spoletotal, das ist in der heiligen Christenheit, genannt.[9] [11]Von diesem

---

[8] Mit „geistlichem Leben" ist das Ordensleben gemeint, das Klara mit dem Abschneiden der Haare durch Franziskus und der Einkleidung in Portiunkula am 27. / 28. März 1211 begann (ProKl II 1,5; 3,11; XII 4,7; LebKl 8,5).

[9] Die Formulierung *clorer, vff quellender Brunn* zeugt von einer guten Texttradition, die „reine Quelle" (*vena munda*) und „lebendige Quelle" (*vena vivida*) aus BulKl

frischen lebendigen Wasser (vgl. Joh 4,10) wird das überfließende und vollkommene Maß den Seelen in der Sündenvergebung geschenkt (vgl. Lk 6,38). [12]Diese liebliche Quelle hat sich weit in alle Welt verteilt und den Garten der heiligen Christenheit bewässert, in welchen diese zarte und schöne Jungfrau den blühenden Orden jungfräulicher Reinheit gepflanzt hat. [BulKl 11,48-49]

[13]Drittens wirst du zu Recht das hellste und reinste Licht genannt. [14]Das Licht wurde auf *einen hohen Leuchter* gestellt (vgl. Mt 5,15; Joh 5,35) zum Nutzen und zum Trost für die heilige Christenheit, welche du so ehrenhaft und so klar durch dein geistliches Leben erleuchtet hast. [15]Zu diesem allerlieblichsten und klarsten Licht eilt und läuft eine unzählige Schar von Gläubigen, weil sie an diesem liebenswürdigen Licht ihre *Lampen bereit machen* (vgl. Mt 25,1-8) und entzünden will mit allen tugendhaften Werken, damit sie, wenn ihr Bräutigam käme, mit ihrer allerseligsten Mutter Klara hineingelangen, wohlbereit zur Hochzeit des himmlischem Lämmleins (vgl. Offb 19,7), wo sich die lobwürdige Schar aller Heiligen freut, dass die Vermählung des himmlischen Königs in immerwährender Freude vollzogen wird. [BulKl 12,50-51]

[16]Es soll sich auch die andächtige Schar aller Gläubigen freuen, dass der Herr des Himmels sie für sich auserwählt hat zur ewigen Braut und sie hinaufgeführt hat in die himmlischen Wohnungen mit großer Ehre und Güte. [17]Sie hat auch da auf den Richter solchen Einfluss, dass er ihr nichts abschlägt, worum sie ihn bittet.[10] [18]Darum sollen wir sie mit Recht anrufen und bitten, dass sie uns bei ihrem himmlischen Bräutigam erwerbe, was wir an Seele und Leib benötigen. [19]Es soll sich auch zu Recht die Mutter der heiligen Christenheit freuen,[11] dass ihr eine solche Tochter geboren ist, die so fruchtbar war, dass sie durch ihr jungfräuliches, starkes Vorbild so unzählig viele Sprösslinge[12] für das geistliche Leben geboren hat, wie es noch am heutigen Tag in der heiligen Christenheit offenkundig ist. [BulKl 24,101-103]

[20]Ihnen allen ist sie wie eine starke, feste Säule in tiefer Demut vorangegangen, in freiwilliger Armut und in rechtem Gehorsam. [21]Sie

---

11,48 zu kombinieren scheint: G. M. BOCCALI, *Bolla di Canonizzazione di santa Chiara. Nuovi codici e redazione*, in: Frate Francesco 69 (2003) 313-332, hier 321.

[10] Vgl. LebKl 27,4-8. Die Vorstellung einflussreicher Fürbitte gilt in der Tradition der Kirche vor allem für die Gottesmutter Maria.

[11] Anklang an das Osterexsultet: „Auch du freue dich, Mutter Kirche, umkleidet von Licht und herrlichem Glanze!"

[12] Wörtl. *schitzling*, gemeint sind Kinder, Töchter.

war eine Meisterin der Demut, eine Äbtissin allen ehrenhaften Lebens, ein Edelstein der Büßenden. [22]Sie hat weise und sorgsam ihre Schwestern mit dem Wort Gottes versorgt, ernsthaft und fleißig ihre Schwestern zum göttlichen Dienst ermahnt. [23]Im Tadel war sie liebevoll, in der Bestrafung voller Maß, im Befehlen bescheiden, in der Sprache lauter und in all ihren Werken vollkommen. [vgl. BulKl 13]

[24]O du seliger Stamm und würdige Frau Hortulana! Du sollst dich auch zu Recht freuen, dass du ein so begnadetes Kind im Garten der heiligen Christenheit geboren hast. [25]Du heißt deshalb Hortulana, was so viel wie Gärtnerin bedeutet, weil du den Garten der heiligen Christenheit schön bepflanzt hast mit deinem allerseligsten Kind Klara. [26]Ihr bist du in das geistliche Leben nachgefolgt, in welchem du dein Leben mit allen Tugenden zum allerbesten Ende gebracht hast. [BulKl 10,43-44]

[27]Auf die gleiche Weise, wie du ihr voll Frömmigkeit in das geistliche Leben nachgefolgt bist, folgtest du ihr auch mit aller Freude in das Ewige Leben. [28]Dort erfreust du dich immer und ewig, ohne Ende mit deiner allerseligsten Tochter Klara, die so hell vor der himmlischen Schar scheint und leuchtet mit den unzähligen Seelen.[13] [29]All denen, welche durch sie zu unserem Herrn gekommen sind, trägt sie die kostbare Siegesfahne des geistlichen Lebens voran.[14] [30]Und deshalb ist zu Recht an dir das Wort erfüllt worden, das unser lieber Herr zu dir vom Kreuz her sprach: „Frau, du sollst dich nicht fürchten, denn du wirst heilsam ein Licht gebären, das da klar die Welt erleuchten wird."[15] [31]O allerseligste Frau Hortulana, wir bitten dich, erwirb uns beim ewigen Gott, dass er uns gewähre, deiner seligen Tochter Klara so nachzufolgen, dass wir uns auch ewig mit ihr freuen ohne Ende. Amen.[16]

< Die wunderbare Segnung des Brotes >

2.[1]Das ist ein lobenswertes Zeichen und Wunder, das durch die lobwürdige und heilige Jungfrau und Mutter Sankt Klara in ihrem Leben bei einem seligen Tischsegen und Essen geschah. [2]Einst geschah es,

---

[13] Vgl. LebKl 1,3; 33,6.

[14] Vom „Banner" (*vexillum*) der Jungfräulichkeit und Armut spricht Klara in 1 Agn 13.

[15] LebKl 2,4.

[16] Text: BALSON, *The Life* (s. Anm. 1), 4-9. Die ganze Vorrede ist wie eine Kurzfassung der Heiligsprechungsbulle, die sich hymnisch zuerst an Klara selbst und am Schluss an ihre Mutter richtet.

dass der würdige Herr und Papst Bonifaz[17] zur ehrwürdigen Frau und Äbtissin Sankt Klara kam und mit ihr essen wollte. [3]Er hatte eine überaus tiefe und große Zuneigung und Verehrung zu ihr, da er die vortreffliche Gnade und Seligkeit erkannte, welche Gott in ihr wirkte. [4]Als man den Tischsegen las und sie zum Gebet *Oremus, benedic nos et dona tua*[18] kamen, da schwiegen sie alle. [5]Da hieß der Papst die heilige Äbtissin Klara den Tischsegen lesen. [6]Die demütige Mutter Sankt Klara erschrak wegen ihrer großen Demut, weil sie sich selber für unwürdig hielt, dass sie in Gegenwart des Papstes den Tischsegen lesen sollte. [7]Sie sprach zum Papst: „Heiliger Vater, wir begehren ihn von Euer Gnaden zu hören." [8]Darauf antwortete ihr der Papst und sprach: „Klara, du sollst tun, was ich dir befehle." [9]Da war die selige Frau Klara dem würdigen Herren und Vater, dem Papst, gehorsam. [10]Als sie das Gebet *Oremus* begann und das Kreuz mit ihrer seligen Hand über die Tische in üblicher Weise machte, da tat unser lieber Herr die Augen aller auf, so dass sie mit leiblichen Augen sahen, dass auf jedem Brot, das da auf den „Tischen der Armen unsres Herrn" lag, ein schönes, zartgoldenes Kreuz glänzte. [10]Davon empfingen der Papst und alle anderen große Freude und Erbauung ihrer Seelen.[19] [Fior 33]

< Wie aus der leiblichen Mahlgemeinschaft eine geistliche wurde >

3. [1]Der heilige Vater Franziskus war auch zu diesem heiligen Mahl gerufen.[20] [2]Als sie zu Tisch saßen, gab es keine Nachfrage nach kostbarem Essen oder Trinken, vielmehr wurde sie durch die große innere Sammlung und das geistliche Feuer und honigfließende, andäch-

---

[17] Bei SCHMITT / MÜHLENWEG, *Clara und Franciscus* (s. Anm. 3), 77, wird Bonifaz (VIII.) zu Gregor (IX.) korrigiert. Dieser hatte schon als Kardinal Hugolin für Klara tiefe Bewunderung gehegt und sie öfter besucht. Nach der *Chronik der 24 Generalminister* (AF III, 274f.) war es Innozenz IV., der Klara in ihrer letzten Krankheit besuchte. Wenn auch Franziskus bei diesem Mahl dabei gewesen sein sollte, wie ThB 3,1 angibt, dann hätte es Papst Honorius III. sein müssen. Bonifaz VIII. regierte erst von 1294-1303, also 40 Jahre nach Klaras Tod.

[18] „Lasset uns beten. [Herr] segne uns und diese Gaben [die wir von deiner Güte nun empfangen werden]." Dieser alte Tischsegen wird noch heute in Klöstern gebetet.

[19] Text: BALSON, *The Life* (s. Anm. 1), 94f.; ProKl VI 16 erzählt von einer anderen wunderbaren Begebenheit Klaras mit dem Brot.

[20] Von einem Mahl des hl. Franziskus in S. Damiano, allerdings mit den Brüdern, berichtet Br. Leonhard von Assisi: B. BUGHETTI, *Analecta de s. Francisco Assisiensi saeculo XIV ante medium collecta (e cod. Fiorentino C. 9.2878)*, in: AFH 20 (1927) 79-108, hier 106f., Nr. 49; übersetzt bei: A. ROTZETTER, *Klara und Franziskus. Bilder einer Freundschaft*, Freiburg (CH) 1993, 75-80.

tige Worte über unseren lieben Herrn vertrieben.[21] [3]Es wurde das Wort an ihnen erfüllt, das die Ewige Weisheit spricht: *Wo zwei oder drei in meinem Namen versammelt sind, da bin ich mitten unter ihnen* (Mt 18,20). [4]Denn man sah, dass Unser Lieber Herr zu Tisch zwischen unserer vortrefflichen, herrlichen Mutter Sankt Klara und unserem seligen Vater Sankt Franziskus saß und in großer Freude mit ihnen beiden Mahl hielt.[22] [5]Und an der anderen Seite von Sankt Klara saß Unsere Liebe Frau und war auch sehr fröhlich und lieblich anzusehen und hatte große Freude mit der seligen Mutter Sankt Klara.[23]

[5]Man sah auch die zwei hohen Himmelsfürsten, Sankt Petrus und Sankt Paulus zu Tische sitzen. [6]Und dabei wird uns wohl zu verstehen gegeben, mit welch guter Gesinnung und guten Worten dieses edle Mahl gehalten wurde, weil die, an die sie dachten und von denen sie sprachen, selbst anwesend waren. [7]Und als sie dieses lobenswerte Mahl gegessen hatten, da waren sie viel mehr geistlich denn leiblich gesättigt. [8]Dann standen der Papst und auch die anderen alle auf und beteten das *Gratias*[24] mit großer Andacht. [9]Sie sagten Unserem Lieben Herrn viel mehr für das geistliche als für das leibliche Brot Lob und Dank.[25]

< Das Blühen des Rutenzweiges >

4. [1]Zu einer anderen Zeit ging der würdige Herr und Papst Innozenz[26] zur seligen Frau Sankt Klara, wollte sie sehen und mit ihr vom Heil der Seele reden, da er ihr gegenüber große Zuneigung und Verehrung hegte. [2]Er brachte ihr einen kleinen Rutenzweig von den Ruten, mit denen Unser Lieber Herr gegeißelt worden war, denn er kannte gut die

---

[21] Statt einer Tischlesung gab es mangels Büchern das geistliche Gespräch (*collatio*; vgl. Eccl Prol. 2; I 7; 9).

[22] Hier ist eine Miniatur (fol. 134ᵛ) eingefügt, die diesen Text illustriert.

[23] LebKl Einl. 5,14 bezeichnet Klara als „Abbild der Muttergottes" (*Dei Matris vestigium*). Schwester Benvenuta sah in einer Vision die Muttergottes sich über Klaras Antlitz neigen: ProKl XI 4,26-27.

[24] Abschluss des Tischgebetes: *Gratias agimus tibi* [...] – „Wir sagen dir Dank, allmächtiger Gott, für alle deine Wohltaten."

[25] Text: BALSON, *The Life* (s. Anm. 1), 94f. Das geistliche Brot des Wortes Gottes (Predigt) war Klara ebenso wichtig wie das leibliche Brot: ProKl X 8; LebKl 37.

[26] Nach Nikolaus von Calvi, dem Biographen Innozenz' IV., besuchte der Papst Klara zwei Mal kurz vor ihrem Tod: das erste Mal Anfang Mai, das zweite Mal um den 8. August 1253: *Vita Innocentii IV scripta a fr. Nicolao de Carbio*, in: A. MELLONI, *Innozenzio IV. La concezione e l'esperienza della cristianità come „regimen unius personae"*, Genua 1990, 259-293, hier 285 (vgl. ProKl III 24,84, LebKl 41-42).

große und brennende Minne und Liebe, die sie zum liebreichen Leiden unseres Erlösers und Retters hatte.[27] [3]Und als der Papst in das Kloster hineinging, da ging die ehrwürdige Äbtissin und heilige Mutter Sankt Klara gerade in ihrem Garten umher; sie war betrübt in ihrer Betrachtung und ihrem Denken an das würdige Leiden Unsres Lieben Herrn.

[4]In diese Gedanken war sie so sehr vertieft, dass sie es nicht wahrnahm, wie ihr der Papst und seine Begleiter so nahe kamen, bis der Papst sie ehrenvoll grüßte. [5]Da antwortete sie ihm mit demütigem Blick wie ein Mensch aus einer anderen Welt, dessen Herz und Sinn allezeit zum Himmel erhoben ist, dass der ehrwürdige Stellvertreter Christi große Gnade und Erbauung von ihrem gnadenreichen Antlitz und von ihren inbrünstigen Worten, die sie zu ihm sprach, empfing.[28]

[6]Dann gab ihr der Papst das kleine Zweiglein, das von der Rute Unseres Lieben Herrn war. [7]Als sie es empfing, war ihr ganzes Aussehen verwandelt: sowohl durch das große Mitleid, das sie hatte, als sie die Ursache des großen Leidens ihres Schöpfers sah, als auch durch große Freude, mit der ihre höchsten Seelenkräfte ständig erfüllt waren, wenn sie an den *unergründlichen Schatz* (vgl. 2 Kor 4,7) und die Glückseligkeit dachte, die ihr und allen Menschen daraus entstanden waren.[29] [8]In diese Gedanken war sie so sehr versunken, dass sie wenig mitbekam, was der Papst mit ihr sprach. Sie gab dem höchsten Licht, das da in ihrer Seele leuchtete, Raum und redete auch über ihre Not[30] mit dem Papst. [9]Dann steckte sie das Zweiglein vor sich in die Erde, damit sie bis zum Weggehen des Papstes die ehrwürdige Reliquie in aller Ehre aufbewahrt hielt.

[10]Aber die Ewige Weisheit[31] hatte zum Lob und zur Ehre ihrer lobwürdigen Braut Klara eine andere Entwicklung gewollt: denn während der Papst und die selige Frau und Mutter Sankt Klara miteinander sprachen, siehe, da fing das dürre Zweiglein an zu grünen und blühte

---

[27] Zu Klaras überaus großer Liebe zu Jesus in der Passion: LebKl 30 u. 31.

[28] Vgl. ProKl I 9,28; IV 4,10-11; VI 3,10; LebKl 20,2-3.

[29] Mitleid und Freude aus dem Leiden Christi entsprechen den zwei Gnaden, um die Franziskus auf La Verna gebeten hatte (Cons 4,36-39).

[30] Mit der Not (*notdurft*), die Klara mit dem Papst bereden will, ist wohl ihr Mitleiden mit der Passion Jesu gemeint.

[31] Der Ausdruck „Ewige Weisheit" erinnert an das „Büchlein der ewigen Weisheit" von Heinrich Seuse OP; dieses war in Mittelhochdeutsch verfasst und dürfte den Freiburger Klarissen bekannt gewesen sein.

und brachte Frucht.[32] [11]Daraus sollen wir verstehen, dass sie (Klara) in ihr reines jungfräuliches Herz die unbesiegbaren Waffen des würdigen Leidens unseres lieben Herren Jesus Christus gepflanzt hatte.[33]

[12]Nachdem sie ihre Unterredung beendet hatten und der Papst von ihr Abschied nehmen wollte, da wollte die heilige Mutter Klara das Zweiglein wieder herausziehen. [13]Es gelang ihr aber nicht, denn es war *zu einem Baum geworden* (vgl. Mt 13,32). [14]Die selige Frau und Mutter Sankt Klara sah es und wurde zunächst sehr traurig, weil sie die kostbare Reliquie nicht wiederhaben konnte. [15]Sie war aber auch mit geistlicher Freude darüber erfüllt, dass der allmächtige Gott das Werk seiner Allmacht an dem dürren Zweiglein erwiesen hatte. [16]Es geschahen an diesem liebenswerten Baum auch viele Wunder.

[17]Als der Papst und seine Begleiter das große Wunder sahen, welches geschehen war, wurden sie aufs höchste erfreut und sagten Gott Lob und Dank für das große Wunderzeichen, das da geschehen war, denn das Zweiglein, das zwölfhundert Jahre (weniger sechs Jahre) alt war, blühte und brachte Frucht, wie es seiner Natur anstand. [18]Danach schied der Papst und seine Begleiter, die mit ihm dorthin gekommen waren, von der seligen Mutter Sankt Klara, und sie waren sehr gestärkt und erbaut worden durch das große Wunder, das da geschehen war. [19]Sie waren danach viel andächtiger und inbrünstiger gegenüber Gott und der allerseligsten Mutter Sankt Klara.[34]

< Klara und Franziskus beten für Assisi >

5. [1]Einst geschah es, dass die Leute in der Stadt Assisi sehr gegen den Willen Gottes lebten. [2]So kam der Zorn Gottes plötzlich über sie und feurige Strahlen fielen vom Himmel auf die Stadt. [3]Als der selige Vater Sankt Franziskus und unsere allerseligste Mutter Sankt Klara dies im Geist erkannten, hatten sie sogleich Mitleid mit der Stadt. [4]Sankt Franziskus kniete sich mit seinen Brüdern in ihrem Garten nieder und die selige Mutter Sankt Klara mit ihren Schwestern ebenfalls in ihrem Garten. [5]Sie baten Unseren Lieben Herrn Jesus Christus mit brennen-

---

[32] Das grünende Zweiglein erinnert an den Stab Aarons, der in der Bundeslade zu grünen begann (Hebr 9,4: *virga Aaron quae fronduerat*).

[33] Hier ist in den Text eine Miniatur (fol.138ʳ) eingefügt, die Klara, Papst Innozenz und den blühenden Baum zeigt; vgl. LebKl 35,8 (Abschnitte 32-35 schildern, wie Klaras Liebe zum Gekreuzigten in ihr als „Baum des Heiles und Kraft des Heilens" fruchtbar wurde).

[34] Text: BALSON, *The Life* (s. Anm. 1), 96-99.

dem Herzen, dass er von seinem göttlichen Zorn ablasse und ihnen (den Leuten) ihre Sünden vergebe. [6]Und die hohe Majestät Gottes neigte ihr barmherziges Ohr, erhörte beider Gebet und ließ ab von ihrem strengen Urteil.[35]

[7]Die Strahlen fielen nicht mehr vom Himmel. [8]Die Leute begannen mit der Besserung ihres sündhaften Lebens und sagten Unserem Lieben Herrn Lob und Dank, dass er sie durch das Gebet des seligen Vaters Franziskus und seiner lobwürdigen, auserwählten Braut Klara aus den Klauen des ewigen Todes erlöst hat.[36]

< Klara kämpft um die Heiligsprechung des Franziskus >

6. [1]Wie die allerehrwürdigste Jungfrau, unsere allerseligste Mutter Sankt Klara, den ehrwürdigen Herrn und Papst Gregor bat, dass er unsern allerseligsten Vater Sankt Franziskus kanonisieren und heilig sprechen sollte: [2]Als der allerlobwürdigste Verehrer und Träger der Zeichen Jesu Christi, des höchsten Königs, unser allerseligster Vater Sankt Franziskus, aus dieser Welt geschieden war und in den obersten Chören des Himmels herrschte,[37] war seine Heiligkeit wohl schon bekannt und stand für die ehrwürdige Braut Jesu Christi, unsere allerseligste Mutter Sankt Klara, seiner allerliebsten Schülerin und Pflanze,[38] fest. Da fügte es sich beim nächsten Generalkapitel, dass die Brüder den Herrn und Papst Gregor baten,[39] er solle den seligen Vater Sankt Franziskus heilig sprechen;[40] aber sie erhielten von ihm keine Antwort.

---

[35] An dieser Stelle sind zwei Miniaturen eingefügt. Fol. 141[r] zeigt Franziskus und Klara, eine weitere Klarisse und einen Engel in Gebetshaltung. Fol 141[v] zeigt ohne direkten Zusammenhang zum Text den hl. Antonius, vor dem eine kleine Frau kniet, über deren Kopf ein Schriftband mit folgnedem Inhalt gezeichnet ist: „Antonius, vortrefflicher Mann, bitte immer für mich" (*Antoni vir egregie ora semper pro me*), dem hl. Bernhardin von Siena und einem Engel im Hintergrund.

[36] Text: BALSON, *The Life* (s. Anm. 1), 99f. Zweimal rettet das Gebet Klaras und ihrer Schwestern die Stadt Assisi: ProKl III 18 u. 19; LebKl 22 u. 23; auf die Rettung Assisis deuten auch die Vision Br. Silvesters vom goldenen Kreuz, das aus dem Mund des Franziskus kam und einen großen, die Stadt bedrohenden Drachen vertrieb (LM III 5), sowie der Segen des hl. Franziskus für seine Stadt (Per 5; SP 124).

[37] Vgl. 1 C 119,1-15.

[38] Vgl. KlReg 1,3; KlTest 37.49; KlSeg 6.

[39] Hier ist der Text durch zwei Miniaturen unterbrochen. Die erste (fol.143[r]) zeigt als Illustration zum Text Papst Gregor, zwei Engel und die hl. Klara, die vor dem Sarg des hl. Franziskus kniet. Über ihrem Kopf ist ein Schriftband mit folgendem Text gezeichnet: „Herr ich bitte, dass Ihr ihn heilig sprecht; es ist würdig und recht"

³Dann kam er nach Assisi zu der seligen Frau und Mutter Sankt Klara in das Kloster des hl. Damian und besuchte sie dort, wie er es oft zu tun pflegte. ⁴Als sie bei ihm saß und sie über Verschiedenes redeten, sagte die selige Frau Sankt Klara zum Papst: „Herr und heiliger Vater, Ihr kennt die Heiligkeit des seligen Vaters Franziskus gut. ⁵Und nicht allein Ihr, mehr noch, die ganze Welt kennt seine Heiligkeit, und nicht nur die vernünftigen Geschöpfe, sondern auch die unvernünftigen Tiere und Geschöpfe sind Zeugen seiner Heiligkeit.[41] ⁶Darum ist es gütig und recht[42], dass Ihr ihn heilig sprecht. ⁷Zur Ehre des höchsten Gottes wünsche ich inständig und bitte Euch, heiliger Vater, dass Ihr uns diese Gnade erweist, ihm zu gebührender Ehre und Würde, den Gläubigen zum Trost und allen, die ihn kennen, zu besonderer Freude."

⁸Aber Papst Gregor, der die Bitte der seligen Frau Sankt Klara hörte, gab ihr keine positive Antwort zur Heiligsprechung des heiligen Vaters Sankt Franziskus. ⁹Als der Papst von der seligen Mutter Sankt Klara Abschied genommen hatte, war es Zeit zum Essen. ¹⁰Sie rief all ihre Schwestern zu sich und sprach zu ihnen in Gegenwart der Brüder, die zum Kloster gehörten[43] und bei ihr standen: „Ich befehle euch allen", sprach sie, „den Gesunden wie den Kranken, dass keine von euch heute esse oder trinke.[44] ¹¹Ihr sollt mit *Gebet und Fasten* (vgl. Apg 14,23) bei Gottes Barmherzigkeit anklopfen, damit er gnädig die Ohren seines Stellvertreters öffne, um meinen Wunsch zu erfüllen."

¹²Die Brüder, die hörten, was die selige Mutter Sankt Klara ihren Schwestern geboten hatte, gingen an den päpstlichen Hof, trafen den Papst beim Essen und meldeten ihm die Dinge, welche die selige Frau Sankt Klara getan und verlangt hatte. ¹³Als der Papst das hörte, sprach

---

(*Domine rogo ut canonizetis illum pium et iustum est*). Die andere Miniatur (fol. 143ᵛ) zeigt – ohne Zusammenhang mit dem Text – Franziskus, der in der Rechten das Evangelium, in der Linken den gekreuzigten Seraph hält, ihm zu Füßen sehr klein die hl. Klara und rechts den hl. Ludwig von Toulouse.

[40] Br. Leonhard von Assisi bezeugt, dass „die Brüder den Herrn Papst Gregor und die Kardinäle in Assisi ersuchten, den seligen Franziskus zu kanonisieren" (Per 72,6). Dass auch Klara bei dem mit ihr befreundeten Papst für seine Heiligsprechung eintrat, ist denkbar, auch wenn diese späte Notiz in allen anderen Quellen fehlt.

[41] Vgl. 1 C 119, 20-25.

[42] Vgl. Beginn der Präfation: *dignum et iustum est* – „es ist würdig und recht".

[43] Die Brüder, die nach KlReg 12,5-7 Seelsorge und Sammlung für die Frauen übernahmen, wohnten in einem eigenen Haus bei San Damiano (vgl. Per 83,10).

[44] Ähnlich hatte Klara die Brüder Almosensammler, „die nur das Brot des Leibes besorgten", zurückgeschickt und so eine Sinnesänderung bei Papst Gregor IX. erreicht (LebKl 37,7-10).

er: „Was ist das? Höre ich richtig, dass sie betrübt ist?" [14]Und sogleich ließ er sich seine Pferde bereitmachen, reiste in aller Eile zur seligen Frau Sankt Klara, trat in das Kloster und sprach zu ihr: „Klara, habt Ihr gegessen?" [15]Und sie antwortete ihm: „Heiliger Vater, wir haben oft gegessen." [16]Da sprach der Papst: „Mich wundert, warum Ihr dies tut." [17]Darauf antwortete ihm die selige Mutter Sankt Klara und sprach: „Heiliger Vater, mich wundert noch viel mehr, wo Euch der heilige und selige Vater Franziskus so lieb gehabt hat und Ihr sehr wohl um seine Heiligkeit wisst und sie bekennt, dass Ihr dennoch so hart gegen ihn seid."[45] [18]Da sprach der Papst sehr gütig zu ihr: „Klara, meine allerliebste Tochter, ich will tun, was du begehrst und bittest. [19]Doch du weißt wohl, dass Bruder Franziskus mein besonderer und allerliebster Freund war. [20]Darum will ich nicht, dass die ganze Welt behauptet, ich hätte dies nur aus Freundschaft mit ihm getan."

[21]Bald danach sandte der Papst ehrenwerte und redliche Boten aus, um die Wunder und Zeichen in Erfahrung zu bringen, die Gott durch ihn gewirkt habe. [22]Er befahl, dass jene Kardinäle verhört werden sollten, die am wenigsten für seine Heiligsprechung waren. [23]Nachdem sie dies eifrig getan hatten, wurden sie sich alle einig.[46] [24]Der Papst kam persönlich wieder nach Assisi und schrieb mit festlicher Freude und großer Ehrerbietung und Würde den heiligen Vater Sankt Franziskus in das Buch der Heiligen ein.[47] [25]Dies war im Jahr 1228 nach Christus, am 16. Juli, einem Sonntag. [26]Im Jahr 1230, am 25. Mai, wurde sein heiliger Leib beim Generalkapitel feierlich überführt.[48] [27]Darüber empfanden die edle, gottgeweihte Magd Klara und alle Gläubigen große Freude und sagten Gott Lob und Dank. [28]Ihm sei Ehre und Herrlichkeit, von Ewigkeit zu Ewigkeit ohne Ende. Amen.[49]

---

[45] Klara konnte, wenn sie überzeugt war, dass eine Sache dem Evangelium entsprach, sehr widerständig sein. So widersetzte sie sich Papst Gregor IX. in der Frage der Annahme von Besitz (ProKl I 13; II 22; III 14; LebKl 14).

[46] Nach Bonaventura ließ der Papst, der Franziskus schon heiligsprechen wollte, „alle seine Wunder, die er erfahren konnte, aufzeichnen, durch geeignete Augenzeugen erhärten und durch jene Kardinäle prüfen, die seinem Vorhaben weniger wohlwollend gegenüber standen. Sobald diese alles sorgfältig geprüft und einstimmig gutgeheißen hatten, beschloss er auf einmütige Empfehlung und Zustimmung seiner Kardinäle und aller Kirchenfürsten, die damals an seiner Kurie weilten, ihn heilig zu sprechen" (LM XV 7,2-3).

[47] Über die Heiligsprechung berichtet Thomas von Celano – wohl als Augenzeuge – ausführlich (1 C 119-126).

[48] Die Übertragung der Gebeine des Heiligen in die neuerbaute Basilika wird erstmals von Julian von Speyer erwähnt (Jul 76,1; vgl. LM XV 8,1).

[49] Text : BALSON, *The Life* (s. Anm. 1), 100-103.

< Papst Gregor gibt Klara eine Regel >

7. [1]Einmal kam Papst Gregor zur seligen Frau Sankt Klara, um ihr eine Regel zu geben, nach der sie leben sollte. [2]Als er sie ehrfurchtsvoll grüßte, da sprach er zu ihr: „Klara, ich bringe dir eine Regel für euer Leben. Willst du sie annehmen?" [3]Da antwortete die selige Äbtissin Sankt Klara dem Papst und sagte: „Heiliger Vater, ich möchte sie zuvor hören." [4]Und der Papst ließ sie ihr vorlesen. [5]Als sie ihr vorgelesen wurde, kam darin der Name Sankt Benedikt vor, weil einer seiner Brüder sie geschrieben und auf Geheiß des Papstes so aufgesetzt hatte.[50] [6]Auch war darin der Besitz von Eigentum angeführt. [7]Als die selige Liebhaberin der Armut das hörte, sprach sie zum Papst: [8]„Herr und heiliger Vater, wenn das eine weggelassen und das andere verändert wird, will ich sie annehmen. [9]Darum verändere den Namen Benedikt und ersetze ihn durch den Namen Franziskus, und nimm den Besitz von Eigentum heraus."[51]

[10]Da sprach der Papst: „Glaubst du nicht, dass der selige Benedikt heilig ist?" [11]Und die selige Mutter Sankt Klara antwortete dem Papst und sprach: „Ich glaube, dass der selige Benedikt heilig ist. Aber vom seligen Vater Franziskus weiß ich, dass er heilig ist, weil ich sein Leben gesehen und gekannt habe."[52] [12]Da sprach der Papst: „Mit Besitz wirst du ausreichend versorgt". [13]Da antwortete die selige Mutter Sankt Klara dem Papst und sprach: „Heiliger Vater, wenn ich tue, was ich tun muss und was ich dem Herrn versprochen habe, dann würde, auch wenn mich

---

[50]   Gregor IX. verfasste schon als Kardinal um 1218/19 eine „Lebensform" mit Verweis auf die Benedikt-Regel als Rechtsgrundlage und führte sie noch zu Lebzeiten des Franziskus zwischen 1223-1226 auch in San Damiano ein: I. OMAECHEVARRÍA, *Escritos de Santa Clara y Documentos complementarios. Edicion Bilingüe*, Madrid [5]2004, 209-232 hier 219, Nr. 3. Der Einfluss der Benedikt-Regel auf die KlReg wird dargestellt in: FEDERAZIONE S. CHIARA DI ASSISI delle Clarisse di Umbria-Sardegna, *Chiara di Assisi e le sue fonti legislative. Sinossi cromatica,* Padua 2003. Die in ThB 7 erzählte Auseinandersetzung Klaras mit dem Papst fand nach dem Tod des hl. Franziskus statt.

[51]   Innozenz IV. ersetzt 1247 in der von ihm verfassten „Lebensform" die Benedikt-Regel mit jener des Franziskus und nennt ihn ausdrücklich in der Professformel, gewährt aber den Besitz von Eigentum: OMAECHEVARRÍA, *Escritos* (s. Anm. 50), 237-264, hier 260f., Nr. 11. Das „Privileg der Armut", keinen Besitz annehmen zu müssen, hatte Klara wahrscheinlich schon 1214/16 von Innozenz III. erlangt und 1228 von Gregor IX. bestätigt erhalten (Priv 1/2; ProKl I 13; II 22; III 14; LebKl 14). Erst die Klara-Regel selbst heißt „Lebensform, die der selige Franziskus zusammengestellt hat" und bezieht sich ausdrücklich auf ihn (KlReg 1,1.3-5; 3,14; 6).

[52]   Im Testament beruft sich Klara häufig auf die Heiligkeit des Franziskus, „den wahren Liebhaber Christi", der ihr zum Beispiel geworden ist (KlTest 5).

deshalb die Brüder und alle Menschen verließen, Gott, der Herr, mich führen und durch die *Vögel des Himmels* ernähren (vgl. 1 Kön 17,6)."[53]

< Heilung des Kindes Petriolus aus Bettona >

8. [1]Es war da ein Kind aus der Stadt Biterio,[54] das Petriolus hieß. [2]Dieses war schon drei Jahre so schwer krank, dass ihm alle Kräfte seines Leibes geschwunden waren und es nur noch Haut und Knochen war. [3]Wegen der großen Schmerzen, die es in den Seiten und in den Nieren hatte, ging es allezeit krumm und zur Erde gebeugt und konnte sich nicht ohne Stock aufrichten. [4]Sein Vater suchte unter Tränen Hilfe bei weisen und gelehrten Ärzten. [5]Sollte ihm einer mit irdischer Arznei helfen können, so wäre er sofort bereit, ihm all sein Gut zu geben, damit sein Kind gesund würde. [6]Doch alle antworteten ihm, die Krankheit des Kindes sei so schwer, dass man ihm mit keiner irdischen Arznei helfen könne.

[7]Da hörte der Vater von den großen Wundern der heiligen Jungfrau Sankt Klara erzählen. Er nahm sein Kind, trug es zum Grab der allerehrwürdigsten Magd Klara und legte das Kind auf das Grab. [8]Als es eine kleine Weile auf dem Grab gelegen hatte, da stand das Kind gerade und gesund auf, *ging umher, sprang und lobte Gott* (Apg 3,8) und veranlasste eine große Menge Volkes zum Lob unseres Herren und der seligen Magd Sankt Klara. [9]Denn es war eine große Schar von Leuten dorthin gekommen: die einen, um Gesundheit zu erlangen, andere, weil sie schon geheilt worden waren und ihr [Klara] Lob und Dank sagen wollten. [10]Dann ging das Kind mit seinem Vater wieder gesund und froh nach Hause zurück.[55] [LebKl 55]

< Über den leichtfertigen Bruder Benvenut >

9. [1]Als die selige Frau Sankt Klara noch lebte, gab es einen Bruder, der Benvenut hieß.[56] Er hatte zwanzig Jahre in ihrem Kloster gelebt. [2]Einmal saß er bei der seligen Mutter Sankt Klara und wickelte seinen

---

[53] Text: BALSON, *The Life* (s. Anm. 1), 103-105. Vgl. das Wort aus Ps 55,23, das Franziskus den Brüdern auf den Weg gab: „Richte dein Denken auf den Herrn, und er wird dich ernähren!" (1 C 29,6).

[54] Gemeint ist *Bettona*, ein Dorf in der Umgebung von Assisi.

[55] Text: BALSON, *The Life* (s. Anm. 1), 88. Die letzten zwei Sätze sind Eigengut von ThB.

[56] Wahrscheinlich *Bentevengha*, der als Almosensammler bei den Armen Frauen in San Damiano lebte: ProKl I 15.

Strick um einen Finger. [3]Da sprach die selige Frau Sankt Klara zu ihm: „Sohn, du sollst das nicht tun." [4]Der Bruder sprach: „Warum?" [5]Da antwortete ihm die selige Mutter und sprach: „Weil es die *Leichtfertigkeit des Herzens* zeigt (vgl. Spr 22,15)."[57]

< Klara tadelt Bruder Philipp >

10. [1]Es gefiel der seligen Mutter Sankt Klara nicht, dass die Brüder mit ihren Schwestern an abgesonderten Orten sprachen, ausgenommen bei der Beichte.[58] [2]Darum wies sie einmal ihren Visitator Bruder Philipp,[59] der ein Mann von großer Einfalt[60] war, zurecht, da er mit einer ihrer Schwestern an einem abgesonderten Ort reden wollte. [3]Sie sprach zu ihm: „Bruder, willst du etwa gute und nützliche Dinge mit ihr alleine reden?[61] Sprich sie doch vor uns allen, damit wir alle dadurch gebessert werden, weil der Nutzen vieler Menschen besser ist als der eines einzigen Menschen." [4]Und sie fasste ihn höflich und zuchtvoll an und zog ihn in die Gruppe der Schwestern zurück. Sie wollte durch dieses Beispiel den anderen zeigen, dass es ihr missfiel, wenn sie abseits von den anderen mit ihnen (den Brüdern) sprechen wollten.[62]

---

[57] Text: BALSON, *The Life* (s. Anm. 1), 104-105. Klara assoziiert vielleicht das Spielen des Bruders mit seinem Strick, den er gedankenlos um seinen Finger wickelt, mit dem Schriftwort Spr 22,15 Vgl.: *stultitia conligata est in corde pueri* – „Torheit ist an das Herz des Knaben gebunden", wörtlich: „herumgewickelt".

[58] Vgl. KlReg 3,13; 12,8-10.

[59] Philippus Longus aus Atri, einer der ersten Gefährten des Franziskus, war maßgeblich am Ordenseintritt Klaras beteiligt (ProKl VI 1,4; XII 5,11; XVII 3,7). Obwohl nicht wissenschaftlich gebildet, ein begabter (1 C 25,3-4) und von Klara gern gehörter Prediger (ProKl X 8; LebKl 37,2-4), der sich als Visitator der Armen Frauen von 1219-20 (später wieder von 1228-46) wegen seines Übereifers den Unmut des hl. Franziskus zuzog: Jord 13-14; L. OLIGER, *Descriptio codicis Sancti Antonii de Urbe una cum appendice textuum de Sancto Francisco,* in: AFH 12 (1919) 321-401, hier 383f., Nr. 59.

[60] Wörtl. *einvaltikeit* (lat. *simplicitas*), Einfachheit, Klarheit, Reinheit.

[61] Nach KlReg 12,4 ist es dem Visitator erlaubt, „in einem allgemein zugänglichen Raum, wo er von den anderen gesehen werden kann, mit mehreren oder einzelnen Schwestern das zu besprechen, was sich auf das Amt der Visitation bezieht, so wie es ihn am besten dünkt".

[62] Text: BALSON, *The Life* (s. Anm. 1),105.

< Papst Alexander gewährt einen Ablass am Klarafest >

11. [1]Der würdige Herr Papst Alexander[63] schreibt und sagt auch folgendes: „Ich ermahne und rufe alle Christenmenschen zum Lob der allerseligsten Braut Jesu Christi auf, dass sie das lobwürdige Fest der würdigen Jungfrau Sankt Klara sehr innig und feierlich mit Andacht begehen. [2]Man soll so schnell als möglich zum Grab der ehrwürdigen Frau Sankt Klara kommen. [3]So habe ich zu Lob und Ehre der Barmherzigkeit des allmächtigen Gottes und seiner heiligen Apostel Sankt Peter und Sankt Paulus für alle Menschen, die mit Reue und aufrichtiger Beichte zum Grab kommen oder ihr Fest begehen, ein ganzes Jahr und vierzig Tage Ablass aller Sündenstrafen gewährt. [4]Dieser Ablass gilt für den Festtag der allerlobwürdigsten Magd Klara und die ganzen acht Tage danach."[64] [BulKl 25]

< Schlussgebet >

12.[1]Geliebte in Christus, nun helft mir, die überaus lobwürdige Mutter Sankt Klara anzurufen und zu bitten, sie möge uns allen bei ihrem unsterblichen Bräutigam Jesus Christus erwirken, dass wir ihr hier in dieser Zeit in allen Tugenden nachfolgen,[65] damit wir uns auch auf ewig mit ihr freuen dürfen. [2]Das gewähre uns allen Gott, der Vater und der Sohn und der Heilige Geist. Amen.[66]

---

[63] Rainald, Graf von Ienne, seit 1248 Kardinalprotektor der Armen Frauen, regierte als Papst Alexander IV. 1254-61.

[64] Text: BALSON, *The Life* (s. Anm. 1), 109.

[65] Klara „in allen Tugenden nachzufolgen, um das ewige Leben zu erlangen," war Grundintention der Verfasserin, wie es Klara auch selbst wollte: das Leben der Armen Frauen ist für andere Spiegel und Beispiel: KlTest 19-23.

[66] Text: BALSON, *The Life* (s. Anm. 1), 109.

Sankt Klara-Lied [KlLd]

Eingeleitet und übersetzt von Johannes Schneider OFM

In diesem Lied zu Ehren der hl. Klara, das gegen Ende des 15. Jahrhunderts aufgezeichnet wurde, kommt das Klara-Bild zum Ausdruck, das in der praktischen Frömmigkeit der Klarissen jener Zeit gepflegt wurde. Das Sant Clara lied *bezieht seinen Inhalt vor allem aus der Klara-Liturgie und wurde in alemannischer Sprache von einer unbekannten Klarisse gedichtet, wie sie in der 10. Strophe bekennt: „dass ich dein Kleid darf tragen und zudem deine Dienerin bin". Ruth Meyer hat den Text aus einer Berliner Handschrift ediert und folgendermaßen kommentiert: „Die Verse sind unbeholfen, umso mehr aber sind sie ein Zeugnis dafür, wie sehr der Dichterin Klara als* mvter *gegenwärtig und lieb war. Klaras Leben steht ihr als leuchtendes Beispiel vor Augen (*Din leben ist clarlich lúchten den edlen kinden din*), deshalb will sie mit den anderen die Regel treu befolgen (*vss der regel wellet wir nit wichen, *Str. 8). So hofft sie Tugenden zu erlangen und wie die Ordensgründerin* Cristo dem herren *(Str. 7) nahe zu kommen, um schließlich das Ziel jedes christlichen Lebens zu erreichen: die Gemeinschaft mit Gott und allen Heiligen in der ewigen Seligkeit. "[1]*

Quelle und **Studien:** R. MEYER, *Junckfraw – Muter – Helferin. Das Bild der hl. Klara im „St. Klara-Buch" und seine Rezeption im 15. Jahrhundert*, in: CFr 62 (1992) 507-532, hier 528-531; K. RUH, *Klara von Assisi*, in: VerfLex² IV, 1172-1184, hier 1181f.

---

[1] Der Herausgeberin des Textes, Frau Dr. Ruth Meyer, sei für die Korrektur der Übersetzung herzlich gedankt.

Sant Clara lied	Sankt Klara-Lied
Ayn núwes lied will jch singen *ze er dem schöpfer min:* *daz lob sant Claren darin ze* *bringen* *ist gierd des hertzen min.*	1. Ein neues Lied will ich singen zur Ehre meines Schöpfers; das Lob der heiligen Klara darin zu bringen, ist das Begehren meines Herzens.
Das ii	Die zweite [Strophe]
O edle fürstin Clara *din lob ist grossz vnd wytt:* *kainer sich nit v́ber griffent mag* *wasz er vnd lob er dir gibt.*	2. O edle Fürstin Klara, dein Lob ist groß und weit; keiner kann zuviel daran tun, was er an Ehre und Lob dir schenkt.
Das iij stuck	Die dritte Strophe
Uon gott bist du gelobett *jm lib der mütter din:* *von jm bist du vsskúndt* *ain liecht der welt ze sin.*	3. Von Gott bist du gepriesen in deiner Mutter Leib; vom ihm bist du verkündet, ein Licht der Welt zu sein.[2]
Von jm daz iiij sticklin	Die vierte Strophe
In diner zarten iugent *hast du verschmacht die welt:* *yrn adel vnd richtum* *hast du geschätz nút werd.*	4. In deiner zarten Jugend hast du verschmäht die Welt; ihren Adel und Reichtum hast du nicht wert geschätzt.
Cristum vnd inn gecrútzgett *hast du geliebet ser:* *ain liden jn hitzklich geminnent* *in volkomner tugent ler.*	5. Christus als den Gekreuzigten hast du sehr lieb gehabt; im Leiden ihn noch heiß geliebt, wie es vollkommne Tugend lehrt.
daz vj sticklin	Die sechste Strophe
Uon gott bistu gezogen *mit höchster vollkommenhait:* *din orden sich witt vssbraittet*	6. Von Gott wurdest du herangebildet mit höchster Vollkommenheit; dein Orden hat sich verbreitet weit

---

[2] Vgl. LebKl 2,4.

156

fer in alle cristenhait.

hinaus in alle Christenheit.

Da ist er zierlich lúchten
mit mengen lilyen clar:
bringt v́ns Cristo
dem herren nach.

7. Dort ist er ein schönes Leuchten
mit vielen Lilien klar;
er bringt uns Christus,
dem Herren, nah.

daz viij sticklin

Die achte Strophe

Din leben ist clarlich lúchten
den edlen kinden din:
vss der regel wellet wir nit wichen
ze er der tugent din.

8. Dein Leben ist ein klares Leuchten
für deine edlen Kinder;
von der Regel wollen wir nicht weichen
zu Ehre deiner Tugend.

daz viiij sticklin

Die neunte Strophe

An ir behaltung wend wir bliben
mit jubel vnd fröden gross:
vnser leben mit Cristo vertriben
hilff daz wir din werden genoss.

9. Bei ihrer Einhaltung wollen wir bleiben[3]
mit Jubel und mit großer Freude,
unser Leben mit Christus führen;
hilf, dass wir deine Gefährtinnen werden.

O edle Herzogin Clara
ains thüt mich fröwen ser:
daz jch din claid bin tragen
dar zü din dienerin bin.

10. O edle Heerführerin Klara,
eines, das freut mich sehr,
dass ich dein Kleid trage
und zudem deine Dienerin bin.

Wan bin jchs begeren
du edle mütter min:
du wellist mich gewaren
noch den adelichen sitten din.

11. Denn ich wünsche es mir,
du meine edle Mutter,
du wollest mich bewahren
in deinem edlen Wandel.

Din lob bin jch vss giessen
mit hertzen vnd mit stimm:
din bett syg mir erschiessen
so jch jn notten bin.

12. Dein Lob will ich verströmen
mit Herz und Stimm;
dein Gebet sei mir von Nutzen,
wenn ich in Nöten bin.

An minen letzsten end
din hilff nit von mir wend:

13. An meinem letzten Ende
wende deine Hilfe nicht von mir ab;

---

[3] Das heißt bei der Einhaltung der vorher erwähnten Ordensregel.

mit allen vsserwelten	mit allen Auserwählten
bút mir din mütterlich hend.	reich mir deine mütterlichen Hände.
Umb gott bis mir erwerben	14. Bei Gott wollest du mir erwerben
gnad vnd barmherztikait:	Gnade und Barmherzigkeit;
vnd läss mich nit ersterben	und lasse mich nicht sterben,
gott hab mich beraitt.	Gott mache mich bereit.
xv sticklin	Fünfzehnte Strophe
Nach got jst mich ser belangen	15. Nach Gott geht sehr mein Verlangen,
zü dir da wäre jch gern:	bei dir, da wär ich gern;
hilff daz jch nit an der welt sig	hilf, dass ich nicht an der Welt bleib
hangen	hangen,
verblent mit jr bitterkait.	verblendet von ihrer Bitterkeit.
O süsse mütter Clara	16. O süße Mutter Klara,
din dienerin will jch sin:	deine Dienerin will ich sein,
mit hertzen vnd mit willen	mit Herzen und mit Willen
bis vff daz ende min.	bis hin zum Ende mein.
Das solt du mich lon genieszen	17. Lass mich teilhaftig werden
der hoffnung so jch hon:	der Hoffnung, die ich hab;
du wellist min sel bringen	du wollest meine Seele bringen
für gottes angesicht.	vor Gottes Angesicht.
Das jch mit dir werd niessen	18. Dass ich mit dir genießen werde
die spisz der engel süss:	die süße Engelsspeise,
von gottes arm vmbfangen	von Gottes Arm umfangen,
jst miner sel bergierd.	ist meiner Seele Begehr.
Mitt dir so will jch singen	19. Mit dir, so will ich singen
wol an der mägten dantz:	wohl in der Jungfrauen Reigen
daz engelschlich Regina	das engelhafte Regina[4]
zlob der kúnigin von himelthal.	zum Lob der Königin des Himmels.[5]

---

[4] Vielleicht die marianische Antiphon „*Ave Regina coelorum* – Sei gegrüßt, du Himmelskönigin".

[5] Mit dem ungewöhnlichen Titel *kúnigin von himelthal* ist vielleicht ein Patrozinium zur „Königin von Himmelthal" gemeint.

xx sticklin

O edle mütter Clara
daz gsang syg dir ain lob:
din er sich da von mere
vor allem himlschlichen her.
Amen.

zwanzigste Strophe

20. O edle Mutter Klara,
dieser Gesang sei dir zum Lob,
dass deine Ehr' sich dadurch mehre
vor dem ganzen Himmelsheere.
Amen.

KONRAD VON BONDORF

Das Kreuzbild, das zu Franziskus und zu Klaras Mutter sprach [KonB]

Eingeleitet und übersetzt von Johannes Schneider OFM

Die Notiz über das Kreuz von San Damiano findet sich als Nachtrag auf den letzten Blättern einer alt-alemannischen Übersetzung von Bonaventuras Legenda Major, die wahrscheinlich durch einen Minderbruder um 1450 verfertigt und von der Klarisse und Miniaturenmalerin Sibilla von Bondorf vor 1478 abgeschrieben wurde. Schrift und Sprache des Anhangs zeigen, dass er von anderer Hand – vermutlich zwischen 1480 und 1490 – eingetragen wurde. Die Information stammt von dem darin erwähnten Verwandten Sibillas, Bruder Konrad von Bondorf, einer bedeutenden Persönlichkeit der oberrheinischen Franziskanerprovinz. Er war über zwanzig Jahre lange Lektor der Theologie in Straßburg, wo er 1498 zum Provinzial gewählt wurde und am 4. Januar 1510 starb. Er beschreibt das Kreuz von San Damiano, das er am Fest der hl. Klara, dem 11. August 1473 in S. Chiara in Assisi sehen konnte. Nach Mariano von Florenz habe die selige Klarisse Francesca von Assisi († um 1438/40) „fast den ganzen Tag vor dem Kreuzbild, das drei Mal zum heiligen Franziskus von der Wiederherstellung der Kirche gesprochen hatte, wenn sie nicht der Gehorsam daran hinderte. Ihre Zelle war die Kirche und als Bett diente die Holzpredella, die sich vor dem genannten Kreuzbild befindet [...]."[1] Dies konnte wohl nur möglich gewesen sein, wenn sich die genannte „Kirche" – vielleicht die Kapelle, in der sich heute das Kreuzbild befindet, – innerhalb der Klausur befand. Konrad konnte also entweder aus irgendeinem Grund in die Klausur hinein oder das Kreuz war von der Kirche aus sichtbar oder es wurde vielleicht bei gewissen Anlässen, wie etwa am Hochfest der hl. Klara, der Öffentlichkeit zugänglich gemacht.

Br. Konrad erzählt auch die Legende, wie es zu der reliefartigen Hervorhebung des Hauptes Christi kam. Viel später, im Jahre 1717, taucht diese Legende mit dem Zusatz, Christus habe, als er zu Franziskus sprach, die zuvor geschlossenen Augen geöffnet, in der Chronik der umbrischen Reformatenprovinz auf: „Auf diesem von ältester Hand auf eine Holztafel gemalten Kreuz

---

[1] MARIANO DA FIRENZE, *Libro delle degnità et excellentie del Ordine della seraphica Madre delle Povere Donne santa Chiara da Assisi*, Introd., note e indice del G. M. BOCCALI, S. Maria degli Angeli 1986, Nr. 250; vgl. S. GIEBEN, *Das Tafelkreuz von S. Damiano in der Geschichte. Mit einem ikonographischen Anhang*, in: CFr 71 (2001) 47-63, hier 50.

sieht man noch heute das hervorgehobene Haupt, das sich damals vom Bild abhob. Es hält auch die Augen offen, die es ebenfalls zur selben Zeit, als es sprach, öffnete." [2)] *Obwohl Konrad von Bondorf das Kreuz bereits in schlechtem Zustand vorfand, war er fasziniert von dem schönen und ehrwürdigen Antlitz, das Franziskus, wie die frühen Quellen berichten, so „gütig und wohlwollend angeredet hatte" (Gef 13,7).*

Bemerkenswert ist die wohl auf mündliche Tradition zurückgehende Feststellung, dass das Kreuzbild, von dem Franziskus den Auftrag erhielt, die Kirche aufzubauen (Gef 13,7), dasselbe Kreuz war, „das zur seligen Mutter Hortulana sprach, sie werde heil ein Licht gebären, das alle Welt erleuchten würde" (V. 8). Ein Hinweis für die Identifikation der beiden „sprechenden" Kruzifixe könnte auch die auffallende Ähnlichkeit sein, mit der Sibilla von Bondorf in der Legenda Maior *den vor dem Kreuzbild betenden Franziskus und in der Klaralegende von Sr. Magdalena Steimerin die vor dem Kreuz betende Mutter Klaras illustriert.* [3)] *In diese Richtung weisen auch jene deutschen und italienischen Zeugnisse, wonach Hortulana nicht nur vor dem Kreuz (ProKl VI 12; LebKl 2,3-4), sondern vor einem „Bild des Gekreuzigten" gebetet habe (HaD 1,1).* [4)]

Quelle: D. BRETT-EVANS (Hg.), *Bonaventuras Legenda Sancti Francisci in der Übersetzung der Sibilla von Bondorf*, Berlin 1960, 191.

Studien: CH. RODER, *Die Franziskaner zu Villingen*, in: Freiburger Diözesan-Archiv, Neue Folge 5 (1905) 232-312, 254f.; D. BRETT-EVANS, *Sibilla von Bondorf – Ein Nachtrag*, in: Zeitschrift für Deutsche Philologie 86 (1967) 91-98.

[2)] A. DA ORVIETO, *Cronologia della provincia serafica riformata dell'Umbria, o d'Assisi*, Perugia 1717, 29.

[3)] *Das Leben des hl. Franz von Assisi. Nach der Legende des Bonaventura, illustriert mit den Miniaturen der Sibilla von Bondorf.* Mit einem Nachwort von A. LAGIER, Freiburg 1988, 19, und C. BRUINS, *Chiara d'Assisi come altera Maria. Le miniature della Vita di santa Chiara nel manoscritto Thennenbach-4 di Karlsruhe*, Roma 1999, Abb. 4; s. Einleitung zu ThB.

[4)] Die umbrische „Legende in 10 Kapiteln" aus der Mitte des 15. Jh. im Codex Ms. 46 der Biblioteca Portiuncola (S. Maria degli Angeli), fol. 401^r-410^v, hier 401^r, sagt ausdrücklich: „sie ging in die Kirche und betete voller Andacht vor dem Kreuz, auf dem das Bild des Gekreuzigten *gemalt* war"; Sr. Battista ALFANI, *Vita et Leggenda della seraphica Vergine Sancta Chiara*, a cura di G. M. BOCCALI, Cannara 2004, Nr. I 4: *inmagine del Crocefixo*; MARIANO, *Libro*, Nr. 17 u. 220; dazu J. SCHNEIDER, *Kirschen im Winter. Kostproben aus dem Leben der heiligen Klara von Assisi*, Salzburg 2005, 18-23.

¹Das Kreuz, das mit dem seligen Sankt Franziskus über die Wiederherstellung der drei Gotteshäuser redete, dasselbe Kreuz wird mit großer Ehrfurcht in dem Kloster aufbewahrt, wo der Leib unserer allerseligsten Mutter Sankt Klara liegt. ²Es ist auf Holz gemalt, kein geschnitztes Bild, sondern flach und nicht erhaben. ³Und als Christus auf dem Bild mit ihm redete, indem er dreimal sprach: „Franziskus, geh, stelle mir mein Haus wieder her, das jetzt zerfallen [will]", da hob sich das Haupt vom Gemälde ab, in ähnlicher Weise, wie gewöhnlich die gehauenen Kreuze erhaben sind. ⁴Genauso ist das Antlitz noch bis zum heutigen Tage vom Gemälde erhaben als Zeichen, dass Gott seinem künftigen Zeichenträger Ehrerbietung erwies, indem er sein heiliges Haupt anhob und aus dem flachen Holz nach vorne streckte. ⁵Und dies habe der ehrwürdige, hochgelehrte Doktor und ehrwürdige Vater Kustos vom Bodensee, dazumal Lektor zu Straßburg, Bruder Konrad von Bondorf, gesehen. ⁶Er sagte, es sei ein schlecht erhaltenes Gemälde, alt und verblichen, aber das Angesicht sei schön und ehrwürdig. ⁷Und dies habe er gesehen am Vorabend [des Festes] unserer heiligen Mutter Sankt Klara, als man das Jahr 1473 nach Christi Geburt zählte. ⁸Es ist auch das Kreuz, das zur seligen Mutter Hortulana sprach, sie werde heil ein Licht gebären, das alle Welt erleuchten würde. ⁹Dieses Licht war das zarte, liebe und heilige Kind Sankt Klara, welche die erste Pflanzerin des zweiten Ordens des heiligen Franziskus war.

HERMANN SACK

Klaras Lebensdaten im Stifterbuch der Barfüßer und Klarissen [Sack]

Eingeleitet und übersetzt von Johannes Schneider OFM

Die beiden Stifterbücher der Minderbrüder und der Klarissen in München, die der gelehrte Minderbruder Hermann Sack († 1438) in den Jahren 1424-28 verfasste, enthalten jeweils eine kurze Zusammenfassung der Lebensdaten der hl. Klara. Diese Daten finden sich fast wörtlich im mittelhochdeutschen St. Klara-Buch der Nürnberger Klarisse Katharina Hofmann (KlB 21) und in einer lateinischen Münchner Handschrift aus der Mitte des 15. Jahrhunderts (Clm 23846).[1] Seltsamerweise geben alle drei Texte den genauen Geburts- und Sterbetag Klaras an, ohne aber jeweils das Jahr zu nennen. Im Unterschied zu den anderen beiden Texten nennt Hermann Sack noch die Heiligsprechung durch Papst Alexander IV. im Jahre 1255.

Quelle: *Grundtext des Barfüßerbuches*, textkritisch bearbeitet von F. HORNSCHUH, in: *Dokumente ältester Münchner Familiengeschichte 1290-1620. Aus dem Stifterbuch der Barfüßer und Klarissen in München 1424*, hg. im Auftrag der bayr. Franziskanerprovinz, München 1958, 99-191, hier 187; ebenso in: *Grundtext des Klarissenbuches*, bearbeitet von E. SCHINDLBECK / K. PUCHNER, in: *Dokumente ältester Münchner Familiengeschichte*, 193-289, hier 201.

---

[1] G. M. BOCCALI, *Santa Chiara d'Assisi sotto processo. Lettura storico-teologica degli Atti di canonizzazione*, S. Maria degli Angeli 2002, 315-332, hier 316.

¹Anfang des Klarissenordens. – Im Jahr des Herrn 1212 nahm von dem selben Vater Franziskus der Orden der Armen Frauen Klarissen seinen Anfang. ²Die selige Klara war aber achtzehn Jahre alt, als sie die Welt verließ und das Ordensleben auf sich nahm, und sie verharrte im Orden zweiundvierzig Jahre. ³In dieser Welt jedoch wurde sie am 20. Januar, dem Fest des heiligen Märtyrers Sebastian, geboren. ⁴Sie starb innerhalb der Oktav des heiligen Laurentius am 12. August.²⁾ ⁵Durch Alexander IV. im Jahre 1255 heilig gesprochen, wurde sie von San Damiano an jene Stätte überführt, wo sie jetzt in Ehren ruht. [KlB 21]

---

2) Klara starb am späten Abend des 11. August 1253, der schon als der 12. August ge-
    zählt wurde.

III.

MITTELNIEDERLÄNDISCHE ZEUGNISSE

JACOB VON MAERLANT

Aus der Reimlegende
„Sinte Franciscus Leven" [Maer]

Eingeleitet und übertragen von Johannes Schneider OFM

Das erste niederländische Zeugnis über die hl. Klara von Assisi findet sich in einem Abschnitt der Reimlegende Sinte Franciscus Leven *des Jacob von Maerlant (ca. 1225-1300), die der Vater mittelniederländischer Dichtkunst um 1273 aus dem Stoff von Bonaventuras* Legenda Maior *(LM) gedichtet hat. Jacob bringt folgenden – hier wörtlich aus dem Lateinischen übersetzten – Text der* Legenda Maior *ins Reimgedicht: „Auch bekehrten sich Jungfrauen zu immerwährender Ehelosigkeit, unter denen als ihre erste Pflanze die von Gott geliebteste Jungfrau Klara gleich einer hell leuchtenden Frühlingsblume ihren Duft ausströmte und wie ein funkelnder Stern erstrahlte. Nun ist sie verherrlicht in den Himmeln, und von der Kirche wird sie gebührend verehrt auf Erden, die in Christus Tochter des heiligen Vaters Franziskus, des kleinen Armen, und Mutter der ‚Armen Frauen' war" (LM IV 6,3-4). In den letzten zwei Zeilen verweist der Dichter auf eine von ihm ins Niederländische* (in Dietscher woort) *übertragene Fassung des Klara-Lebens. Allerdings gibt es für ein solches keinerlei Hinweise. Entweder ist es verlorengegangen oder Maerlant hatte vor, ein solches zu schreiben, konnte das Versprechen aber nicht einlösen, oder – so Jongen – der betreffende Hinweis wurde von einem Abschreiber hinzugefügt.[1]*

Quelle: JACOB VAN MAERLANT, *Sinte Franciscus Leven*, hg. v. J. TIDEMAN, Leiden 1847, 62, V. 1773-1776; JACOB VAN MAERLANT, *Sinte Franciscus leven*, hg. v. MAXIMILIANUS OFMCap, 2 Bde., Zwolle 1954, Bd. 1, 85.

Studie: L. JONGEN, *„Like a Pharmacy with Fragrant Herbs". The „Legenda Sanctae Clarae Virginis" in Middle Dutch*, in: CFr 65 (1995) 221-245, hier 227f.

---

[1] Dr. Ludo Jongen sei für Durchsicht und Korrektur der Übersetzungen dieses und der folgenden niederländischen Texte (LevCl, 1-3 LofCl) herzlich gedankt.

Maechden ooc camen daer mede	Jungfrauen auch kehrten sich
Ter eweliker salichede.	damit zur Seligkeit ewiglich.
Van haren geselscepe was Clare	Von dieser Gesellschaft Klara war
Deerste plant al openbare,	die erste Pflanze ganz offenbar.
Die gelijc der rose rooc,	[1775]Sie glich der Rose Wohlgeruch
Ende gelijc der sterre ooc	und den Sternen glich sie auch,
Verre gaf uut haer scinen.	denn sie leuchtete hell von weit.
Dese es quite van aertscher pinen,	Nun ist sie von Erdenpein befreit,
Want die kerke alle jaer	da die Kirche doch alle Jahr
Haren dach hout openbaer.	[1780]ihren Tag macht offenbar.[2]
Dese was in Onsen Here	Diese war in Unserem Herrn
Fransoise dochter met groter ere,	Franziskus' Tochter mit großen Ehr'n
Ende moeder vanden armen vrouwen,	und Mutter von den Armen Frau'n,
Die men maach besloten scouwen.	die man als Eingeschlossene kann schau'n.[3]
Die hare vite gerne hoort	[1785]Wer nun ihr Leben gerne hört,
Van mi vint hise in Dietscher woort.	findet's von mir in niederländischem Wort.

---

[2] Das heißt, ihren Festtag begeht. Mit der Heiligsprechungsbulle *Clara claris prae-clara* vom 26. Sept. 1255 hatte Papst Alexander IV. verordnet, „das Fest dieser Jungfrau fromm und feierlich am 12. August zu begehen" (BulKl 25,108). Heute wird es am 11. August gefeiert.

[3] Klara nennt sich Dienerin der „eingeschlossenen Frauen" (*dominarum inclusarum*) des Klosters von San Damiano: 1 Agn 2.

Aus dem „Leben der seligen Magd Sankt Klara" [LevCl]

Eingeleitet und übersetzt von Ancilla Röttger OSC

Schon vor 1450 gab es zwei wortgetreue Übersetzungen der lateinischen Legenda Sanctae Clarae Virginis *(LebKl) ins Mittelniederländische. Demgegenüber ist* Het leven van de zalige maagd Sint Clara *ein ganz eigenständiges Werk auf der Grundlage der lateinischen Legende. Nach Ludo Jongen ist die einzige erhaltene Handschrift, eine Abschrift des Originals, auf etwa 1500 zu datieren. Da zu Beginn des 2. Teils der Legende Bernhardin von Siena († 1444)[1] und Coleta von Corbie († 1447) als „zwei neue Lichter" (LevCl 50,17) genannt werden, wird die Legende in der 2. Hälfte des 15. Jahrhunderts im Zuge der Observantenreform verfasst worden sein. Aufgrund von Dialektmerkmalen sieht Jongen ihren Entstehungsort in Brabant. Als Adressaten vermutet er die „reichen Klaren" in Brüssel.*

Der unbekannte Autor bearbeitet das lateinische Original in dreifacher Hinsicht: er weitet einzelne Episoden aus, er ändert die Abfolge der Kapitel, er fügt ganze Passagen hinzu und lässt andere weg. Im 4. Kapitel zum Beispiel fügt er zwar dem Quellentext keine neuen Ereignisse hinzu, weitet aber seine Erzählung so stark aus, dass der ursprünglich im Lateinischen 44 Worte zählende Text sich zu einem ganzen Kapitel von 565 Worten auswächst. Dabei erinnert sein Erzählstil an die Malerei Bruegels: Klaras Kindheit ist hineinversetzt in das mittelniederländische Milieu: „Sie schlenderte nicht plappernd und scherzend mit anderen Mädchen über die Straße" (LevCl 4,4) – was im Assisi zur Zeit Klaras schlecht vorstellbar war.

Der mittelniederländische Autor unterteilt einige Kapitel der lateinischen Klara-Legende (LebKl) und verschiebt sie im Gesamttext. So nimmt er die Erzählung über die Bekehrung von Klaras Schwester Agnes, die bei Celano in eine thematische Erzählfolge zur Betonung der Kraft des Gebetes Klaras gehört (LebKl 24-26), und lässt sie, chronologisch richtig, direkt auf den Bericht von Klaras eigener Bekehrung folgen (LevCl 13-15). Und kurz darauf schließt er als dritte Bekehrungsgeschichte jene der Agnes von Prag an, was die Dramatik in der Erzählung von Klaras Beginn verstärkt (LevCl 21).

Den „Einleitenden Brief an den Papst", mit dem Celano seine Legende beginnt, lässt der mittelniederländische Autor weg und schreibt stattdessen einen ganz eigenen Prolog, der gespickt ist mit Zitaten aus dem Hohenlied (LevCl 1). Damit soll wohl die Parallele zwischen Klara und Maria, auf die das

---

[1] Bereits am 24.5.1450 von Nikolaus V. heilig gesprochen.

Hohelied häufig ausgelegt wurde, angedeutet werden. Im Übrigen schmückt der Autor unabhängig von seiner lateinischen Vorlage den Text mit vielen Anspielungen auf die Hl. Schrift.

Quellen, die dem Autor offensichtlich außer der Klara-Legende (LebKl) vorlagen, sind vor allem das Werk des Bartholomäus von Pisa, „Über die Gleichförmigkeit des Lebens des seligen Franziskus mit dem Leben des Herrn Jesus", eine sehr umfangreiche Geschichte des Minderbrüderordens (Ende des 14. Jh.), in dem auch eine Geschichte des „Ordens der heiligen Klara" enthalten ist.[2] Aus diesem Geschichtswerk nahm der mittelniederländische Bearbeiter den letzten Abschnitt von Kapitel 9 (Franziskus gibt Klara den Auftrag zu betteln), Kapitel 18 (Entsendung von Agnes nach Florenz), die Kapitel 20–22 (über Agnes von Prag, Salome von Krakau, Helena von Padua und Klara [= Rosa] von Viterbo), den letzten Abschnitt von Kapitel 46 (Agnes schickt nach Klaras Tod deren Schleier zu ihren Schwestern in Florenz) und das fünfte Wunder (Rettung von Schiffbrüchigen).

Kapitel 37 (Mahl mit Franziskus in Portiunkula) und Kapitel 40 (Gespräch und Mahl mit dem Papst) kommen in den Fioretti *bzw. deren lateinischer Vorlage, den* Actus beati Francisci et sociorum eius *(Fior 15; 33; Actus 15; 52), aber auch in einigen Handschriften der Klara-Legende vor.[3] Für den letzten Teil von Kapitel 41 (Franziskus' Unterweisungen), in dem das Mahnlied des Franziskus für die Schwestern Klaras nachempfunden ist, und für Kapitel 44 (Der Leichnam des Franziskus wird nach San Damiano getragen) ist wahrscheinlich die „Sammlung von Perugia" (Per 85; 13) oder ein ähnliches Franziskus-Buch aus der Tradition der so genannten „alten Legende" (Legenda antiqua) die Textvorlage.*

Stark ausgeweitet und lebensnah erzählt ist vor allem der Teil über Klaras Kindheit und Jugend und die Bekehrungsgeschichten von Klara, ihrer Schwester Agnes und von Agnes von Prag, was vielleicht den Adressatenkreis konzentriert auf junge Mädchen, die kurz vor dem Eintritt oder noch am Anfang ihres Ordenslebens stehen: opdat meisjes zich in hun hart gesterkt weten en des te bereidwilliger de strengheid van de orde zullen aanvaarden – *„damit Mädchen sich in ihrem Herzen gestärkt wissen und umso bereitwilliger die Strenge des Ordens annehmen" (LevCl 22,4).*

---

[2] BARTHOLOMÄUS VON PISA, *Liber de conformitatibus vitae beati Francisci ad vitam Domini Jesu*, in: AF IV-V, Quaracchi 1906/12, hier AF IV, 351-60.

[3] G. M. BOCCALI, *Legenda latina Sanctae Clarae Virginis Assisiensis*, S. Maria degli Angeli 2001, 68f.

Quelle: St. SCHOUTENS, *Legende der glorioser maghet Sinte Clara*, Hoogstraten 1904; L. JONGEN, *Het leven van de zalige maagd Sint Clara. De Middelnederlandse bewerking van de Legenda Sanctae Clarae Virginis*, vertaald en ingeleid door L. JONGEN, Megen 1998 [nach dieser Ausgabe wurde übersetzt].

Studien: L. JONGEN, *„Like a Pharmacy with Fragrant Herbs".* The „Legenda Sanctae Clarae Virginis" in Middle Dutch, in: CFr 65 (1995) 221-245; G. BOCCALI, *Tradizione manoscritta delle Legende di santa Chiara di Assisi,* in: *Convivium Assisiense* 6/1 (2004) 419-500, bes. 496-499.

Aus dem „Leben der seligen Magd Sankt Klara"

1. Über den Auftrag zur Gründung von Klaras Orden, über die Anerkennung ihrer Regel, über die Verbreitung des Ordens und über ihre seligen Jungfrauen

[1]*Hortus conclusus soror mea sponsa hortus conclusus fons signatus,* usw. [2]Das bedeutet: *Ein verschlossener Garten ist meine Schwester Braut, ein verschlossener Garten, ein versiegelter Quell.* [3]*Ein Lustgarten sprosst aus dir, Granatbäume mit köstlichen Früchten* (Hld 4,12-13). Diese Worte schreibt Salomo im Hohenlied. [4]Obwohl das Zitat Bezug hat zur Heiligen Kirche und zur heiligen Jungfrau Maria und über sie gesagt ist, kann man es ebenfalls auf die reine und heilige Jungfrau Klara beziehen und auf ihren heiligen und bekannten Klosterorden. [5]Denn die Jungfrau Klara hat den Herrn Jesus Christus vor allen Männern auserwählt und zum Bräutigam genommen. [6]Er hat seinerseits seine Braut im Himmel in der Ewigkeit gekrönt mit der Krone unaussprechlicher Schönheit (vgl. Est 1,11). [7]Darum spricht der auserwählte Herr die genannten Worte nicht zu Unrecht zu seiner Braut. Er hat sie ja am Ende der Zeiten aus Tausenden auserwählt, als ob er sagen wollte: [8]„Oh heilige Jungfrau Klara, meine Schwester, meine Braut, dein Orden ist ein verschlossener Garten, denn er trägt Früchte. [9]Du bist der versiegelte Quell, denn die herrlichen Siegel deiner Tugenden und die Blüte deiner Pflanzen gleichen dem Lustgarten voller Granatbäume mit köstlichen Früchten. [10]Auf diese Art bringst du mir reife Früchte durch deine Feuchte, Frische und heilige Bekehrung." [11]In diesem Baumgarten werden die Bäume immer größer. [12]Sie blühen und wachsen und tragen fortwährend Früchte (vgl. Ez 47,12), die dem geliebten Bräutigam Jesus süß und angenehm sind, mehr noch als alle wohlriechenden Kräuter. [13]Er sagt ja: *In den Nussgarten stieg ich hinab, um nach den Blüten im Tal zu sehen* (Hld 6,11).

[14]Die Blüten seiner geliebten Braut Klara und ihre kostbaren Früchte sind ihm sehr wohlgefällig. [15]Täglich steigt der Herr zu diesem Lustgarten hinab, um ihn anzuschauen und für ihn zu sorgen. [16]Damit die Blümlein nicht aufgrund von Vernachlässigung verdorren und abfallen, unterhält der geliebte Herr sie mit geistlicher Ermutigung. [17]Dieser Garten ist nicht umsonst verschlossen, denn er erlaubt nicht, dass darin sündige oder schädliche Dinge zugelassen werden. [18]Er ist nicht nur mit einem eisernen Riegel verschlossen, sondern er ist auch jeder weltlichen und befleckenden Gesellschaft abgeneigt. [19]Damit man nicht hineinsteigen

soll, ist er umschlossen mit hohen Mauern, das bedeutet mit Ablässen und Sündenvergebung durch Bischöfe. [20]Vorsorglich wird er außerdem von hohen Pinien umgeben, damit er nicht zu leicht überwältigt wird durch den Wind der Verführungen. [21]Dieser Garten ist darüber hinaus die versiegelte Quelle, die unaufhörlich vom Berg Libanon fließt (vgl. Hld 4,15). [22]Diese Quelle gibt Leben dem, der danach dürstet (vgl. Joh 4,14). [23]Aus dieser Quelle strömen viele Flüsse, die schließlich in einen Strom zusammenfließen, nämlich in den heiligen Orden, der sich über die ganze Welt verbreitet und der immer größer wird und in dem zahllose kostbare Edelsteine strahlen. [24]Außerdem gleichen diese himmlischen Frauen wohlriechenden Lilien (vgl. Hld 2,1-2), weil sie ohne Mühe viele ungebildete und unwissende Menschen unterweisen und unterrichten. [25]Indem sie die Dürre des weltlichen Lebens verworfen haben, befeuchten sie die ganze Welt mit ihrem tugendsamen Lebenswandel. [26]Mit der Fackel der Liebe mildern und erweichen sie die versteinerten Herzen (vgl. Ez 11,19) von Männern und Frauen, damit sie Buße tun und Gott dienen.[4]

2. Über Hortulana, die Mutter von Sankt Klara

[1]Gärtnerin in diesem Garten war die heilige Hortulana, doch sie war auch die fachkundige Wärterin, heilsam und fruchtbar in Wort und Tat. [2]Sie war sehr edel von Herkunft, doch noch edler im Glauben. [3]Denn so wie ein fruchtbarer Baum hat sie den versiegelten Brunnen und die redliche und selige Frucht Klara in die Welt gesetzt, die nun sprühend funkelt am Himmel.

[4]Hortulana, die natürliche Mutter dieses bildschönen Kindes,[5] stammte aus einem adeligen Geschlecht Assisis. Genau wie ihre beiden Brüder war ihr Mann ein edler Ritter. [5]Damals verfügten sie über einen Überfluss an irdischen Reichtümern, doch Hortulana beschäftigte sich mit etwas viel Wichtigerem: zu allen Zeiten verlangte sie von sich selbst, reich zu werden an Tugenden, an geistlichen Früchten, und das Unkraut in ihrem Garten zu jäten. [6]Wohl war sie in der Ehe gebunden, wohl trug sie die Sorge für ihre Familie, wohl musste sie den Haushalt führen,

---

[4] Dieses ganze Kapitel ist durch den mittelniederländischen Bearbeiter geschrieben. Es ersetzt den „Einleitenden Brief an den Papst" [Alexander IV.] in LebKl Einl.1-6.

[5] Die Mitschwestern bezeichneten Klara als „von auffallend schöner Gestalt": TodKl 10; vgl. ProKl XVIII 2,7; Sr. Battista ALFANI, *Vita et Leggenda della seraphica Vergine Sancta Chiara,* a cura di G.M. BOCCALI, Cannara 2004, Kap. II 5. Nur LevCl weiß von zwei Brüdern Hortulanas.

dennoch beschäftigte sie sich nach Möglichkeit mit gottesfürchtigen Dingen. [7]Sie verrichtete viele Werke der Barmherzigkeit, denn sie wollte mit aller Kraft die Sünden vernichten und die Saat der Tugenden in sich selbst und in anderen Menschen säen und heranziehen. [8]Sie ging häufig in die Kirche, um zu beten, und auch in ihrem eigenen Haus beschäftigte sie sich häufig ausschließlich mit frommen Dingen. [9]Aus Nächstenliebe und Mitleid besuchte und half sie Waisen und Bedürftigen. [10]Wenn möglich machte sie sich – mit Zustimmung ihres Mannes – häufig von ihren irdischen Beschäftigungen los. [11]Obschon sie sich wegen seines Standes auf vornehme Art kleidete, gab sie sorgfältig Acht, dass ihr Herz durch diesen Luxus nicht befleckt wurde. [12]Die Häuser leichtfertiger Menschen ließ sie links liegen, und unanständige Schwätzerei und Klatsch betrachtete sie als reines Gift.

[13]Weil sie fortwährend mit Herz und Seele das Leiden unseres Herrn betrachtete, verlangte sie glühend danach, die Stätten zu besuchen, die durch das teure Blut Christi (vgl. 1 Petr 1,19) geheiligt waren. [14]Weder die Strapazen noch die Gefahren der Reise, noch die ihr unbekannten Reisegenossen, noch ihre körperliche Schwäche (vgl. Röm 8,35), noch die Vornehmheit ihrer Familie, noch die Achtung der Welt konnten ihr Gott liebendes Herz von diesem Plan abbringen. [15]Freiwillig lieferte sie sich allen Gefahren aus. In Gesellschaft anderer Pilger fuhr sie voller Gottesfurcht ins Heilige Land. [16]Sobald sie die Stätten besucht hatte, die Gott durch seine heiligen Fußspuren gesegnet hatte, kehrte sie heiter und gesund nach Assisi zurück. [17]Sogleich ging sie nach Sankt Michael, um zu beten.[6] [18]Voller Hingabe besuchte sie dann in Rom die Kirchen der heiligen Apostel. [19]Sie unterließ es nicht, auch viele andere heilige Stätten mit großer Glut und einem bedrückten Herzen zu besuchen.[7]

[20]Wie demütig und fromm Frau Hortulana auf dem Weg des Herrn gewandelt ist, kann unmöglich in ein paar Worten vollständig beschrieben werden. [21]Nachdem ihr edler Ehemann verstorben war,[8] verschmähte sie die Welt mit all ihrer Pracht und ihrem Prunk und stellte sich unter die strenge Obhut ihrer Tochter. [22]Beharrlich im Dienst Gottes zeichnete

---

[6] Monte Sant'Angelo bei Gargano, Apulien, berühmter Wallfahrtsort des hl. Erzengels Michael.

[7] Im nächsten Kapitel suggeriert der mittelniederländische Bearbeiter unabhängig eine Verbindung zwischen Hortulanas Reiselust und ihrer Kinderlosigkeit. Das erklärt das Wort „bedrückt".

[8] Nach ProKl XIX 2,9 lebte er noch, als Klara siebzehn war (aber: ALFANI, Vita [s. Anm. 5], II 4 u. 6). Hortulana trat vielleicht um 1226 ein, gleich nach Klara und Agnes hingegen bei BARTHOLOMÄUS VON PISA, Liber de conformitatibus, AF IV, 352.

sie sich durch viele Wunder aus.[9] Wegen ihres verdienstvollen Lebenswandels war sie Gott wohlgefällig. [LebKl 1]

4. Über das edle und vortreffliche Leben, das Klara in ihrem Elternhaus führte

[1]Nachdem Klara so das Lebenslicht erblickt hatte, wurde sie bald ein leuchtendes Vorbild. In der Wiege schon offenbarte sich ihre Tugendhaftigkeit. [2]Sobald sie auf ihren kleinen Füßchen laufen lernte, sich an Stühlen und Bänken hochziehend, zeigte sie ihre Vortrefflichkeit. [3]Dank dieser guten Werke sollte sie später vor Gott strahlen. Für ein junges Mädchen benahm sie sich außergewöhnlich tugendsam; es war deutlich, dass etwas Ungewöhnliches mit ihr los war. [4]Als sie dank der Gnade Gottes sprechen lernte und ihre eigenen Wege zu gehen begann, schlenderte sie nicht plappernd und scherzend mit anderen Mädchen über die Straße und ebenso wenig hatte sie Lust zu tanzen. [5]Ihr Benehmen war alles andere als kindlich, und sie entfloh jeder weltlichen Gesellschaft, als ob das Gift wäre. [6]So war sie fortwährend damit beschäftigt, sich selbst zu schützen. [7]Sie sprach wenig und wollte nicht auf unnütze Märchen und Geschichten lauschen. [8]Wenn sie ihre Nachbarsmädchen weltliche Liedchen singen hörte, lief sie weg, weil sie wusste, dass daraus viel Elend fleischlicher Unreinheit hervorgehen konnte. [9]Sie war sehr enthaltsam und versuchte nie zu erröten. [10]So lebte sie mit ihren Eltern, Verwandten und Freunden auf eine untadelige Art, die sie nicht begreifen konnten, und darum liebten sie sie sehr. [11]Klara gehorchte freiwillig und heiter allen göttlichen Geboten: nie fragte sie sich, ob sie wohl Lust dazu hatte, wie Kinder tun. [12]Sie war anderen nie zur Last. Wenn sie schon einmal einen Tadel erhielt, erfand sie keine Ausrede. [13]Ebenso wenig gab sie jemand anderem die Schuld und sie lenkte den Verdacht nicht auf jemand anderen. [14]Sie machte ihre Hausgenossen bei ihren Eltern nicht schlecht und versuchte alles zum Guten zu wenden.

[15]Hierdurch war Klara sehr beliebt bei ihren Hausgenossen, die sie alle als Hausherrin betrachteten, obwohl sie noch jung war. [16]Sie liebte es, mit ihrer Mutter zur Kirche zu gehen und wohnte gern der Messe und anderen Gottesdiensten bei. [17]Dann faltete sie ihre Händchen ganz fromm und kniete sich nieder. [18]Mit geschlossenen Augen blieb sie reglos im Gebet, so dass diejenigen, die sie sahen, meinten, dass sie ein Bild sei. [19]Die fromme Hortulana, eine Pflanze voller Tugenden, vergaß

---

[9] LebKl 33,8 berichtet nur von einem einzigen Wunder, von mehreren BARTHOLOMÄUS VON PISA, *Liber de conformitatibus*, AF IV, 352 u. 357.

nie, ihr geliebtes Kind Klara in der Gottesfurcht und der Gottesliebe zu unterweisen und sie dafür empfänglich zu machen (vgl. 2 Chr 26,5). [20]Durch den Eifer ihrer Mutter war Klara so vom Heiligen Geist erfüllt (vgl. Lk 1,15), dass in ihr schon in ihrem jugendlichen Lebensalter das Licht zu strahlen begann, das später in allen Ländern deutlich zu sehen sein würde. [21]Wenn sie mit ihrer Mutter aus der Kirche kam, wo sie dem Wort Gottes gelauscht hatte, erzählte sie ihrer Mutter wie eine weise Biene[10] über all das Gute, das sie gehört hatte. [22]Später erzählte sie dies auch ihren Hausgenossen. Lernbegierig empfing sie von ihrer Mutter Unterricht in den Grundbegriffen des Glaubens. [23]Dadurch, dass der Heilige Geist ihre innere Weisheit wachsen ließ, glich sie wahrhaftig einem reinen Gefäß voller Gnade.[11] [LebKl 3-4]

7. Wie Klaras Eltern sie verheiraten wollten und wie sie sich dagegen widersetzte

[1]Gemäß ihrem adligen Stand wollten ihre Eltern und ihre Freunde sie zur Ehe geben. [2]Damit war sie nicht im Geringsten einverstanden. Sie lehnte eine weltliche Hochzeit ab und gelobte Gott ihre Jungfräulichkeit. [3]Zuerst versuchten ihre Freunde, sie mit süßen Worten zu überreden, danach mit Drohungen. [4]Doch es nützte nichts, denn sie bat Gott unablässig um Beistand. In ihm fand sie allen Trost, während sie sich oft fragte, wie sie standhaft bleiben konnte.

[5]Aus der Heiligen Schrift lernte sie jedoch, dass alles, was das Fleisch belastet, dem Herrn wohlgefällig ist.[12] [6]Darum begann sie, sich selbst immer mehr strengen Bußübungen zu unterwerfen. [7]Durch leibliche Qualen suchte sie Annäherung an Ihn, dem sie in Liebe vermählt war. [8]Dadurch löste sie sich von ihrem fleischlichen Verlangen: sie hielt sich selbst im Zaum durch Fasten und vermied unmäßiges Essen oder Trinken. [9]Fortan aß sie nur, wenn sie Hunger hatte und dann ausschließlich die gröbsten Speisen. [10]Dies tat sie heimlich, damit ihre Hausgenossen es nicht merkten. [11]Häufig trank sie mehr Wasser als etwas anderes. [12]Aus dem Evangelium hatte sie über den reichen Mann gelernt, der täglich üppig dinierte, doch in der Hölle begraben wurde (Lk 12,16-34).

---

[10] Das Bild von der Biene wird auch auf Agnes von Böhmen angewandt: J. Schneider (Hg.), *„Candor Lucis Eterne – Glanz des ewigen Lichtes"*. *Die Legende der heiligen Agnes von Böhmen*, Mönchengladbach 2007, Kap. VIII 35, S. 44.

[11] Die Abneigung gegen weltliche Vergnügungen und die kindliche Katechese erinnern an die Lebensbeschreibungen der hl. Coleta.

[12] Vgl. Röm 8,7-8; 12,1; 2 Kor 12,9-10; Gal 5,16-26.

[13]Sie fand Freude an Mäßigkeit und berücksichtigte kaum ihre natürlichen Bedürfnisse. [14]Sie merkte allerdings, dass der Teufel sie in Versuchung führte, doch sie wusste diesem kräftig zu widerstehen (vgl. Mt 4,1-11). [14]Leibliche Vergnügungen verleugnete sie, damit ihre Reinheit nicht überwältigt würde. [15]Reichtum verschmähte sie, um ihre Demut zu vergrößern. [16]Leeres Geschwätz und eitel Geplapper ignorierte sie, damit ihre Liebe zur Wahrheit nicht befleckt würde.

[17]Innerlich hielt sie Abstand von der Welt, damit ihre Liebe zu Gott nicht nachlasse.[13)] [18]Darum trug sie unter ihren kostbaren Kleidern insgeheim ein härenes Bußgewand voller Knoten, genau wie die heilige Cäcilia.[14)] [19]Äußerlich stand sie strahlend in der Welt, doch innerlich war sie Christus geweiht (vgl. Gal 3,27). [20]Sie hielt Abstand von der Welt mit all ihrer Pracht und ihrem Prunk und versuchte dem zu gefallen, der alle Herzen kennt vgl. (1 Kön 8,39).

[21]Dank dieser lobenswerten Hingabe an Gott trug diese junge Pflanze Klara die ersten Früchte der Tugenden, die Vorboten ihrer Heiligkeit. [22]Durch die Salbe dieser Tugenden verbreitete sie – wie eine Apotheke mit wohlriechenden Kräutern – einen herrlichen süßen Duft.[15)] [23]Ohne dass sie selbst es wusste, wurden ihre guten Werke durch ihre Nachbarn offenbart. [24]So verbreiteten sich der Name und der Ruf ihrer Heiligkeit unter dem Volk. [LebKl 4]

9. Wie Sankt Franziskus Klara anspornte, die Welt und ihre Eitelkeiten zu verlassen

[1]Sankt Franziskus spornte Klara an und versuchte sie zu überreden, die Welt zu verachten. [2]Durch leidenschaftliche Ausführungen wusste er sie davon zu überzeugen, dass die Hoffnung der Welt trügerisch und unfruchtbar war. [3]Er zeigte ihr, dass das Glück und die Freude der Welt falsch sind wie Blumen im Feld, die kurze Zeit prächtig blühen, doch durch jeden zu Boden getreten werden, sobald sie verwelkt sind (vgl. Ps

---

[13)] Diese Motiv findet sich in 1 Agn 25.

[14)] Cäcilia, die legendäre Märtyrin aus dem 3. Jahrhundert, soll unter ihrem Brautkleid ein raues, härenes Gewand getragen haben: JACOBUS DE VORAGINE, *Die Legenda aurea*, aus dem Lateinischen übersetzt v. R. BENZ, Heidelberg [9]1979, 895-903. Der Vergleich mit Cäcilia wurde aus der ersten Chorlegende in spätere Klarabücher übernommen: M. BIHL, *Tres legendae minores sanctae Clarae Assisiensis (saec. XIII)*, in: AFH 7 (1914) 32-54, hier 40 (vgl. KlB 1,1; ALFANI, *Vita* [s. Anm. 5], II 4).

[15)] Ein ähnliches Bild in der Agnes-Legende, Kap. XII 28: „ein vom himmlischen Salbenhändler besätes Duftbeet" (SCHNEIDER, *Candor Lucis Eterne* [s. Anm. 10], 57f.).

103,15-16). [4]Er predigte über die süße Vermählung mit Christus und ermahnte sie, dass sie den Edelstein ihrer jungfräulichen Reinheit bewahren müsse für den himmlischen Bräutigam, der aus Liebe zu uns Mensch geworden ist, um uns zu erlösen. [4]Mit großem Verlangen, sie vollkommen zu bekehren, unterwies er seine auserwählte Schülerin mit feurigen Predigten. [5]Er erzählte ihr unter anderem, wie die reinen Jungfrauen im Himmel mit viel Freude und großer Ehre vor dem höchsten König strahlen. [6]Als treuer Gesandter des Herrn ging der heilige Vater Franziskus sorgfältig zu Werk, und bald stimmte die heilige Jungfrau Klara zu, denn die Lehre, die der Heilige Geist unterweist, duldet keinen Aufschub.

[7]Unverzüglich wurden ihr die himmlischen Freuden offenbart, die sie die Welt verachten lassen und sie dazu überreden sollten – mit glühendem Verlangen nach ihrem Geliebten – dorthin zu gehen, wo ihre himmlische Hochzeit vollzogen würde. [8]Nachdem das himmlische Feuer also in ihr entfacht war, verschmähte sie den Ruhm der irdischen Eitelkeit, damit der Lockruf des weltlichen Lebens ihr Streben nicht untergraben könnte. [9]Sie hatte Angst vor der Unreinheit der fleischlichen Begierden und der weltlichen Liebe. [10]Sie wünschte, aus ihrem Leib einen Tempel für Gott zu machen (vgl. 1 Kor 6,19; 7,34) und nahm Franziskus' Rat zu Herzen, dass Gott sie zu seiner Braut nehmen würde, wenn sie eins mit Ihm wurde. [11]Ihre Seele klammerte sich ganz fest an seine fruchtbaren und glühenden Ermahnungen. [12]Mit brennendem Herzen lauschte sie auf alles, was er ihr in seinen Predigten über den guten Jesus erzählte. [LebKl 5-6]

[13]Weil Tugend sich in Armut vervollkommnet, wollte Franziskus ihren standfesten Geist erproben. [14]Er fragte sie, ob sie gehorsam sein wollte, worauf sie antwortete: „Ich bin bereit zu allen Arten von Härte und Strenge." [15]Er erwiderte: „Liebe Schwester, niemand wird gekrönt werden, ohne zuvor einen mannhaften Kampf zu liefern. [16]Ich will deinen standfesten Geist schwer auf die Probe stellen. [17]Darum sollst du sofort ein Sackkleid anziehen und in Assisi von Tür zu Tür um Brot betteln." [18]Willig tat sie dies und erfüllte ihre Aufgabe. Unter Gottes Hut kam sie wieder zurück, unerkannt für jeden, der sie früher gekannt hatte.[16)]

[16)] Vgl. BARTHOLOMÄUS VON PISA, *Liber de conformitatibus*, AF IV, 352; ALFANI, *Vita* (s. Anm. 5), III 2.

11. Wie Sankt Klara am Tag nach Palmsonntag zu Sankt Franziskus ging und alles zurückließ, und wie ihr Haar geschoren wurde vor dem Altar Unserer Frau

[1]Auf Wunsch des heiligen Vaters machte Klara sich in der folgenden Nacht bereit für die ersehnte Flucht, als ob sie von Ägypten ins Gelobte Land flüchtete. [2]Begleitet wurde sie von anständigen Menschen. [3]Sie überlegte nicht mit ihrem leiblichen Vater, und ebenso wenig bat sie ihre Mutter, es ihr nicht übel zu nehmen: sie vertraute darauf, dass sie ihre Eltern ehren würde, indem sie Gott diente.[17] [4]Sie wusste ganz gut, dass man seine Eltern ehren muss (vgl. Ex 20,12), doch auch, dass der Schöpfer über alles [und jeden] erhaben ist (vgl. Apg 5,29). [5]Vertrauend auf den Herrn ging sie nicht durch die gewöhnliche Tür, sondern sie öffnete mit wunderbarer Kraft eine andere, die mit Steinen und Holz versperrt war. [6]So verließ sie ihr Haus, ihre Freunde, ihre Familie und den Ruhm der Welt und eilte nach Santa Maria degli Angeli in Portiunkula. [7]Sie wünschte, nicht gesehen zu werden, denn sie versuchte, *dem Herrn* in Stille *zu gefallen* (1 Kor 7,32). [LebKl 7; 8,1]

13. Wie Klara die Bekehrung ihrer Schwester Agnes anstrebte, die zu ihr gekommen war

[1]Als die heilige Jungfrau einige Tage lang in frommer Betrachtung zugebracht hatte, begann sie leidenschaftlich und mit Herz und Seele zu Gott um die Bekehrung ihrer Schwester zu beten, die – genau wie sie selbst – zart gebaut und ganz liebenswert war. [2]Klara sehnte sich stark nach ihrer Bekehrung und bat „Unser Gleichnis"[18], dass sie und ihre Schwester sich nun einmütig dem Dienst Gottes weihen könnten, so wie sie einmütig in der Welt gewesen waren. [3]Sie bat den *Vater des Lichtes* (vgl. Jak 1,17) und die „Mutter der Barmherzigkeit"[19] eifrig, dass ihre Schwester sich von der Welt abwende und beginne, eine süße Liebe zum Herrn Jesus Christus zu verkosten. [4]Sie betete, dass er ihre Gedanken von einer weltlichen Heirat abwenden möge, damit sie, ohne ihre

---

[17] Während der größte Teil fast wort-, zumindest bildgetreu aus LebKl übertragen wird, ist auffallend die ausführliche Ausmalung bezüglich des Umgangs mit den Eltern.

[18] Im mittelniederländischen Text heißt es *Onsen Gelijken*, was Christus bezeichnet, das Bild und Gleichnis des unsichtbaren Gottes (vgl. Kol 1,15).

[19] Die Anrufung Marias mit dem Titel *mater misericordiae* der Antiphon *Salve Regina* findet sich schon in der Agnes-Vita der *Chronik der 24 Generalminister*, in: AF III, 173-182, hier 174.

Jungfräulichkeit zu verlieren, für ewig vermählt sei mit dem Herrn Jesus Christus, dem Bräutigam der ewigen Herrlichkeit.

[5]Die göttliche Majestät war dieser vortrefflichen Beterin sogleich zu Willen, so dass ihr Gebet in Erfüllung ging: sechzehn Tage nach Klaras Bekehrung flüchtete Agnes inspiriert durch den Heiligen Geist zu ihrer Schwester. [6]Sie hatte alles hinter sich gelassen und erzählte Klara aus ganzem Herzen, dass sie nichts lieber wollte, als dem Herrn Jesus zu dienen. [7]Als Klara dies hörte, war es, als ob sie aus einem tiefen Schlaf wach gerüttelt würde. [8]Voller Freude umarmte sie ihre Schwester: „Oh liebe Schwester, ich danke und preise den allmächtigen Gott, der sich gewürdigt hat, auf mich zu hören, als ich ihn um deine Bekehrung und Seligkeit bat. [9]Der allerhöchste König ist hierin dein Ratgeber gewesen. Möge er dich fortan gegen die Ränke und Tücken des Teufels beschützen." [10]Nach dieser Staunen erweckenden Bekehrung wurden diese beiden Schwestern auf wunderbare Weise in Schutz genommen, denn nachdem sie einige Tage lang in Sant'Angelo [di Panzo] den Fußspuren Christi gefolgt waren und sie, die vom Herrn schon mehr erkannt hatte, ihre Schwester unterwiesen hatte, fand ein neuer Angriff gegen sie statt. [LebKl 24-25,2]

14. Wie verzweifelte Freunde und Verwandte der heiligen Jungfrau Klara versuchten, Agnes von ihrem guten Vorhaben abzubringen

[1]Sobald Freunde und Verwandte vernahmen, dass Agnes zu ihrer Schwester Klara gegangen war, kam eine Gruppe von zwölf Männern, sie aufzusuchen. [2]Mit zurückhaltenden Worten traten sie scheinbar ganz gemütlich herein. [3]Sie wandten sich direkt an Agnes, denn sie wussten natürlich, dass sie bei der heiligen Jungfrau Klara nichts erreichen würden, und sagten: [4]„Warum bist du hierher gegangen? Beeil dich und geh schnell mit uns zurück nach Haus. Warum läufst du deiner törichten Schwester nach? [5]Warum lässt du dich mitschleppen von ihren bösen Plänen? Lass sie doch, denn sie ist nicht sie selbst. [6]Dein Verhalten gefällt uns nicht; das wollen wir dir vorerst nicht anrechnen, weil es noch nicht allgemein bekannt ist. [7]Doch dann musst du jetzt sofort aufstehen und mit uns nach Hause gehen." [8]Einer von ihnen sagte in hochmütigem Ton: „Was denkst du eigentlich? Steh sofort auf und geh mit uns! Oder muss ich dir unter die Arme greifen?" [9]Agnes antwortete: „Geht weg und lasst mich in Ruhe, ihr Knechte der Verdorbenheit und Diener des Bösen! [10]Ihr wollt das Göttliche nicht erkennen; ihr seid keine Diener Gottes, sondern des Teufels. [11]Wer zeitliche und irdische Dinge gegen ewige und unvergängliche eintauscht, begibt sich ja nicht

auf einen Abweg, wie ihr behauptet, dass ich es tue. [12]Meine liebe Schwester wird durch die göttliche Weisheit unterrichtet. Mit ganzem Herzen verlange ich danach, ihre Schülerin zu werden. [13]Geht darum weg ohne mich! Ich habe den Ort gefunden, wo ich leben will."

[14]Sobald sie erkannten, dass diese Jungfrau unerschütterlich und standhaft blieb, gerieten sie außer sich vor Wut. [15]Einer der Ritter, Agnes' Onkel, der sie nicht alle beieinander hatte, konnte die Worte des Mädchens nicht anhören. [16]Wie ein verrückter Hund, wie ein Wolf unter Schafen (vgl. Apg 20,29), wie ein Windhund auf Hasenjagd stürzte er sich auf die Jungfrau. [17]Er schlug sie mit seinen Fäusten, trat sie mit seinen Füßen und *wie ein brüllender Löwe* (vgl. 1 Petr 5,8) zerrte er sie an ihren Haaren mit. [18]Die anderen beschimpften sie, hoben sie hoch und brachten sie auf unsanfte Weise nach draußen. [19]Als das junge Mädchen so in die Klauen dieser Löwen und *raubgierigen Wölfe* (vgl. Mt 7,15) geraten und aus der Hand des Herrn fortgerissen war, flehte sie mit lauter Stimme: [20]„Oh meine allerliebste Schwester, hilf mir! Lass nicht zu, dass ich auf diese Weise von meinem Herrn, meinem Gott, weggenommen werde, der die Ursache meiner Glückseligkeit ist." [LebKl 25,3-9]

15. Wie Agnes ungeachtet des vielen Leids, das ihr angetan wurde, standhaft blieb, bis Klara zu ihr hinkam

[1]Wie blutrünstige Wölfe, die mit einem Schäfchen davonlaufen, wie ruchlose Räuber, die sich über ihre Beute freuen, zerrten diese Teufelsknechte Agnes gegen ihren Willen mit. [2]Die Lumpen schleppten sie auf barbarische Weise über den Berg, vor den Augen von jedermann; [3]ihre Kleider wurden zur Schmach aller tugendsamen Frauen zerfetzt und durch das Ziehen an ihren Haaren blutete ihr Kopf stark. [4]Als dies Klara zu Ohren kam, fiel sie auf ihre Knie. Weinend bat sie demütig ihren Bräutigam Jesus, dass ihre Schwester durchhalten möge und dass sie die Gewalt dieser verdorbenen Menschen mit seiner göttlichen Hilfe besiegen möge. [5]Und siehe, sofort war Hilfe und Beistand da: Gott ist ja allezeit für die da, die bedrückt sind und *die seinen Namen* demütig *anrufen* (vgl. Apg 2,21; Röm 10,13). [6]Sogleich wurde Agnes' Körper so schwer, dass sie ihn nicht mehr bewegen konnten. [7]Sie versuchten es immer wieder neu, doch es glückte ihnen nicht, sie an die andere Seite eines kleinen Baches zu tragen. [8]Die Menschen, die auf den Feldern und in den Weingärten an der Arbeit waren, kamen, sobald sie dies sahen, zu ihnen und boten ihre Dienste an, um die Jungfrau weiter zu tragen. [9]Doch auch als sie ihre Kräfte zusammentaten, konnten sie ihren Körper nicht

vom Boden heben. [10]Weil sie nicht ausgelacht werden wollten, da sie sich vergebens abgemüht hatten, stellten sie sich groß hin und sagten scherzend: [11]„Es ist kein Wunder, dass sie so schwer ist, denn sie hat die ganze Nacht Blei gegessen. Darum gelingt es uns nicht, sie aufzuheben." [12]Noch immer waren ihre versteinerten Herzen nicht weicher gestimmt. [13]Aus Wut hob einer von ihnen, Monaldo, Agnes' Onkel, seine Hand, um sie zu schlagen; da traf ihn solch ein Schmerz in dieser Hand, dass er sie lange Zeit nicht gebrauchen konnte.

[14]Es ist nicht verwunderlich, dass Agnes' Kampf schwerer war und ihre Qualen grausamer und erbarmungsloser als die von Klara. [15]Diese hatte ja lange nicht so viel weltliches Vergnügen gekannt wie Agnes. [16]Klara blieb immer allein zuhause; wenn sie auch außergewöhnlich schön war, so machte sie sich doch nichts aus weltlichem Zeitvertreib. [17]Agnes dagegen hatte Reichtum und Luxus immer geschätzt und lebte viel mehr in der Welt. Darum war ihr Kampf heftiger und schwerer. [20)] [LebKl 25,3-26]

18. Wie durch Klaras Ruf der Orden sich ausbreitete, wie viele Menschen bekehrt wurden und wie Agnes nach Florenz versetzt wurde

[1]Weil nichts verborgen ist, das nicht ans Licht kommt, und weil nichts geheim ist, das nicht offenbar wird, wie das Evangelium sagt (vgl. Lk 8,17), wurde der Ruhm dieser Jungfrau über die ganze Welt verbreitet. [2]Die Herzen vieler Jungfrauen wurden dadurch milde gestimmt und zu Gott bekehrt. [3]In großer Zahl schlossen sie sich Klara an, so dass diese in kurzer Zeit fünfzig Frauen in ihrer Unterkunft versammelt hatte. [21)]

[4]Sie wurde so berühmt in allen Ländern, dass viele Frauen – sowohl Witwen wie Verheiratete – durch den Duft ihres herrlichen Räucherwerks angelockt wurden (vgl. Hld 1,3): sie nahmen sich vor, ein keusches Leben zu führen. [5]Da kamen auch viele adelige und vornehme Frauen zu Klara, die ihre weiten und prächtigen Paläste im Stich ließen und kleine schmale Zellchen bauten. Sie betrachteten es als eine große Ehre, Gott dort *in Sack und Asche* zu dienen (vgl. Mt 11,21). [6]Nachdem diese heilige Meisterin ihre Schülerinnen zusammengebracht und unter-

---

[20)] Die Deutung des Kampfes im letzten Abschnitt ist eine Ausmalung des mittelniederländischen Bearbeiters. Zur Schönheit Klaras siehe LevCl 2,4.

[21)] Die Zahl Fünfzig ergibt sich aus dem Brotwunder, bei dem nach der Anzahl der Schwestern fünfzig Stücke geschnitten wurden: LebKl 15,3.

wiesen hatte, sandte sie sie aus zu vielen Orten in der Welt, um dort zu leben.[22] [7]Sie brachen erfreut auf, nicht beladen mit Gold, Silber oder anderen Kostbarkeiten, doch in Übereinstimmung mit der Tugend des heiligen Gehorsams *richteten* sie alle *ihre Gedanken auf* Gott, *den Herrn* (vgl. Ps 55,23).

[8]Klaras Schwester Agnes, die zweite Pflanze aus diesem Garten, verziert mit allen Tugenden und Schönheit, wurde in die Stadt Florenz gesandt.[23] [9]Dort ließ sie sich nieder und baute ein Häuschen, das nun Monticelli heißt. [10]Agnes wurde zur ersten Äbtissin gewählt. [11]Während die Lehre des geistlichen Lebens in diesem Haus zum Blühen kam, versammelte sich täglich eine große Schar Jungfrauen. [12]Wie diese heilige Jungfrau beständig fortschritt auf dem Weg zu Gott und sich nützlich machte für andere Jungfrauen, kann man in einem kurzen Bericht nicht erzählen. [13]Auch wenn sie hier auf Erden nicht heiliggesprochen ist,[24] ihre vortrefflichen Taten und Wunder zeigen deutlich, dass sie zeit ihres Lebens wahrhaft heilig gewesen ist.

[14]Auch junge Männer wurden zu diesem reinen Kampf und dieser Lebensweise erweckt. Sie wurden durch das kräftige Vorbild des weiblichen Geschlechts dahin gelockt, die Annehmlichkeiten dieser Welt zu verschmähen. [15]Schließlich vereinbarten viele Eheleute miteinander, fortan keusch zu leben. [16]Mütter spornten ihre Töchter und Töchter ihre Mütter an; Nichten ihre Tanten und Tanten ihre Nichten. [17]Mit großer Begeisterung überredeten sie einander, Gott zu dienen und dem engelgleichen Leben von Sankt Klara nachzufolgen und daran teilzunehmen. [18]Angespornt durch Klaras Ruhm begannen auch viele Jungfrauen im Elternhaus begeistert nach den Ordensregeln zu leben, weil sie nicht in ein Kloster eintreten durften. [19]Auf diese Art brachte diese heilige Jungfrau viele selige Früchte hervor. [20]Aus diesem *versiegelten Quell*

---

22) Die Entsendung der Schwestern nach dem Vorbild des Franziskus und seiner Brüder ist in den übrigen Klara-Quellen nicht zu finden, sondern aus 1 C 29,3-6 übernommen, wie die Anspielung auf Ps 55,23 zeigt.

23) Der Bericht über Agnes' Entsendung nach Florenz (VV. 8-13) enthält Elemente aus den Fioretti (Fior 15,18), Bartholomäus von Pisa (AF IV, 356f.), der lat. Agnes-Vita (AF III, 175) oder aus der mhd. Version des St. Klara-Buches: K. RUH, *Franziskanisches Schrifttum im deutschen Mittelalter*, Bd. I: Texte, München 1965, 66-68 (vgl. KaR 4,3-4). Agnes als „zweite Pflanze", die in Monticelli ein „Häuschen" baut, sowie ihre Wahl als erste Äbtissin sind Eigengut von LevCl.

24) Schon das „Leben der Schwester Agnes" in der *Chronik der 24 Generalminister* (vor 1370) nennt sie *beata* und *sancta* und erwähnt „den Festtag der heiligen Agnes", an dem Wunder geschehen (AF III, 179). Jedoch erst Benedikt XIV. gestattete 1752 ihre liturgische Verehrung innerhalb des ganzen Franziskanerordens.

(vgl. Hld 4,12) entsprangen viele Flüsse,[25] so dass man das Wort des Propheten auf Klara anwenden kann: *Zahlreicher werden sein die Kinder der Vereinsamten als die der Vermählten* (Jes 54,1). [LebKl 10a]

20. Wie Agnes, eine Tochter des Königs von Böhmen, vermählt wurde, jedoch Klaras Orden beitrat

[1]Damit kein Hörer oder Leser sich bei dem Thema, über das ich schreibe, langweile, werde ich etwas Ungewöhnliches über einige Zweiglein in diesem fruchtbaren Weinberg erzählen.[26] [2]Denn kaum hatte Klara diese fruchtbare Saat in Assisi gesät, da wurde sie weggeweht und erreichte viele andere Orte. [3]So war da eine Königstochter in Böhmen, Agnes genannt, die mit dem edlen Friedrich II., dem Kaiser von Rom, vermählt war. Die Hochzeit war jedoch noch nicht vollzogen. [4]Dank göttlicher Inspiration und des guten Namens der heiligen Jungfrau Klara, flehte Agnes ihren Vater, König Ottokar an, sich mit dieser weltlichen Hochzeit nicht zu beeilen.[27] [5]Der König erschrak bei diesen Worten und war sehr verwundert. Beständig fragte er seine Tochter, ihm zu erzählen, was sie damit meinte und was für einen Plan sie habe.

[6]In der Zeit vor der Hochzeit sandte Agnes jedoch zu den Brüdern, die damals in Mainz wohnten, Boten mit der Bitte, zu ihr zu kommen. [7]Inzwischen versammelte Agnes eifrig viele edle Jungfrauen um sich herum. [8]Sie öffnete ihre Herzen für Gott, führte sie weg von den weltlichen Eitelkeiten und stellte sie in den Dienst Gottes, so dass sie durch ihr Vorbild bereits eine große Gruppe edler Jungfrauen für Gott gewonnen hatte, als die Brüder kamen. [9]Sobald die Brüder diese neue Flamme der Liebe zu Gott sahen, stützten sie sie darin und dankten und lobten den Herrn für diese wunderbare Gnade. [10]Sie predigten ihnen über Mäßigkeit im Essen und über die strengen Regeln des Ordens, an die sie sich halten müssten. [11]Auf diese Ermahnungen antwortete Agnes frohgemut, dass sie bereit sei, dem zu gehorchen.

[12]Danach erzählte sie ihrem Vater, dem König, von ihrem Plan. Weil er Gottes Namen aufrichtig in Ehren hielt, widersetzte er sich nicht und gab selbst seine Zustimmung dazu. [13]Direkt darauf nahmen die Brüder Prinzessin Agnes mit, die Kaiserin und Herrscherin über die ganze Welt hätte werden können. [14]Sie entblößten ihr Haupt, schnitten ihr Haar ab

---

[25] Vgl. BulKl 11,48-49.

[26] Vgl. zum Ganzen BARTHOLOMÄUS VON PISA, *Liber de conformitatibus*, AF IV, 357f.

[27] Přemysl Ottokar I. (1198-1230).

und machten sie hässlich vor der vergänglichen Welt, damit sie in den Augen Christi, des Herrn, schön und liebenswert sei (vgl. 1 Kor 7,34; Eph 5,27). [15]Dasselbe taten die Brüder mit den anderen hochgeborenen Jungfrauen, die Agnes mitbrachte, und sie kleideten sie in den Habit des Ordens, der durch den Papst von Rom gutgeheißen war.[28]

[16]Agnes' Vater, der gute König, besuchte seine Tochter und wollte das Kloster mit einem festen Jahreseinkommen beschenken, so dass die Damen nicht zu betteln brauchten.[29] [17]Doch Agnes wollte dies ganz und gar nicht. Sie erzählte ihm, dass es gegen die Regeln ihres Ordens sei: sie dürften keine anderen Lebensmittel besitzen als die, die sie durch Almosen empfingen.

[18]In der Stadt Prag wurde sie zusammen mit ihren Jungfrauen eingeschlossen, um dem Herrn zu dienen, was sie unter Agnes' beseelender Führung vortrefflich taten. [19]Sie hatten keine eigenen Besitztümer. Dank der Almosen guter Menschen führten sie ein karges Dasein. [20]Als dieses Gerücht dem Sohn des Kaisers, ihrem Verlobten, zu Ohren kam, war er sehr erstaunt; er dachte lange darüber nach, was er tun sollte.[30] [21]Schließlich sagte er: „Nun, da ich höre, dass Agnes sich dem Herrn, dem obersten König, vermählen will, finde ich mich damit ab. [22]Unter keinerlei Bedingung würde ich akzeptieren, dass sie mit einem anderen Mann in den Ehestand treten würde. [23]Doch nun weiß ich, dass dies das Werk Gottes und nicht der Menschen ist" (vgl. Apg 5,38-39).

21. Wie Klara im Geist die Bekehrung der Agnes von Böhmen sah und ihr einen Becher sandte

[1]Als die heilige Jungfrau Klara von der Bekehrung dieses seligen Zweigs Agnes hörte, dankte und lobte sie mit ihren Schwestern Gott, den Herrn. [2]Durch Boten sandte sie Agnes göttliche Ermahnungen und Lehren und grüßte sie, die sie im Geist bereits kannte, doch nie wirklich gesehen hatte. [3]Aus Zuneigung schickte sie ihr einige Beweise ihrer

---

[28] Die bei Bartholomäus von Pisa genannte „Weihe" Agnes' und ihrer Gefährtinnen wird von LevCl etwas ausgefaltet.

[29] Gemeint ist Agnes' Bruder Wenzel, da der Vater schon 1230 gestorben war.

[30] Nach Bartholomäus von Pisa der Kaiser selbst, wie auch in LevCl 20,3. Nach der Agnes-Legende hielten zuerst der Sohn des Kaisers, dann zweimal der (verwitwete) Kaiser selbst um ihre Hand an: SCHNEIDER, *Candor Lucis Eterne* (s. Anm. 10), I 29-33.43-49; II 15-25, S. 26 u. 29f.

Liebe, nämlich eine Gebetskette,[31)] einen Schleier, die Schüssel, aus der sie immer aß, und den Becher, aus dem sie immer trank und von dem es keinen zweiten gab. [4]Agnes nahm diese Geschenke mit großer Ehrfurcht, Dankbarkeit und Hingabe in Empfang. [5]Dank der Verdienste der heiligen Jungfrau Klara förderten diese Geschenke die Genesung von Kranken, die daraus aßen und tranken. [6]Nicht lange danach starb die heilige Jungfrau Klara.[32)] Zum Gedenken an sie wurden diese Geschenke sehr schön verziert mit Gold, Silber und kostbaren Edelsteinen.

[7]Agnes führte ein heiliges und reines Leben. Weit und breit erstreckten sich die Ranken ihres edlen Weinbergs. [8]Bis nach Böhmen, Ungarn, Polen und Deutschland wehte der Duft ihrer heiligen Werke, denn sie hat Königstöchter und Kinder von Herzögen, Grafen und Rittern unter ihre Obhut genommen und in den genannten Ländern viele Klöster gegründet. [9]Nachdem Agnes Gott viele Geschenke und Opfer an Reinheit gebracht hatte, nahte das Ende ihres Lebens. [10]Ihren Geist in die Hände des Herrn Jesus befehlend (vgl. Lk 23,46; Apg 7,59), ist sie glückselig in das Reich der Himmel eingetreten.[33)]

[11]Noch lange danach hat sie den Menschen, die ihre Hilfe anriefen, durch Wunder viel Gunst erwiesen. [12]So hat sie Kaiser Karl IV., den König von Böhmen, als er zu ihr rief, zweimal aus Lebensgefahr errettet.[34)] [13]Seitdem war der Kaiser dieser heiligen Jungfrau immer zugeneigt und setzte sich für die Heiligsprechung seiner verehrungswürdigen Helferin ein. [14]Da er bald darauf starb, konnte er dies selbst nicht zu einem guten Ende bringen. [15]Darum befahl er seinem Sohn und Thronfolger Wenzel, sich hierfür einzusetzen. [16]Doch weil der Sohn sich mit anderen Dingen beschäftigte, hat er den Auftrag seines Vaters nicht erfüllt.

[17]Agnes, aus einem königlichen Geschlecht gebürtig, hat einen besonders heiligen Orden hinterlassen. [18]So hinterließ sie zum Beispiel eine Jungfrau, Salome genannt, die dank ihrer himmlischen Unterredun-

---

[31)] Das heißt eine sog. „Paternoster-Schnur" (vgl. auch LebKl 4,2). Dass es sich um den einzigen Trinkbecher Klaras handelte, berichtet nur LevCl.

[32)] Die Geschenke dürften mit dem ersten Brief Klaras (1 Agn) um 1235 eingelangt sein, Klara starb aber erst 1253, also fast 20 Jahre später.

[33)] Agnes starb im Jahre 1282, nach der Agnes-Legende am 2. März (1281!), an dem heute ihr Fest gefeiert wird: SCHNEIDER, *Candor Lucis Eterne* (s. Anm. 10), XI 28, S. 54.

[34)] Karl IV. (1316-78) wurde 1346 Römischer König und 1347 König von Böhmen. Nach seinem Tod wurde sein ältester Sohn Wenzel (1361-1419) sein Nachfolger, der 1400 wegen ständiger Trunkenheit abgesetzt wurde.

gen in der Erinnerung weiter fortleben wird.[35] [19]Wie heilig sie war, wird durch viele Wunder bestätigt: sie weckte ja viele Menschen aus dem Tod auf. [20]Und eines Tages erweckte sie sogar einen Pfau wieder zum Leben, den ein tollwütiger Hund tot gebissen hatte. [21]Kranke machte sie gesund, Blinden verschaffte sie das Sehvermögen und Lahme mit krumm gewachsenen Gliedmaßen ließ sie wieder aufrecht laufen. [22]Hochschwangeren Frauen half sie bei der Entbindung.[36]

22. Über eine heilige Schwester, Helena genannt, und über eine andere heilige Klara aus Viterbo

[1]Nachdem die heilige Jungfrau Klara also überall in der Welt bekannt geworden war, ließ die Glut ihres Geistes die Herzen vieler edler Frauen lichterloh brennen, so dass die ganze Welt dadurch erhellt wurde. [2]Wie ich meine, lässt ihre Zahl sich kaum schätzen, geschweige denn aufschreiben. [3]Es ist mir deshalb unmöglich, unwissenden Sterblichen alles zu erzählen. [4]Doch will ich über einige außergewöhnlich heilige Jungfrauen etwas sagen, damit die Mädchen sich in ihrem Herzen gestärkt wissen und umso bereitwilliger die Strenge des Ordens annehmen.

[5]Im Klarissenkloster bei der Stadt Padua, wo unser heiliger Ordensgefährte Antonius begraben liegt,[37] lebte eine heilige Jungfrau, eine Schülerin von Sankt Klara. [6]Sie hieß Helena und war sehr bekannt.[38] [7]*Wie Gold im Ofen geprüft wird* (vgl. Spr 17,3), wurde ihre Geduld täglich auf die Probe gestellt, denn sie war sechzehn Jahre lang gelähmt ans Bett gefesselt. [8]Da sie außerdem nicht sprechen konnte, dankte und lobte sie Gott ausschließlich mit Gesten. [9]Der Herr Jesus hat sie vieles

---

[35] Salome von Krakau (1211-68) war mit einem Bruder der Elisabeth von Thüringen vermählt. Vier Jahre nach dessen Tod (1241) trat sie in das Klarissenkloster Sandomierz in Polen ein. Später gründete sie ihr eigenes Kloster in Zawichost. Nachdem dieses Kloster im Mai 1259 von den Tataren dem Erdboden gleich gemacht worden war, bauten die Schwestern ein neues Kloster in Skala, in der Nähe von Krakau.

[36] Vgl. BARTHOLOMÄUS VON PISA, *Liber de conformitatibus*, AF IV, 358.

[37] Die Formulierung *van onser oerden* könnte auf die Bearbeitung dieser Legende durch einen Minderbruder oder eine Klarisse hinweisen oder einfach aus der Übersetzung des lateinischen Textes stammen: BARTHOLOMÄUS VON PISA, *Liber de conformitatibus*, AF IV, 358: *sanctus Antonius noster*. Der hl. Antonius starb am 13. Juni 1231 in Arcella (*Ara Coeli*) in der Nähe von Padua.

[38] Die sel. Helena Enselmini (1206/07-31) stammte aus einer adligen Familie. In recht jugendlichem Alter trat sie in das Kloster von Arcella bei Padua ein, wo sie ein halbes Jahr nach Antonius starb, nach anderen erst 1242.

wissen lassen, was später den Schwestern von Padua schriftlich offenbar wurde. [10]Darum wird ihr Leib noch täglich denen gezeigt, die ihn sehen wollen. [11]Er verbreitet einen wohlriechenden Duft,[39] und es sieht aus, als ob sie noch lebe, denn sowohl das Haar wie die Nägel ihrer Hände wachsen noch immer. [12]Wer von dort kommt, ist von der Krankheit, an der er litt, genesen. Helena hat viele Wunder vollbracht. [13]So wurde Bonifatius, der hochgeborene Markgraf von Parma,[40] als er einmal todkrank war, durch seine Gemahlin zum Grab dieser heiligen Jungfrau Helena gebracht, wo er mit einem Schlag von seiner Krankheit genas.

[14]Auch in Viterbo lebte eine heilige Jungfrau und Schülerin von Sankt Klara. [15]Sie hieß ebenfalls Klara[41] und zeichnete sich durch viele Wunder aus. [16]Auch ihr Leib wird heutzutage gezeigt in all ihrer Frische und Schönheit; auch ihre Haare und Nägel wachsen noch immer, und sie erweist Kranken, die gesund werden wollen, viel Gunst.

[17]Weil es zu weit führen würde, über die vielen anderen Jungfrauen dieses Ordens zu erzählen, habe ich mich auf oben stehende kurze Ausführung zum Gedenken an den heiligen Orden beschränkt. [18]Denn im Christentum kenne ich kein Königreich und keine Gegend, wo der Orden keine Wurzel getrieben hat dank der Vorsehung des heiligen Quells Klara. [19]Dadurch ist die Heilige Kirche gegenwärtig voller Tugenden, die Klara hervorgebracht und hinterlassen hat, Tugenden, mit denen sie geschmückt zu werden wünschte, als sie sprach: *Schmück mich mit Blumen, umgib mich mit Pinien, denn ich bin krank aus Liebe zu Gott* (Hld 2,5). – [20]Lasst uns nun zurückkehren zu unserem ursprünglichen Thema: die Worte und Taten von Sankt Klara.

---

[39] Vom Duft ihres Leibes weiß nur LevCl; ähnliches bei Agnes von Böhmen: SCHNEIDER, *Candor lucis eterne* (s. Anm. 10), XII 25-29, S. 57f.

[40] Nach Bartholomäus von Pisa Herr Bonifatius, Markgraf De Lupi von Parma.

[41] BARTHOLOMÄUS VON PISA, *Liber de conformitatibus*, AF IV, 359. Die hl. Rosa von Viterbo - schon bei Bartholomäus irrtümlich Klara genannt - wurde um 1233/34 von armen Eltern geboren. Nach einer Vision schloss sie sich 1250 dem dritten Orden des Franziskus an: singend und zur Buße aufrufend zog sie durch die Straßen von Viterbo. Weil sie öffentlich lauthals Kritik äußerte an der Haltung der Kirche gegenüber den Katharern und dem Verhalten von Kaiser Friedrich II., wurde sie 1250 aus der Stadt verbannt. Nach ihrer Rückkehr meldete sie sich beim Klarissenkloster, doch die Schwestern fanden sie zu töricht. Am 6. März 1251 starb sie im Ruf der Heiligkeit.

37. Wie Sankt Franziskus und seine Jünger erhoben wurden in Santa Maria degli Angeli

[1]Wenn Franziskus, der Diener des allerhöchsten Gottes, in Assisi blieb und Klara, die heilige Braut Christi, mit seinen Ermahnungen anspornte, bat sie ihn häufig mit großem Nachdruck, einmal zusammen zu essen. [2]Doch Franziskus lehnte dies immer ab. Darauf baten seine Jünger, die den innigen Wunsch dieser heiligen Jungfrau bemerkt hatten: [3]„Vater, es kommt uns so vor, dass die resolute Ablehnung der Bitte dieser heiligen Jungfrau von dir selbst herkommt und nicht aus der göttlichen Liebe. [4]Dank deiner Predigt ist Klara doch deine erste Tochter geworden und hat die Welt verlassen, um dem Herrn zu dienen. [5]Warum darf sie nicht ein einziges Mal mit dir essen? [6]Hätte sie dich zufällig um etwas Schwereres gebeten, dann wäre ihr Wunsch in Erfüllung gegangen. [7]Sie besitzt doch wohl soviel Ansehen, dass du ihrem Wunsch erfüllen kannst?" [8]Sankt Franziskus antwortete: „Wenn es euch heilsam dünkt, bin ich damit einverstanden. [9]Damit sie soviel Trost wie möglich daraus schöpfen kann, soll diese Begegnung in Santa Maria degli Angeli stattfinden. [10]Sie ist schon lange Zeit eingeschlossen im Kloster San Damiano. [11]Wenn sie die Mahlzeit mit uns braucht, soll ihr Geist Inspiration sammeln, vor allem weil sie zurückkehrt an den Ort ihrer Bekehrung."

[12]Zur vereinbarten Zeit kam Klara, auf ausdrücklichen Wunsch von Sankt Franziskus, in Gesellschaft einer Mitschwester an; Franziskus brachte zwei Brüder mit. [13]Bei der Ankunft begrüßte der heilige Mann sie freundlich, doch sie *suchte* – gemäß dem Wort Gottes – *zuerst das Reich der Himmel* in dieser Kirche auf (vgl. Mt 6,33). [14]Nachdem sie voller Ehrfurcht das Bild der Unbefleckten Jungfrau Maria und die anderen Stätten, wo ihre Bekehrung begonnen hatte, besucht hatte, sagte sie seufzend ihr Gebet. [15]Inzwischen war die Stunde des Mahles angebrochen. Sie aßen auf die Art des heiligen Vaters, nämlich mit dem Boden als Tisch, wie arme Menschen gewohnt sind. [16]Franziskus und seine Gefährten und Klara und ihre Mitschwester saßen beieinander, während die anderen Brüder woanders ebenso bescheiden zu Tisch saßen. [17]Vor dem ersten geistlichen Gericht sprach Franziskus so wohlklingend und heiter über Gott, dass der heilige Vater selbst, Sankt Klara, ihre Mitschwester und alle anderen Anwesenden zusammen *im Geist mitgeführt* wurden (vgl. Offb 1,10).

[18]Während sie also ihre Augen zum Himmel gerichtet und ihre Hände gefaltet zum Himmel gestreckt hatten, erschien über dem Klostergebäude deutlich sichtbar die Flamme des göttlichen Feuers. [19]Menschen

aus Assisi und Umgebung meinten, dass die Kirche und das Kloster von Santa Maria degli Angeli und der Wald drum herum in Brand stünden. [19]Sie kamen herangeeilt, um zu sehen, ob sie beim Löschen helfen könnten. [20]Doch als sie den Platz „des Unheils" erreichten, zeigte sich, dass nichts geschehen war. [21]Voller Staunen gingen sie in das Gebäude hinein, wo die heiligen Menschen zu Tisch saßen: sie waren vollständig im Geist zu Gott erhoben und alle waren in göttliche Helligkeit gehüllt. [22]Daraus meinten die Menschen schließen zu können, dass sie kein echtes Feuer sahen, sondern dass die heilige und fromme Gesellschaft umgeben wurde durch eine göttliche Flamme. [23]Sehr erbaut gingen sie nach Hause und erzählten jedem über die Wunder Gottes, die sie gesehen hatten.

[24]Sobald der heilige Franziskus und Sankt Klara also gesättigt waren mit göttlichen Speisen, nahmen sie ein ganz klein wenig irdische Nahrung zu sich. [25]Schließlich ist die heilige Klara mit ihrer Mitschwester nach San Damiano zurückgekehrt. Als die anderen Schwestern sie sahen, waren sie erleichtert. [26]Sie hatten nämlich Angst gehabt, dass Sankt Franziskus Klara zu einem anderen Kloster schicken würde, um dessen Leitung zu übernehmen, wie er früher Klaras Schwester Agnes aufgetragen hatte. [27]Manchmal sprach er ja zu Klara: „Sei zu allen Zeiten darauf vorbereitet, dass ich dich an einen anderen Ort schicken kann." [28]Immer wieder antwortete sie, wie eine gehorsame Tochter: „Vater, ich bin bereit, all deine Befehle untertänig zur Ausführung zu bringen." [29]Von dieser Zeit an bis zu ihrem Tod blieb sie eingeschlossen im Kloster San Damiano.[42] [Fior 15]

40. Wie Klara in Anwesenheit des Papstes durch ein Wunder das Kreuz im Brot erscheinen ließ

[1]Klara war eine fromme Dienerin Christi, eine dienstbereite Jüngerin des Kreuzes und eine sehr kostbare Pflanze des heiligen Franziskus; sie wurde gerühmt ob ihrer Heiligkeit. [2]Sie war so berühmt unter den Menschen, dass nicht nur Bischöfe und Kardinäle, sondern selbst der Papst, unser irdischer Vater, ihr außergewöhnlich gern begegnen und sie sprechen wollte.

[3]Eines Tages kam Papst Gregor IX. zum Kloster, um Sankt Klara, die ein Ziborium des Heiligen Geistes war,[43] über göttliche und himm-

---

[42] BARTHOLOMÄUS VON PISA, *Liber de conformitatibus*, AF IV, 354f.

[43] Die Bezeichnung Klaras als *cijborie des Heilighen Geests* steht hier wohl einzigartig da.

lische Dinge sprechen zu hören. [4]Nachdem sie länger zusammen über das Lob Gottes, die Seligkeit der Seele und die Reinheit des Herzens gesprochen hatten, ließ Klara auf die zwei Tische von den Schwestern Brot legen. [5]Sie wünschte, dass der Stellvertreter Christi die Brote segne. Sobald sie ihr Gespräch über Gott beendet hatten, fiel die heilige Jungfrau Klara ehrfürchtig auf ihre Knie und bat den Papst demütig, die Brote auf den Tischen zu segnen. [6]Der Papst antwortete: „Meine allerliebste Schwester Klara, ich will, dass du sie segnest; ich will, dass du das Kreuz des seligen Christus darüber schlägst, an den du dich selbst ganz aufgeopfert hast." [7]Klara sagte darauf: „Allerheiligster Vater, verpflichte mich nicht dazu, denn man würde es unpassend und tadelnswert finden, wenn ich, eine einfache Frau, mich erkühnen würde, einen derartigen Segen auszusprechen in Anwesenheit des Statthalters Jesu Christi." [8]Der Papst reagierte mit: „Du sollst nicht selbstgefällig genannt werden; im Gegenteil, du sollst belohnt werden für deinen Gehorsam, weil du diese Brote segnest und im Namen des Herrn das Zeichen des Heiligen Kreuzes darüber machst."

[9]Als eine gehorsame Tochter schlug Klara ehrfürchtig ein Kreuz über die Brote. [10]Sogleich geschah ein Wunder: in jedem Brot erschien das prächtige Zeichen des Heiligen Kreuzes. [11]Es war genau so, als ob sie in den Teig gedrückt wären, bevor die Brote in den Ofen gekommen waren. [12]Die Anwesenden sahen dies voller Staunen. Aus Ehrfurcht aßen sie viel von diesen Broten und viele legten Zeugnis ab von diesem Wunder. [13]Der Papst, der sich sehr wunderte über dieses heilsame Kreuzzeichen der heiligen Klara, dankte und lobte den Herrn. [14]Danach gab er Klara zur Ermutigung seinen Segen. Begeistert reiste er mit der Kurie wieder dorthin, von wo er gekommen war.[44] [Fior 33; ThB 2]

41. Wie Klara ihre Schwestern anspornte, ein geregeltes Leben zu führen, und über die Ermahnungen von Sankt Franziskus

{ ... } [13]So lautete die Lehre der heiligen Äbtissin. [14]Der heilige Lehrer Franziskus lehrte sie kaum etwas anderes; wegen seiner Krankheit geschah dies durch die Brüder. [15]Er brachte diesen heiligen Frauen ein warmes Herz entgegen und gebot ihnen, rein zu leben, wenig zu sprechen, demütig zu bleiben und einträchtig zu sein in der Liebe. [16]Er merkte ja, dass ihre Lebensweise gottesfürchtig war und nicht nur zur Erbauung und Freude der Brüder diente, sondern zugleich auch ein hell strahlendes Licht für und eine Verherrlichung der Heiligen Kirche

---

[44]   Bartholomäus von Pisa, *Liber de conformitatibus*, AF IV, 354.

war. [17]Er gebot ihnen – wie Gott sie aus vielen Gegenden der Welt zusammengebracht hatte – dass sie sich unverbrüchlich verpflichten sollten zum Gehorsam, [18]dass sie allezeit leben sollten für die Liebe, die Armut und den Gehorsam, dass sie allezeit *tadellos* leben sollten, so dass sie ihr Leben *ohne Makel beenden* würden (vgl. 2 Petr 3,14), [19]dass sie sich mit den Almosen von den Tischen [der Menschen] dankbar und genügsam ernähren sollten [20]und dass sie die Kranken, die Gott ihnen schicken würde, geduldig ertragen sollen. [MahnKl; Per 85; SP 90]

44. Wie Sankt Franziskus, dem Sankt Klara so gern noch einmal hatte begegnen wollen, zu ihr kam, nicht während seines Lebens, sondern nach seinem Tod

[1]In der Woche, bevor Sankt Franziskus zu unserem Herrn Jesus heimging,[45)] machte die heilige Klara, die erste kleine Pflanze der armen Schwestern und außergewöhnliche Nachfolgerin in der Vollkommenheit der Lehre des Heiligen Evangeliums, sich viele Sorgen um Sankt Franziskus. [2]Sie meinte, vor ihm sterben zu müssen, denn beide waren ernstlich krank. [3]Sie weinte bittere Tränen: niemand konnte sie trösten, denn sie glaubte, dass sie ihren einzigen Vater nächst Gott, den heiligen Franziskus, ihren Trost, ihren Lehrer und den, der die Gnade Christi in ihr begründet hatte, in ihrem Leben nicht mehr sehen würde.[46)] [4]Darum benachrichtigte sie durch einen Bruder Franziskus demütig von der Bitterkeit in ihrem Herzen und von ihrem Verlangen, ihn zu sehen. [4]Als der heilige Vater dies vernahm, bekam er aus väterlichen Gefühlen großes Mitleid mit ihr: sie stand ihm ja sehr nahe. [5]Doch er war sich bewusst, dass er ihr Verlangen, ihn zu sehen, nicht erfüllen konnte. [6]Darum schrieb er ihr zum Trost einen Brief. [7]Er gab allen Schwestern seinen Segen und schenkte ihnen Vergebung für alle Unzulänglichkeiten und Verfehlungen, die sie trotz seiner Ermahnungen und der Gebote und Gnade Gottes begangen haben könnten. [8]Er bat sie, alle Niedergeschlagenheit und Traurigkeit zu lassen, weil sie ihn nicht sprechen oder sehen konnten: [9]„Fürwahr, sie kann gewiss sein, dass sie und ihre Schwestern mich noch zu sehen bekommen werden, bevor sie stirbt. Dadurch werden sie sich gewiss getröstet fühlen."

[10]Noch in derselben Woche starb Sankt Franziskus. Alles Volk und die ganze Geistlichkeit von Assisi versammelten sich. [11]Sie sangen

---

45) Franziskus starb am 3. Oktober 1226.
46) Für Klara ist Franziskus „unsere Säule, nach Gott unser einziger Trost und unser Fundament" (KlTest 38).

abwechselnd Trauer- und Lobgesänge und brachten die sterblichen Überreste nach San Damiano, so dass das Wort, das der Herr selbst durch den Mund des Franziskus gesprochen hat, in Erfüllung gehen sollte: [12]„Nach meinem Tod werden meine Töchter mich sehen zu ihrer Tröstung." [13]Die eisernen Gitterstäbe, durch die sie gewöhnlich auf das Wort Gottes hörten und die Kommunion empfingen, wurden weggenommen. [14]Die Brüder hoben den heiligen Leib von der Bahre und hielten ihn aufrecht in ihren Armen. [15]Lange Zeit blieben sie so stehen, so dass Sankt Klara und ihre Schwestern getröstet waren. [16]Sie waren sehr betrübt und ihre Wangen waren nass von Tränen, weil sie wussten, dass sie fortan Franziskus' gottesfürchtige und sanfte Ermahnungen entbehren mussten.

[17]Ach, da wurde ihnen der Leib gezeigt, der durch sein strenges Bußetun fast schwarz und ausgetrocknet war. [18]Doch nun war er ganz anmutig, weich und kräftig, wie der Leib eines kleinen Kindes, das in Luxus aufgewachsen ist. [19]Ein kostbarer Balsam verbreitete einen ganz besonderen Duft, der alle anderen wohlriechenden Kräuter übertraf.[47] [20]Auch wurden die fünf Wunden versorgt und angeschaut, die auf göttliche Weise in seinen Leib gedrückt standen; das gab den Schwestern viel Trost. [21]Mit großer Ehrfurcht nahmen die Brüder den Leib wieder zurück. Danach wurde das Gitter wieder geschlossen.[48] [SegKl; Per 13; SP 108]

46. Wie die Schwestern betrübt neben Klaras Bett standen und wie Klara ihre Schwester Agnes tröstete

[1]Die betrübten Schwestern standen neben dem Bett ihrer Mutter, während *das Schwert* des Schmerzes *durch ihre Herzen* schnitt (vgl. Lk 2,35). [2]Weder Hunger noch Schlaf konnte sie von ihr wegholen; sie vergaßen die Annehmlichkeiten von Tisch und Bett; sie wollten nichts anderes, als Tag und Nacht weinen. [3]Unter ihnen befand sich Agnes;[49] auch diese gottesfürchtige Jungfrau war erfüllt mit Trauer. [4]Sie war aus Florenz gekommen und flehte Klara weinend an, sie nicht zurückzulassen. [5]Klara gab ihr zur Antwort: „Liebe Schwester, es gefällt Gott, dass ich sterbe. [6]Hör auf zu weinen, denn in Kürze wirst du zum Herrn

---

[47] Nur LevCl berichtet vom duftenden Leichnam des hl. Franziskus (vgl. LevCl 22,10).

[48] BARTHOLOMÄUS VON PISA, *Liber de conformitatibus*, AF V, 180.

[49] Die leibliche Schwester Klaras, die sie wahrscheinlich angesichts ihres Todes aus Florenz hatte kommen lassen.

kommen, zusammen mit mir. ^{7}Vor deinem Sterben wird der Herr dir großen Trost zuteil werden lassen." [LebKl 43]

^{8}Agnes schenkte den Worten ihrer Schwester bedingungslosen Glauben. ^{9}Nach dem Tod von Sankt Klara blieb Agnes in San Damiano und sandte ihren geliebten Mitschwestern in Florenz – zum Gedenken an ihre Schwester – Klaras schwarzen Schleier. ^{10}Dieser wird dort bis auf den heutigen Tag bewahrt. ^{11}Er ist noch völlig unversehrt und überhaupt nicht verschossen: die Farben sind noch frisch und hell. ^{12}Außerdem schenkt er den Menschen, die ihn sehen wollen, viel Gnade. ^{13}Auch der Mantel von Sankt Franziskus wird [in Florenz] aufbewahrt: Wenn man diesen Mantel demütig auf den Kopf von Menschen legt, die Kopfschmerzen haben oder an Gedächtnisschwund leiden, werden sie besser.$^{50)}$

50. Über Klaras Wunder im Allgemeinen und über die Erneuerung des Ordens insbesondere

^{1}Der Herr sagt in der Bibel: Versieh die, die glauben, *mit einem Kennzeichen*, denn wunderliche Dinge werden ihnen folgen (vgl. Ez 9,4; Offb 7,3). ^{2}Dies kann man insbesondere wohl an Klara merken. ^{3}Wunder machen – wie der Herr sagt – niemanden heiliger als er ist.$^{51)}$ ^{4}Aber der Herr sagt auch: *Doch freut euch nicht darüber, dass euch die Geister gehorchen, sondern freut euch darüber, dass eure Namen im Himmel verzeichnet sind (Lk 10,20)."* ^{5}Ja, das sind die wahren Zeichen der heiligen und verehrungswürdigen Zeugnisse der Wunder, die aushalten in ihren heiligen Sitten und in ihren vollkommenen Werken. ^{6}*Johannes der Täufer*, der heiligste, *der aus einer Frau geboren wurde*, *verrichtete keine Zeichen oder Wunder* (vgl. Mt 11,11; Joh 10,41). ^{7}Aber darum sind die, die viele Wunder tun, nicht heiliger als er.

^{8}Ihr vollendetes Leben war wirksamer Beweis für die Heiligkeit der heiligen Jungfrau Klara. ^{9}Um die Menschen aus ihrer Gleichgültigkeit aufzuwecken und die Frömmigkeit des Volkes zum Wachsen zu bringen, haben sich außerdem um ihretwillen viele Wunder ereignet. ^{10}Während ihres Lebens strahlte Klara im Orden durch ihre großen Verdienste. ^{11}Nun ist sie aufgenommen in das ewige Licht und scheint

---

$^{50)}$ Bartholomäus von Pisa, *Liber de conformitatibus*, AF IV, 356f. spricht von „Schlafkrankheit" (*litargica passio*) bei Kindern. Zwei Mal erzählt bei Alfani, *Vita* (s. Anm. 5), XL 2 u. LIV 2.

$^{51)}$ Auf welches Herren- oder Schriftwort der Verf. hier anspielt, ist nicht ersichtlich, viell. Mt 7,22.

dank des Lichtscheins der Wunder in der ganzen Welt außergewöhnlich hell. [12]Die Helligkeit und die unter Eid abgelegten Zeugnisse zwingen mich, dazu viel zu sammeln und zu schreiben, doch angesichts der großen Menge muss ich auch viel weglassen. [13]Doch heutzutage ist mehr bekannt über die barmherzige und heilige Mutter Klara und über die vielen Verästelungen ihrer heiligen Jungfrauen über die ganze Welt. [LebKl 49]

[14]In vielen Klöstern und an vielen heiligen Orten lobt man den Herrn Tag und Nacht auf angemessene Weise, wenn auch in manchen Konventen nach einiger Zeit die ursprünglichen, mütterlichen Ermahnungen, die die Disziplin betreffen, in den Wind geschlagen wurden. [15]Dadurch hat in manchen Herzen durch Eingebungen des Teufels sich Gleichgültigkeit breit gemacht. [16]Die Barmherzigkeit Gottes wollte jedoch nicht zulassen, dass die Glut der ersten Hitze völlig ausgelöscht würde. [17]Darum hat der Herr *zwei* neue *Lichter* (vgl. Gen 1,16) – als Sonne und Mond – in die Welt gesetzt, nämlich den heiligen Bernhardin und die selige Jungfrau Coleta.[52] [18]Dank ihres sorgsamen und voraussehenden Blickes sind weit und breit Klöster reformiert und außerdem neue gegründet worden. [19]Von den vielen wunderlichen Dingen, die durch Klara geschehen sind, werde ich kurz und bündig eine Anzahl beschreiben.

< 55. > Beispiel

[1]Eine Anzahl Leute aus Pisa reisten per Schiff nach Sardinien.[53] Eines Nachts wurden sie von einem schrecklichen Unwetter überfallen. [2]Beinah kamen sie in den Wellen um: der Mast ihres Schiffes brach unter dem Tosen der Wellen ab, und das Wasser lief in den Schiffsraum. [3]In diesem Unglück fürchteten sie um ihr Leben. Weinend riefen sie viele Heilige um Hilfe an, ohne Ergebnis. [4]Durch eine Eingebung Gottes

---

[52] Der hl. Bernhardin von Siena (1380-1444) und die hl. Coleta von Corbie (1381-1447), große Reformgestalten der franziskanisch-klarianischen Observanz. Der typologische Vergleich mit Gen 1,16 wurde schon im 14. Jh. in der Schrift des ARNALD VON SARRANT, *De cognatione Sancti Francisci*, auf Franziskus und Klara angewandt: M. MICHALCZYK, *Une compilation parisienne des sources primitives franciscaines. Paris, Nationale, ms. lat. 12707*, Grottaferrata 1983, 88-138, hier 89, Nr. 322b. – Der Absatz ist Eigengut des Verfassers.

[53] Am Ende des Buches werden – ähnlich wie in LebKl 49-61 – noch 16 Wunder nach Klaras Tod als *Exempel*, Beispiele ihrer Heiligkeit, angehängt. Das 5. Exempel entstammt BARTHOLOMÄUS VON PISA, *Liber de conformitatibus*, AF IV, 356; übernommen von ALFANI, *Vita* (s. Anm. 5), LIV 1. – Die Weiterzählung mit < 55. >, die im Original fehlt, wurde der Einfachheit halber eingeführt.

dachten sie zum Schluss an die neue Heilige, Sankt Klara: eifrig flehten sie um ihre Hilfe; [5]sie gelobten ihr, dass sie – falls sie unversehrt an Land kommen sollten – zu ihrer Kirche gehen würden, barhäuptig,[54] mit nur einem Hemd bekleidet, mit einem Riemen um den Nacken und jeder mit einer Kerze von gut einem Pfund in der Hand. [6]Sogleich geschah ein Wunder: sie erhielten die so ersehnte Hilfe, denn kaum hatten sie ihr Gelübde abgelegt, da erschienen drei außergewöhnlich hell strahlende Kerzen zum Zeichen der Hilfe. [7]Die erste stand am Vordeck des Schiffes, die zweite beim Steuerruder und die dritte im Schiffsraum; das Loch, durch das das Wasser nach innen floss, war abgedichtet. [8]Der Sturm legte sich allmählich, und mit einem günstigen Wind erreichten sie den Bestimmungshafen.[55] [9]Sobald die Ladung gelöscht war und die Seeleute von Bord waren, verschwanden die Kerzen: prompt sank das Schiff wie ein Backstein. [10]Heiter machten sie sich auf den Weg, um ihr Gelübde einzulösen.

---

[54] Nach Bartholomäus barfuß (*discalceati*). Mit „ihrer Kirche" ist Santa Chiara in Assisi gemeint.

[55] Nach Bartholomäus Oristano, Hafenstadt an der Westküste Sardiniens.

Drei Lobgesänge auf die heilige Klara
[1-3 LofCl]

Eingeleitet und übersetzt von Ancilla Röttger OSC

Im Anhang an seine Ausgabe von Het leven van de zalige maagd Sint Clara *hat Ludo Jongen drei Lobgesänge auf die heilige Klara (*Drie Lofzangen op de heilige Clara*) wiedergegeben. Sie finden sich neben anderem Material in dem* Liedboek van Liesbet Ghoeyvaers, *das zwischen 1470 und 1510 für das Kloster der „reichen Klaren" in Brüssel geschrieben wurde. Bei der Aufhebung des Klosters nahmen die Schwestern das Liedbuch wahrscheinlich mit, und es kam schließlich in die Bibliothèque Nationale in Paris.*

Quelle: A. J. M. VAN SEGGELEN, *Het liedboek van Liisbet Ghoeyuaers,* Zwolle 1966 (Diss. Nijmegen), 145-149; *Het leven van de zalige maagd Sint Clara. De Middelnederlandse bewerking van de Legenda Sanctae Clarae Virginis,* vertaald en ingeleid door L. JONGEN, Megen 1998, 225-228.

Erster Lobgesang auf die heilige Klara [1 LofCl]

Laet ons Sinte Claren loven,
die gloriose maecht.
Si regneert int rike daerboven,
daer si haren Lieve behaecht.

[1]Lasst uns Sankt Klara loben,
die glorreiche Jungfrau,
sie regiert im Reich da oben,
wo sie ihrem Geliebten wohlgefällig ist.

Si es int licht der heilicheit
ende een lielyë scone.
Si blict in hoger weerdicheit
als een vergulden crone.

[5]Sie ist im Licht der Heiligkeit
und eine Lilie rein.
Sie strahlt in hoher Herrlichkeit
wie eine goldene Krone.

Eerse haer moeder soude gebaren
sprac God dat si was een licht
dat die werelt soude verclaren:
in huer was Sijn deucht gesticht.

[9]Bevor ihre Mutter sie gebären sollte
sprach Gott, dass sie ein Licht sei,
das die Welt erleuchten sollte.[1]
In ihr war Seine Tugend begründet.

O edel violette,
vol der oetmoedicheit,
een spiegel al sonder smette,
een bloeme der reynicheit.

[13]O edles Veilchen,
voll der Demut,
ein Spiegel ohne Makel,[2]
eine Blume der Reinheit.

God woude haer vroude meeren
met grooter weerdicheit.
Si sach die crebbe Ons Heeren
in harer allindicheit.

[17]Gott wollte ihre Freude mehren
mit großer Herrlichkeit.
Sie sah die Krippe Unseres Herren
in ihrem Elende.[3]

Si was seer gemint met trouwen
van alden Roemschen hove,
en geëert vor alle vrouwen
met wonderliken love.

[21]Sie wurde aufrichtig geliebt
von der ganzen römischen Kurie,
und mehr als alle Frauen geehrt
mit außergewöhnlichem Lobe.[4]

---

[1] LebKl 2,4
[2] Vgl. LebKl 7,1.
[3] ProKl IV 16; LebKl 29,7; vgl. auch 13,7; KlReg 2,24; 4 Agn 19-21.
[4] Durch den Besuch von Papst und Kardinälen an ihrem Sterbebett: LebKl 41,4; 44,2; KlB 15; oder bei ihrem Begräbnis: LebKl 47,5-48,1; KlB 16.

Het besochse in hare doot	[25]Es besuchte sie in ihrem Tod
die Vrouwe es vanden trone.	die Himmelskönigin [Maria],
Met haer quam een geselscap groot	mit ihr kam eine große Gesellschaft
van meechden alte scone.	von Jungfrauen gar schön.[5]

Zweiter Lobgesang auf die heilige Klara [2 LofCl]

In die hoge weelde	[1]In großer Wonne
laet ons vermeyen gaen.	lasst uns uns erfreuen.
Wi vinden daer onser moeder	Wir finden da unsere Mutter
seere hoechlijc ontfaen.	sehr würdig aufgenommen.
Van hoge geslechte geboren	[5]Von hohem Geschlecht geboren
es dese joncfrouwe fijn,	ist diese Jungfrau fein,
al van ridders arde, ja	von ritterlicher Herkunft, gewiss,
en mocht si niet eelder sijn.	sie konnte nicht edler sein.[6]
Dese joncfrouwe – eerse op erterijc quam	[9]Diese Jungfrau – bevor sie auf Erden kam –
een licht geheeten was.	ward ein Licht genannt.[7]
Dat heefse alleen vor alle Vrouwe	Das zeichnet sie aus vor allen Edelfrauen
daer men noyt af las.	von denen man je gelesen hat.
Clara es die hoechste bruut	[13]Klara ist die höchste Braut
daer boven int sConincs hof,	da oben im Königshof,
want van grooter heilicheit,	weil sie von großer Heiligkeit ist,
soe heefse daer den lof.	gebührt ihr dort die Ehre.
Clara claer in haer begin,	[17]Klara klar in ihrem Beginn,
noch claerder in haer middelt, wet,	noch klarer in ihrer Mitten,
claerst na haer verweende doot	am klarsten nach ihrem herrlichen Tod
inden hoechsten troen geset.	in den höchsten Thron gesetzt.[8]

---

[5] ProKl XI 4; LebKl 46,10-15.
[6] LebKl 1,1-2.
[7] LebKl 2,4.
[8] Vgl. BulKl 2,10.

Nu esse biden Coninc
aen der meechden rey,
en heeft haer Lief te haren wille
al inden eewegen mey.

[21]Nun ist sie bei dem König
in der Jungfrauen Schar,
und ist ihrem Geliebten wohlgefällig
im ewigen Mai.

Doen Clara sterven soude
die hoge Coninc quam,
met scaren van joffrouwen:
in haren arm dat Hise nam.

[25]Als Klara sterben sollte
kam dieser hohe König,
mit Scharen von Jungfrauen:
und Er nahm sie in seinen Arm.[9]

Der Coninginne Vrouwe
– dit wonder es ongehoort –
die diende haer te stride daer
al in haer weeldege doot.

[29]Die Königin Maria
– dies Wunder ist unglaublich –
die half ihr in dem Kampfe
auch in ihrem herrlichen Tod.[10]

Wi bidden u, suete moeder,
ons vor u kinder ontfaet,
en bidt uwen edelen Bruygoem
te vergeven ons mesdaet.

[33]Wir bitten dich, süße Mutter,
uns als deine Kinder zu empfangen,
und bitte deinen edlen Bräutigam
unsere Missetat zu vergeben.

Dritter Lobgesang auf die heilige Klara [3 LofCl]

Loeft alle die hier bi my sijn
een joncfrouwe edel ende fijn,
die scoenste vanden troene.

[1]Lobt alle, die ihr hier bei mir seid,
eine Jungfrau, edel und fein,
die Schönste des Himmels.

Wi en vinden niet in al die Scrift
dat eenich joffrou soe was begift
met deuchden alsoe scone.

[4]Wir finden nicht in der ganzen Schrift
dass eine Jungfrau so beschenkt war
mit Tugenden so rein.

Als ons lief moeder, Sinte Claer,
wert geboren – dats openbaer –
es haer haer naem gegeven.

[7]Als unsere liebe Mutter, Sankt Klara,
geboren wurde – das ist offenbar –
ist ihr ihr Name gegeben.

---

[9] Vgl. ProKl IV 19; LebKl 46,9-12.
[10] ProKl XI 4,20; LebKl 46,13-15.

Want Christus sprac met woerden soet	[10]Denn Christus sprach mit süßen Worten
al aen dat cruce daer Hi stoet,	als Er da an dem Kreuze stand,
dat Clara haer naem soude wesen.	dass ihr Name Klara sein sollte.[11]
Claer was si in dit gesticht,	[13]Klar war sie in dieser Welt,
veel claerder es si int eewech licht	viel klarer ist sie im ewigen Licht
vor alle santinnen verheven.	über alle heiligen Frauen erhaben.[12]
Dat bewijsde haer in dit leven	[16]Das lohnte ihr in diesem Leben
die Heere Daer hemel ende eerde vor beven,	der Herr, vor dem Himmel und Erde beben,
doen si lach in haer crancheit groot.	als sie in ihrer großen Krankheit danieder lag.
Daer si begeerde met herten zeere	[19]Da sie mit ganzem Herzen begehrte,
aen te siene die crebbe Ons Heren	die Krippe Unseres Herrn zu sehen,
dat haer gesciede, claer ende bloet.	erlebte sie es, klar und deutlich.[13]
Die Coninginne vanden trone	[22]Die Himmelskönigin
bracht haer een vergulden crone,	brachte ihr eine goldene Krone,
daer si lach in haer weeldege doot.	da sie in ihrem herrlichen Tod lag.[14]
Si sprac: – „Ver ziele, nu vaert gereet.	[25]Sie sprach: – „Frau Seele, nun fahr dahin.
Ghi en dorft ontsien rouwe no leet,	Geh und fürchte nicht Trauer noch Leid,
ontfaet den loen sonder genoot.	empfange den Lohn sondergleichen.[15]
Want Christus steet na u enbeyt:	[28]Denn Christus verlangt nach dir und wartet:
Hi wilt u leiden daer men meyt	er will dich führen zum Fest des Maien
al in Sijn eewich rike.“	in Seinem ewigen Reich.“

---

[11] LebKl 2,4.
[12] Vgl. BulKl 2,10.
[13] ProKl IV 16; LebKl 29,7.
[14] ProKl XI 4,20; LebKl 46,13-15.
[15] ProKl III 20; XI 3; LebKl 46,1-7.

Daer ghi nu sit ter rechter hant.
Hulpt ons, moeder, uut sviants bant
in vrouden sonder gelike.

[31]Da sitzt du nun zur rechten Hand.
Hilf uns, Mutter, aus des Feindes Band
in Freuden ohnegleichen.

Gruet ons Franciscus, onsen vader.
Ons patroens sidi bey gader.
Bevolen blive u al ons convent.

[34]Grüß uns Franziskus, unseren Vater,
unsere Patrone seid ihr beide,
befohlen bleibe euch unser ganzer
    Konvent.

Amen.

Amen.

Register

erstellt von Volker Stadler und Johannes Schneider

Die Register beziehen sich ausschließlich auf die Übersetzung der Quellentexte, nicht auf Urtext, Einführung und Anmerkungen. Den Kürzeln der Texte folgen die Nummern der Kapitel (bzw. Abschnitte oder Strophen) und gegebenenfalls Verszahlen (nicht Seitenzahlen). Biblische Namen und Orte (auch im allegorischen Sinn) werden *kursiv* geschrieben. Folgende Register wurden erstellt:

1) Schriftstellenregister
2) Personenregister
3) Ortsregister

1) Schriftstellenregister

Namen und Abkürzungen der biblischen Bücher sind entnommen aus: *Die Bibel. Vollständige Ausgabe des Alten und des Neuen Testaments in der Einheitsübersetzung*, Stuttgart 1980, ²1998.

Von der Einheitsübersetzung abweichende Schriftzitate aus der lateinischen Vulgata sind im Text mit Vg. gekennzeichnet.

Die Schriften des Alten Testaments

Gen   Das Buch Genesis
1,16: LevCl 50,17
3,22: ThB 1,9

Ex   Das Buch Exodus
20,12: LevCl 11,4
34,29: HaD 4,1

Num   Das Buch Numeri
12,8: FrKl 46

1 Kön Das erste Buch der Könige
8,39: LevCl 7,20

2 Chr Das zweite Buch der Chronik
26,5: LevCl 4,19

Est   Das Buch Ester
1,11: LevCl 1,6

Ijob   Das Buch Ijob
4,12: KlB 4,2

Ps   Die Psalmen
17,18: ThB 1,9
55,23: LevCl 18,7

91,1-6: ThB 1,9
103,15-16: LevCl 9,3
139,12: HaD 9,23

Spr Das Buch der Sprichwörter
17,3: LevCl 22,7
22,15: ThB 9,5

Hld Das Hohelied
1,3: LevCl 18,4
2,1-2: LevCl 1,24
2,5: LevCl 22,19
4,12: LevCl 18,20
4,12-13: LevCl 1,1-3

4,15: LevCl 1,21
6,11: LevCl 1,13
8,6: FrKl 31

Jes Das Buch Jesaja
42,6: HaD 9,11
54,1: LevCl 18,20

Ez Das Buch Ezechiel
9,4: LevCl 50,1
11,19: LevCl 1,26
47,12: ThB 1,9; LevCl 1,12

Die Schriften des Neuen Testaments

Mt Das Evangelium nach Matthäus
4,1-11: LevCl 7,13
5,8: HaD 3,6; 7,6
5,14: HaD 9,11
5,15: ThB 1,14
6,26: ThB 7,13
6,33: LevCl 37,13
7,15: LevCl 14,19
11,11: LevCl 50,6
11,21: LevCl 18,5
13,32: ThB 4,13
18,20: ThB 3,3
25,1-8: ThB 1,15

Lk Das Evangelium nach Lukas
1,15: LevCl 4,20
1,79: HaD 9,11
2,35: LevCl 46,1
6,38: ThB 1,11
8,17: LevCl 18,1
10,20: LevCl 50,4
10,42: FrKl 23

12,16-34: LevCl 7,12
23,46: LevCl 21,10
24,32: HaD 4,5

Joh Das Evangelium nach Johannes
4,10: ThB 1,11
4,14: LevCl 1,22
5,35: ThB 1,14
8,12: HaD 3,4
10,41: LevCl 50,6
12,24: FrKl 17
14,12: HaD 11,10
14,27: HaD 5,2

Apg Die Apostelgeschichte
2,21: LevCl 15,5
3,8: ThB 8,8
5,29: LevCl 11,4
5,38-39: LevCl 20,23
7,59: LevCl 21,10
14,23: ThB 6,11
20,29: LevCl 14,16

Röm   Der Brief an die Römer
8,7-8: LevCl 7,5
8,35: LevCl 2,14
10,13: LevCl 15,5
12,1: LevCl 7,5
13,14: KlB 1,1

1 Kor Der erste Brief an die
**   Korinther**
6,19: LevCl 9,10
7,32: LevCl : LevCl 11,7
1 Kor 7,34: LevCl 9,10; 20,14

2 Kor Der zweite Brief an die
**   Korinther**
4,7: ThB 4,7
12,9: FrKl 32
12,9-10: LevCl 7,5

Gal   Der Brief an die Galater
3,27: KlB 1,1; LevCl 7,19
5,16-26: LevCl 7,5

Eph   Der Brief an die Epheser
5,27: LevCl 20,14
6,11: FrKl 20

6,16: FrKl 20

1 Tim Der erste Brief an
**   Timotheus**
1,5: HaD 5,6

Jak   Der Brief des Jakobus
1,17: LevCl 13,3

1 Petr Der erste Brief des Petrus
1,19: LevCl 2,13
2,21: HaD 12,16
5,8: LevCl 14,17

2 Petr Der zweite Brief des Petrus
3,14: LevCl 41,18

Offb   Die Offenbarung des
**   Johannes**
1,10: LevCl 37,17
7,3: LevCl 50,1
10,1: KaR 7,5
19,7: ThB 1,15

2) Personenregister

3) Ortsregister

Assisi: Lamp 1012; 1087; 4278; HaD 8,5; SaKl 1,1; 12,2; 13,2; 40,2; ThB 5,1; LevCl 2,4. 16; 9,17; 20,2; 37,19; 44,10

Bettona: ThB 8,1

Bodensee: KonB 5

Böhmen: LevCl 20,3; 21,8

Deutschland: LevCl 21,8

Florenz: KaR 4,2; LevCl 18,8; 46,4. 9

Heiliges Land, Israel: LevCl 2,15

Libanon, Berg: LevCl 1,21

Mainz: LevCl 20,6

Mark Ancona: KlB 19,1

Marokko: KlB 6,1; HaD 12,1; KaR 5,1

Monte Sant' Angelo bei Gargano: LevCl 2,17

Monticelli, Klarissenkloster in Florenz: LevCel 18,9

Nocera: KlB 8,2. 3; HaD 6,2. 5; SaKl 26,2

Padua: LevCl 22,5. 9

Pisa: LevCl 55,1

Polen: LevCl 21,8

Perugia: KlB 17,2; 18,1

Portiunkula (S. Maria degli Angeli): Lamp 4280f; KlB 2,1; HaD 10,5; SaKl 4,1; 5,6; LevCl 11,6; 37,9. 19

Prag: LevCl 20,18

Rom: LevCl 2,18

San Damiano (Sankt Damian), Assisi: Lamp 998; 1087; 4294; 4344; KlB 7,1; 15,2; SaKl 5,13; 12,2; LevCl 37,10. 25. 29; 44,11; 46,9

San Giorgio (St. Georg), Assisi: SaKl 36,8

San Paolo delle Abbadesse (St. Paul): SaKl 5,8; 28,2

Sant'Angelo di Panzo, Kloster: LevCl 13,10

Sardinien: LevCl 55,1

Spanien: KlB 20,1

Straßburg: KonB 5

Topino: KlB 8,2; HaD 6,2. 5

Ungarn: LevCl 21,8

Viterbo: LevCl 22,14

Die Herausgeber, Mitarbeiterinnen und Mitarbeiter

Die **Werkstatt Franziskanische Forschung (WFF)** ist ein seit 1999 bestehender Zusammenschluss von deutschsprachigen Franziskanern, die sich auf wissenschaftlicher Ebene mit Themen aus der franziskanischen Geschichte, Theologie, Philosophie, Spiritualität und Kultur befassen.

Die **Fachstelle Franziskanische Forschung (FFF)** ist Anfang 2007 von den deutschsprachigen Provinzen der Franziskaner, Minoriten und Kapuziner gegründet worden. Ihr Ziel ist es, in Forschung und Wissenschaft franziskanisch relevante Thematiken zu initiieren, zu fördern und zu koordinieren und dabei den Austausch mit universitären und außeruniversitären Wissenschaftlern und wissenschaftlichen Institutionen zu suchen. Die FFF hat ihren Sitz in Münster.

Cornelius Bohl OFM, Dr. theol., Provinzvikar der Thüringischen Franziskanerprovinz, Pfarrer von St. Anna im Lehel, München, Redaktionsmitglied der Zeitschrift „Wissenschaft und Weisheit", Mitarbeiter am Projekt Klara-Quellen („Omnibus").

Susanne Ernst, Mag. theol., Bürmoos / Salzburg, Mitarbeiterin am Projekt Franziskus- und Klara-Quellen („Omnibus").

Willibald Hopfgartner OFM, Dr. phil., Guardian des Franziskanerklosters Bozen, Lehrer für Deutsch, Philosophie und Religion am Franziskanergymnasium Bozen, Mitarbeiter am Projekt Klara-Quellen („Omnibus").

Bruno Klammer OFM, Dr. phil., Bruneck / Südtirol, Leiter des Projekts „Erschließung historischer Bibliotheken in Südtirol", Präsident des Verlags „Provinz Verlag", Mitarbeiter am Projekt Klara-Quellen („Omnibus").

Ancilla Röttger OSC, Äbtissin des Klarissenklosters „Am Dom" in Münster / Westf., Mitarbeiterin am Projekt Klara-Quellen („Omnibus").

Johannes Schneider OFM, Dr. theol., Franziskanerkloster Telfs / Tirol, Mitarbeiter am Projekt Franziskus- und Klara-Quellen („Omnibus").

Volker Stadler OFM, Dr. theol., Franziskanerkloster Pupping / Oberösterreich, Mitarbeiter am Projekt Franziskus- und Klara-Quellen („Omnibus").